本书由中央高校建设世界一流大学（学科）和特色发展引导专项资金资助。

应望江◎主编

JOURNAL OF HIGHER EDUCATION
OF FINANCE AND ECONOMICS

财经高教研究

（第二卷）

中国社会科学出版社

图书在版编目（CIP）数据

财经高教研究．第2卷／应望江主编．—北京：中国社会科学出版社，2019.11

ISBN 978-7-5203-5121-8

Ⅰ.①财… Ⅱ.①应… Ⅲ.①财政经济—高等教育—教学研究—中国 Ⅳ.①F8-4

中国版本图书馆CIP数据核字（2019）第209282号

出 版 人　赵剑英
责任编辑　任　明
特约编辑　芮　信
责任校对　朱妍洁
责任印制　郝美娜

出　　版　中国社会科学出版社
社　　址　北京鼓楼西大街甲158号
邮　　编　100720
网　　址　http：//www.csspw.cn
发 行 部　010-84083685
门 市 部　010-84029450
经　　销　新华书店及其他书店

印刷装订　北京君升印刷有限公司
版　　次　2019年11月第1版
印　　次　2019年11月第1次印刷

开　　本　710×1000　1/16
印　　张　16
插　　页　2
字　　数　260千字
定　　价　80.00元

凡购买中国社会科学出版社图书，如有质量问题请与本社营销中心联系调换
电话：010-84083683

《财经高教研究》（第二卷）

主办单位　上海财经大学

目　　录

高校管理

教育评估

人才培养

教学改革

财经学人

商学教育

比较研究

文献计量

Contents

高校管理

依法治校：一流现代大学制度建设的重要支撑

蒋传海　张锦华　傅　莹*

摘　要：依法治校是依法治国方略在高校治理中的体现。长期以来，上海财经大学高度重视依法治校工作，坚持将依法治校作为推进一流现代大学制度建设的重要支撑之一。立足于新时代，学校以全面从严治党为统领，以创建“上海依法治校示范校”为抓手，确立起“一梁四柱一条线”的顶层设计，奋力推进新时代依法治校建设。本文围绕建章立制、内部治理、规范办学、权益保护和法治文化建设等五个方面，对学校依法治校工作进行了全面总结，并提出应当从体制机制、“善法”建设、优化内部治理、强化程序、增强法治意识等方面入手，进一步深化依法治校工作，不断攻坚克难，真正实现治理体系和治理能力的现代化。

关键词：依法治校；现代大学制度；法治理念

长期以来，上海财经大学坚决贯彻落实全面依法治国的基本方略，坚持以习近平新时代中国特色社会主义思想为指引，深入学习贯彻习近平总书记全面依法治国新理念新思想新战略，进一步增强“四个意识”，坚定“四个自信”，奋力推进新时代依法治校建设。在党委的坚强领导下，学校始终以全面从严治党为统领，不断增强推进全面依法治校的思想自觉和行动自觉，确保依法治校工作的正确方向。立足于新时代，学校以创建依法治校示范校为着力点，进一步加强党委组织领导，健全党委统一领导全面依法治校的制度和工作机制，从政治上、组织上为依法治校工作把关

---

* 作者简介：蒋传海（1970—　），男，上海财经大学校长，教授；张锦华（1977—　），男，上海财经大学党委校长办公室副主任，教授；傅莹（1990—　），女，上海财经大学党委校长办公室。

定向。

学校充分把握依法治校示范校创建工作契机，在已有的普法工作、内部控制建设等专项工作领导小组基础上，专门组建成立了由学校党委书记和校长任“双组长”的依法治校工作领导小组，负责全面推进依法治校、加快建设法治校园的系统谋划、整体推进和督促落实。同时明确主管依法治校的领导，切实做到党政一把手亲自抓，分管校领导专门抓，学院和职能部门分项具体抓。2018 年，学校将“全面加强依法治校”确立为年度三大重点工作之一，主管校领导每季度主持召开一次工作推进会，确保按时保质完成各项任务。2017 年 9 月以来，学校党委中心组带头开展依法治校专题理论学习，党委常委会和校长办公会多次专题研究依法治校相关工作，学校主要领导在中层干部大会、基层党委（总支、直属支部）书记例会和学院（部）行政负责人例会等场合多次强调依法治校工作要求，力求通过更多渠道、在更广范围强化依法治校的工作理念，努力在全校上下营造良好的法治氛围。

一 新时代依法治校的顶层设计

（一）依法治校的历史沿革

百年来，学校始终以规范为办学准则，逐步实现了从正规办学到依章办学再到依法治校的跃升。一是创校之初坚持正规办学（创校—1949）。自创校起学校就坚持走正规办学之路。上海商科大学时期，倡导“民主治校”管理模式，实现董事会、校长领导下的评议会、教授会、行政会“三会制”①。国立上海商学院时期制定《国立上海商学院章程》，并逐渐提出了“严格训练、树立制度、开诚布公、师生合作”的四项办学原则②。二是几经起落坚持依章办学（1949—2000）。解放初，成立国立上海商学院校务委员会，主持学院各项工作，并拟定《校务委员会暂行组织条例》。1991 年，学校内部领导体制由校长负责制转为党委领导下的校

① 上海财经大学校史研究室：《郭秉文与上海商科大学》，上海财经大学出版社 2010 年版，第 162 页。

② 喻世红：《图书上财：1917—2017》，上海财经大学出版社 2017 年版，第 80、87 页。

长负责制，撤销校务委员会①。在此期间，学校历经撤销、合并、复校、更名等重大事件，在困顿转折中始终坚持依章办学。三是21世纪以来不断加强依法治校（2000年起）。2003年4月，学校提出两级管理体制改革的总体设想——“两级管理、重心下移、院为基础、教授参与”。2004年学校部署各院（系）逐步构建党组织、行政班子、教授委员会、二级教代会四位一体的治理结构，建立和完善两级预算管理体系。“党委领导、校长负责、教授治学、民主管理”的内部治理全面实行。2014年5月13日，《上海财经大学章程》正式颁布实施，学校有了“基本法”。2016年6月，印发《上海财经大学党委领导下的校长负责制实施办法》，进一步坚持和完善党委领导下的校长负责制，切实加强党对学校的领导。

（二）依法治校的顶层设计

学校高度重视依法治校工作，并将依法治校作为推进现代大学制度建设的重要支撑之一。推进依法治校好比建造一座大厦，首先要做好夯基垒台、立柱架梁的工作。在长期办学实践中，学校立足实际、总结经验，逐步建构起了“一梁四柱一条线”的依法治校体系。一梁是指建章立制，以章程为统领，进一步加强制度建设，形成全面的制度体系。四柱分别是：内部治理——健全科学决策和民主管理，完善学校治理结构；规范办学——依法依规办学，构建公平法治的教育环境；权益保护——依法健全纠纷解决机制，完善教师学生权利的救济制度；法治文化建设——开展法治宣传教育，形成法治文化氛围。一条线是指要加强组织领导，做好统筹协调，将党的领导贯穿依法治校工作的始终。通过建设“一梁四柱一条线”，最终形成依法治校的良好局面。

二　依法治校工作的主要成效

（一）建章立制：章程为纲 章法有序

学校高度重视制度建设，坚持以大学章程为统帅，不断构建和完善以

① 张伟江：《1991—1993上海教育年鉴》，上海教育出版社2003年版。

章程为核心的现代大学制度体系，充分发挥其在学校建设、发展和改革中的重要作用。

1. 稳步有序开展大学章程建设

学校章程编制始于 2007 年 6 月。学校高度重视章程编制工作，连续七年将章程编制纳入年度党政工作要点；到 2013 年校长办公会议和党委全委会通过之前，学校先后 16 次正式发文推动章程建设。在经过预研究、专题研究、广泛征求意见、教职工代表大会讨论、校长办公会审议、党委全委会审定等多道程序，同时广泛听取了政府有关部门、学校内部组织、师生员工的意见后，学校章程于 2013 年年底报送教育部。2014 年 5 月 5 日，学校章程获教育部核准，《上海财经大学章程》即日起生效。

2. 以章程为核心，大力推进现代大学制度体系建设

一是着力推进章程实施，完善配套制度建设。自 2014 年章程正式实施以来，学校不断加强章程实施所需要的配套制度建设，着力提升治校办学、教书育人的整体治理能力。据不完全统计，截至目前，学校已新立或修订完成超过 260 项规章制度，涉及内部治理、队伍建设、人才培养、科学研究、服务保障、党的建设等各个领域的制度建设。二是以内控建设为抓手，持续健全优化制度体系。学校于 2013 年开启内部控制规范化建设，并将制度建设作为内控建设的重要抓手之一。2014 年，学校对 1 个单位层面和 7 个财务管控层面进行了风险梳理，共梳理风险点 357 个，并提出建议制度 55 个；2015 年又梳理风险环节 241 个，提出建议制度 28 个。由此，学校的内控制度健全率由 2012 年的 75%提高到 2015 年的 97%。三是以创建“依法治校示范校”为契机，全面提升建章立制规范化管理水平。2017 年 12 月，学校全面启动新一轮校内规章制度清理工作，共有效清理全校 28 个部门 431 项规章制度；同时还专门制定《上海财经大学规章制度的制定管理办法（试行）》，明确规章制度的编制规则，以确立“立法法”来进一步提高学校建章立制的科学性和规范化管理水平。

（二）内部治理：规则为先 治理有方

多年来，上海财经大学以“党委领导、校长负责、教授治学、民主管理”为基本方针，并坚持不断探索构建适合校情的内部治理体系。

1. 建立健全科学、规范的议事决策机制

一是坚持和完善党委领导下的校长负责制，严格落实“党政同责，

一岗双责”责任制，严格执行《上海财经大学党委领导下的校长负责制实施办法》，不断健全校院两级会议议事规则。二是健全完善校院“三重一大”事项的集体决策制度。2012年以来，陆续修订颁布学校在“三重一大”决策、常委会议事规则和校长办公会议事规则；2014年又进一步对二级单位执行“三重一大”决策制度作出了明确规定，从而从校院两级来切实规范“三重一大”事项的议事决策和监督程序，不断从体制机制上来完善群众参与、专家咨询和集体决策相结合的决策机制。三是以学术委员会为核心，形成“1＋6＋N”统分结合的学术治理组织体系。学术委员会作为学校的最高学术权力机构①，在学科建设、学术发展等重大学术事项管理方面发挥主导作用；下设的学术道德委员会、学科建设委员会、专业技术职务评审委员会、研究生教学指导委员会、本科教学指导委员会、人才遴选与评价委员会等六个专门委员会，由学术委员会统一领导、统一规范、统一监督。二级学院设有学院（部、所）教授委员会，作为重大学术事项的审议、评定和咨询机构②，实现学术权与党政管理权相对分离。

2. 健全民主管理和参与机制

第一，学校始终坚持落实和完善教职工代表大会制度。校级教代会每年召开一次，会期一周，校长定期或不定期向教代会报告工作。各学院普遍实行二级教代会（大会）制度。第二，学校定期召开学生代表大会及研究生代表大会，并不断创新完善学代会和研代会制度，充分发挥学生群团组织推进学校改革发展的作用。第三，以校董会为载体扩大社会各界参与和监督。自2012年成立以来，校董会规模持续壮大，结构不断优化，校董会代表分布政、商、学三界，在人才培养、产学研合作等多方面建言献策、支持学校改革发展。

3. 深化校院两级管理体制改革

第一，以两级预算管理体制改革为龙头，充分下放财权、事权、物权，逐步构建起了具有上财特色的院系两级预算管理制度和实施规范。第二，全面实施“四位一体”学院治理结构。实行由二级党组织、行政班子、教授委员会、二级教代会构成的既分工明确又相互合作、相互制衡的

---

① 《上海财经大学章程》，第五十二条，http：//www. sufe. edu. cn/37/list. htm。

② 《上海财经大学章程》，第四十九条，http：//www. sufe. edu. cn/37/list. htm。

“四位一体”院系治理结构①，并不断加强基层党组织建设。经过十多年探索，目前已形成了良好的治理体系，有力调动了院系层面的办学活力。第三，积极探索学院委员会制度，完善二级学院议事决策机制，不断提升院务决策的科学化、民主化和现代化水平。以经济学院为例，除已有的教学指导委员会、教授委员会、学术委员会等常规委员会外，该学院设有人才培养类、学术活动类、人事行政类、信息技术类、外联文化类、其他类等6大类别19个分委员会，全院教师可根据岗责、专业、兴趣和特长自行选择加入。

（三）规范办学：标准为尺 办学有效

1. 严格依法依规招生，确保招生工作规范透明

上海财经大学高度重视招生工作，设有招生工作领导小组进行统一领导，对招生工作重要事项采取集体议事、集体决策。先后颁布《上海财经大学本科教育教学保密管理实施细则（试行）》《上海财经大学研究生招生考试复试基本规范》等制度，并配以招生工作手册和指引，促进招生过程更加标准化和规范化。此外，学校注重源头防治，不断加强对招生考试等重点领域和关键环节的监督检查；坚持做好招生信息公开工作。

2. 全面推进教育教学活动规范化管理

一是以分类培养为引导，强化培养方案规范执行。坚持以分类培养为理念，以个性体验为依托，实施拔尖计划、卓越计划、创业计划三类人才培养路径，不断完善“3+3”卓越财经人才培养模式②。以《上海财经大学本科专业设置实施细则》为标准，规范对本科专业设置的管理。二是科学制定教学大纲和培养环节，保障各类教学活动规范实施。严格教学大纲编制程序，对照培养方案编写大纲，且一经专家审核批准便必须严格执行，不得随意变动。并且规定各院部的教学内容要进行整合，确保课程体系的内在协调一致。三是完善课程管理体系，把好教材建设质量关。严格遵照《上海财经大学教学管理文件汇编》，对课程管理从编制、实施到评价的全过程进行规范。重视课程资源建设，不断完善课程管理与质量监控

① 应望江：《“四位一体”：优化高校院系治理结构的构想》，《国家教育行政学院学报》2008年第7期。

② 樊丽明：《“3+3”财经人才培养模式的思考与探索》，《中国高教研究》2015年第5期。

体系，严格执行新开课程审查机制；研究出台《上海财经大学教材建设与管理办法》，严格把控教材质量和建设方向。四是确立教师教书育人规范，落实强化立德树人职责。学校主张通过制定制度来推动教师投身教学改革、通过设立项目促进教师参与教学改革，推动“教研相长”。此外，还制定或修订《上海财经大学教师教学工作规范（试行）》《上海财经大学教学事故认定及处置暂行规定》《上海财经大学思想政治理论课课堂教学规范》等系列文件，进一步规范教师岗位职责行为。五是依法开展非学历教育，健全非学历教育管理体制。设立非学历教育管理领导小组，同时配有《上海财经大学非学历教育管理暂行办法》，从管理机构、管理制度等方面对各类非学历教育办学活动进行全面规范。

3. 抓好关键业务条线，避免财务资产和科研管理风险

一是强化财务资产管理的标准与规则。第一，学校有明确的教育收费、退费标准和具体办法，始终不折不扣落实《上海财经大学教育收费管理办法（试行）》（校发〔2008〕22号），认真执行教育收费公示制度。第二，不断完善资产登记、建账、管理的规范性和精细化管理，陆续出台《上海财经大学国有资产管理办法》《上海财经大学国有资产处置管理规程》等10余项制度，有效推进了国有资产规范化管理。第三，以经济活动为首要对象，以财务和资产管理为首要切入点，不断健全关键业务内控制度，力争实现风险点全覆盖。二是确立科研活动的管理规范和规则流程。学校高度重视发挥学术治理和教授治学的作用，积极在学术行为、学术治理、学术评价、学术激励等方面建章立制，全方位打造科研管理服务工作的规范化与法治化。针对科研机构或组织，学校设有《上海财经大学研究机构管理办法（试行）》《上海财经大学推进新型智库建设的实施意见》等相关规则；针对科研活动，制定了《上海财经大学科研项目管理办法》《上海财经大学科研经费管理办法（试行）》《上海财经大学科研保密工作管理办法》等系列管理规范。

4. 做好常态化信息公开，充分保障师生知情权

学校指定专人负责信息公开日常事务，依法依规推进公开工作。坚持以《上海财经大学信息公开实施细则》为工作准则，编制信息公开指南，并积极拓展信息公开渠道，方便师生知悉校情、参与校务。

（四）权益保护：师生为本 维权有路

1. 全方位健全用人制度体系，最大程度保障教师权利

一是不断完善教职工聘用管理。学校以《上海财经大学人事代理（租赁）制度暂行办法》为依据，自2003年5月1日起对新进博士以下人员实行人事代理（或租赁制度），全面签订聘用合同。在聘用合同实施过程中，依据国家法规文件变化以及实践中发现的问题，不断修订完善合同文本，以及时保障和维护教职工合法权益。二是充分保障教职工福利待遇，促进教师长远发展。2006年以来，根据国家有关法律法规的新要求，学校在职务评聘、岗位培训、工资福利、奖惩考核等方面先后出台了近60项制度，从制度上全面保障教师福利待遇。三是以校工会为主要依托，持续健全校内教职工服务和救济渠道。学校高度重视校工会的桥梁纽带作用，以此为依托，不断为全体教职工谋福利。同时，校工会还专门成立投申诉委员会，负责处理在校教师对于聘期考核、岗位聘用、职称评审等工作的投申诉，平均每年接待来信来访10余人次。

2. 坚持育人为本价值理念，持续推进学生管理法治化

一是不断完善学生管理制度，规范学生处分与申诉流程。全面修订完成《上海财经大学学生违纪处分规定》和《上海财经大学学生申诉处理实施细则》，对学生处分程序和申诉程序进行规范。二是推进学生资助工作科学规范，切实保障家庭经济困难学生。2017年起增加了家庭经济困难学生家访制度，以确保实现精准资助。三是充分发挥校学联、学代会在学生权益保护中的作用。学生组织已不断成长为维护学生权益的有益补充力量。

3. 健全完善争议解决机制，妥善处理校内各类纠纷

一是健全信访工作体制，畅通信访沟通渠道。学校党委校长办公室设有负责信访工作的专门人员。学校设有信访接待专线和校长信箱作为信访基本通道，并连续十余年实行校领导信访接待制度，每周四下午设领导接待日，由校领导直接听取师生员工对学校各项工作的意见建议，及时解决落实合理诉求、专题研究解决热点难点问题。此外，基层单位党政领导担任所辖部门的信访工作第一责任人。二是深入开展矛盾纠纷排查，依法规范办理信访事件。根据学校当年度重要党政工作及部分敏感、重要时间节点，学校会定期（或不定期）开展矛盾纠纷排查。针对自查发现的矛盾

隐患和不稳定因素，迅速制定化解矛盾的工作预案。对已存在的突出矛盾，密切关注、加强研判，建立一人一册、一事一册，推动矛盾的有效控制或解决。定期向党委常委会进行专题汇报，专题研究重大突出信访问题；定期向学校党总支书记例会通报信访稳定工作，要求各基层单位规范各项工作，多多研究信访高发领域相关工作，吸取经验教训，从源头上减少信访矛盾。

（五）法治文化建设：熏陶为要 文化育人

1. 建立普法工作机制，增强领导干部法治意识

为加强对学校法制宣传教育工作的领导，在上海财经大学依法治校工作领导小组下设专门的普法工作领导小组及其办公室，并由领导小组负责推进法制宣传教育工作的规范化、制度化建设，协调学校法制宣传教育各项事宜。

2. 重视教师培训工作，提升依法执教能力

学校紧紧抓住教师培训环节，从新进教职工入职培训、教职工日常业务培训和中青年教职工党校学习等多维度开展相关法制法规和师风师德培训。同时注重正面典型宣传，弘扬优良师风，营造学先进、扬正气、树新风的良好氛围。

3. 探索多种普法形式，强化学生法律知识

一是充分利用法学学科优势和专业师资力量，通过“法律进课堂”，如开设本科生法律必修课、系列法律前沿和实践讲座等形式开展法治理论、实践教育，深入推进法治教育入课、入脑、入心。二是依托校学生会、团学联、法学院法学会等各级各类学生社团开展法律法规、校内制度宣传活动，主动融普法于校园文化活动。

4. 积极开展社会法治服务

培育学生志愿者民生法律咨询热线如“上海消费者权益保护法咨询热线”“劳动法咨询热线”等，并开展义务法律咨询和社区普法活动，切实帮助学生提高法律素质和解决现实问题的能力。

三　未来展望

通过一年多的创建工作，我们深刻认识到，虽然学校的依法治校工作

在加强组织领导、完善治理结构、健全管理机制、规范办学行为和保障师生权益等方面已取得了显著成效，但同时也存在一些问题和薄弱环节，包括依法治校的体制机制还需进一步完善，建章立制的规范化水平有待进一步提升，二级学院依法治校的内在主动性和能动作用还需进一步发挥，全校上下依法治校意识和能力仍需进一步增强，等等。推进依法治校是一项关涉高校内外根本变革的系统性工程，既涉及高校体制机制，又涉及各方思想认知，更涉及师生的切身利益。① 可以说，依法治校就是高校治理的一场深刻革命，需要我们从体制机制、“善法”建设、优化内部治理、强化程序、增强法治意识等多方面入手，不断攻坚克难，真正实现治理体系和治理能力的现代化。

（一）加固“一条线”，进一步强化依法治校组织保障

在新形势下，依法治校的深入推进无疑会触及高校内部体制机制的调整甚至变革。新时代的依法治校，必须努力摆脱旧体制、旧格局的束缚与羁绊，聚合成为高校发展的合力与动力。一是进一步健全依法治校领导体制、理顺相关工作机制。紧紧把握党委组织领导这条主线，建立起全校统一布局、分工负责、协作共进的工作格局。确立依法治校年度目标，制定依法治校年度工作计划和系列分解目标，分阶段、有重点地逐步推进依法治校。二是完善常态化长效工作机制，探索构建一事一议或例会制度等常态化运行惯例，无形中促使法治思维、法治理念逐步融入学校教学科研管理服务等各个环节当中。同时要加强依法治校实施监督体系建设，② 特别是对学校章程实施情况的监督，进一步配齐加强法律专业队伍建设，努力为学校提供常规性的、更加全面的法律支持和专业监督等。

（二）以实施“立法法”为着力点，提升建章立制规范化水平

在深入推进依法治校过程中，首先必须深入贯彻实施“立法法”——《上海财经大学规章制度制定的管理办法（试行）》，以此为依

① 胡旭阳、黄云平：《依法治校的图景与进路》，《光明日报》2017 年 2 月 14 日。

② 张文剑、刘琪：《牢固树立法治观念 全面推进依法治校》，《中国教育新闻网》2016 年 8 月 28 日。

据开展规章制度编制工作，严格落实相关规则和程序，不断提高制度建设的科学性和规范性。其次是建立规章制度审查和清理机制。① 章程是高校办学和管理的“总宪章”，② 上承法律法规和国家政策，下接高校各项规章制度，构成高校依法自主办学的总依据。要以章程为依据，严格审查规章制度的主要内容，避免出现违背章程或与现行制度不相协调、衔接的新制度，避免制度制定的部门化倾向，多立善法良法，提高制度质量。最后也是最重要的，要进一步强化制度执行力度，真正实现制度落地。“徒法不足以自行”，制度的生命力在于执行和实践。一方面要及时修订完善规章制度文本，将实践中的有益经验固化到规章制度之中，提高制度的适用性和有效性。另一方面，要探索建立对规章制度执行的追踪和评估机制，并对章程实施情况进行必要监督，坚决杜绝有章不依、有章不循或选择性执行的情况发生，真正释放善法治校的正能量。

（三）以推动学院成为准办学实体为抓手，促进校院协同治理

要以深化校院两级管理和“放管服”改革为突破口，进一步加快管理模式由“校办院”到“院办校”的转变，进一步强化学院在学校改革创新中的主体地位，不断推动学院成为准办学实体。具体来讲，学校要进一步明晰校院之间的管理职能和责权划分，逐步实现“分权”向“授权”转变；要更加重视契约管理，将对院系的管理模式从行政指令管理转变为契约管理，由校院双方协商约定目标任务、政策资源和绩效管理办法等，并以协议的形式固化③；要改革资源调配模式，以包干薪酬核定学院整体资金投入，赋予学院更大的财务自主权，实施以目标绩效为导向的院系整体考核，进一步深化院系在改革中的主人翁精神和责任担当意识；要完善学院的内部治理体系，加强制度建设，确保已经下放的各项自主权能够规范、公正、有效和阳光地运行，从而切实增强学院的办学活力。

---

① 教育部：《全面推进依法治校实施纲要》，http：//old. moe. gov. cn/publicfiles/business/htmlfiles/moe/s5933/201301/146831. html，2012-11-22。

② 周佑勇、曹萍、孙海、许海波、赵大为：《依法治校与现代大学制度建设》，《国家行政学院学报》2017 年第 10 期。

③ 杨颉：《协同治理 协议授权——探索校院二级管理改革新路径》，《中国高教研究》2007 年第 3 期。

(四)分层分类开展法治教育，潜移默化营造法治文化新风尚

要坚持把法治文化建设作为依法治校的长期基础性工作，深入开展法制宣传教育，发挥文化的教化和滋养功能，[①] 引导全校师生自觉守法、遇事找法、解决问题靠法。一是加强领导干部法治意识，转变管理理念和方式。制订普法宣传年度计划、明确年度重点，形成覆盖学校领导干部、职能部门工作人员和全体师生的法治宣传教育体系。确立法治培训的必修课，完善管理人员学法用法制度。二是完善教师法制培训内容，建立健全考核制度。把握入职培训或岗位培训，明确法制教育的内容与学时，对重要的和新出台的教育法律、法规要实现培训全覆盖[②]。进一步健全考核、评价制度，把教师树立社会主义法治理念、掌握法律知识以及依法开展教育教学能力等情况作为教师师德和业绩考核、岗位聘用、评优奖励的重要内容[③]。三是拓展学生法制教育形式和内容，营造校园法治文化氛围。主抓法制教学，面对不同阶段的大学生特征和需求，调整法治教育目标和内容，结合时事热点展开，重点突出法治基本理论和法律的基本精神。丰富普法形式，精选案例素材，注重正反面教育；开设法律咨询窗口，答疑解惑、普及法律；发挥学科优势，通过开展案例辩论赛、法律短剧大赛等活动，调动学生参与热情，努力营造人人学法、尊法、守法、用法、护法的良好校园文化氛围。

---

① 刘彦博、祝非凡：《全面推进高校依法治校的着力点》，《光明日报》2016 年 9 月 14 日。

② 赵德武：《以法治思维推进大学治理现代化》，《光明日报》2015 年 5 月 31 日。

③ 教育部：《教育部办公厅关于全面加强教师法制教育工作的通知》，http：//old.moe.gov.cn//publicfiles/business/htmlfiles/moe/s5914/201310/158411.html，2013-09-26。

Managing Schools According to Law: An Important Support for the Construction of First-class Modern University System

Jiang Chuanhai, Zhang Jinhua, Fu Ying

Abstract: Governing the university by law is the embodiment of the strategy of rule by law in the governance of universities. Insisting governing the university by law, which is one of the supports to promote the construction of the first-class modern university system, has been valued for a long time at Shanghai University of Finance and Economics (SUFE). In order to promote law-based governance of university in the new era, SUFE has established the top-level design of "one beam, four pillars and one line" under the guidance of the overall strict governance of the party and the establishment of "Shanghai model school governed by law". This paper comprehensively summarizes the work of governing university by law from five aspects, including the establishment of rules and regulations, the internal governance, the standardization of school running, the protection of rights and interests, and the construction of legal culture. Meanwhile, to modernize the governance system and governance capacity, governing university by law needs to be further deepened starting from the system and mechanism, the construction of "good law", the optimization of internal governance, the procedural reinforcement, and the enhancement of the awareness of the rule by law and so on.

Key words: Governing University by Law; Modern University System; the Concept of Rule by Law

教育评估

上海教育综合改革进展评估方法探析*

教育综合改革评估课题组**

摘　要：上海市于2014年承担国家教育综合改革试点任务，全面开展从基础教育到高等教育全链条的教育综合改革。2018年，教育综合改革评估课题组对2014—2017年的改革进展情况进行了第三方评估。本文主要对评估方法进行探讨。课题组首先构建了评估指标体系、用层次分析法确定指标体系和观测点的权重；其次，通过采集任务推进评估数据，对学生、教师、行政人员、专家4个利益相关者群体进行问卷调查获得评价数据，计算评估总体得分和各类相关人员对改革进展成效的评价指数；最后，结合国际比较与深度访谈结果，分析讨论形成评估结论。

关键词：上海教育综合改革；进展评估；评估指标体系

2014年，按照国家部署，上海市和北京大学、清华大学“一市两校”率先启动综合改革方案编制与实施工作，承担国家教育综合改革试点任务。同年11月21日，经国家教育体制改革领导小组审议批准，上海市委、市政府印发实施《上海市教育综合改革方案（2014—2020年）》，并以任务清单的形式，分十大块详细附列了214项具体的改革项目。自此，上海市教育综合改革试点实践全面展开。

作为全国唯一试点省份，上海市教育综合改革针对的是从基础教育到

---

* 基金项目：2019年上海市教育委员会委托项目“上海教育综合改革进展评估及经验总结”（项目编号：2019综改1—6）；2018年上海市教育委员会委托项目“上海教育综合改革基层调研（教育综合改革进展评估）”。

** 作者简介：本文是课题组共同研究的阶段性成果之一。课题负责人：蒋传海；主要参加者：高耀丽、李聪、杨开太、吴建金、李月琪、吴云香、胡红华、宋旭璞、陈祥龙、谢时雨、夏李莹、马学琳、应望江。本论文的执笔人为高耀丽、吴建金、李聪、杨开太。

高等教育全链条的教育综合改革，承担着国家教育综合改革试点重任，要形成在全国范围内可复制、可推广的经验，起到探索、突破、带动、提升的作用，做好教育综合改革探路者、示范者和引领者。在上海市委、市政府的高度重视和正确领导下，依托教育部和上海市教育综合改革商会机制争取国家支持，依托市教育综合改革领导小组平台形成跨部门改革合力，依托“市级—各区—各高校”分层推进体系形成改革压力动力传导机制，上海市教育综合改革试点任务实现时间过半、任务过半，部分制约教育事业改革发展的体制机制瓶颈有突破，教育发展活力与治理能力均有提升。

2018 年始，“教育综合改革评估”课题组对上海市教育综合改革三年来的进展情况做第三方评估。第三方评估因其在评估主体选择及评估流程设计方面的“外部人”特征,① 在提升评估结果的客观性与科学性方面具有较为重要的价值。课题组根据上海市教育综合改革方案确定的总体目标、重点任务和措施，从育人制度体系、管办评分离制度体系、开放联动制度体系三个方面来衡量上海市教育综合改革制度创新绩效，给出科学、有效的评估结论。本文旨在对教育综合改革进展评估方法进行探讨。

一 评估实施进程

2018 年 1 月，“教育综合改革评估”课题组开始对上海市教育综合改革三年来的进展情况进行评估。根据《上海市教育综合改革方案（2014—2020 年）》以及上海市教委自评报告，各区县、各高校自评报告，对上海市教育综合改革进展情况进行评估，评估实施进程包括前期准备、组织实施和分析评估三个阶段。

（一）前期准备阶段

2018 年 1—4 月，课题组在对《上海市教育综合改革评估方案（2014—2020 年）》、上海市教委综合改革自评报告和各区县、各高校的自评报告深入分析的基础上，梳理上海市教育综合改革的亮点及存在的问题，研发综合改革评价指标体系，设计了访谈提纲和满意度调查问卷，明

① 马佳铮：《政府绩效第三方评估模式的实践探索与优化路径——以中国（上海）自贸区为例》，《上海行政学院学报》2016 年第 4 期。

确了评价的思路、方法和原则，并组织专家进行了评审论证。

（二）组织实施阶段

2018 年 5—12 月，课题组对上海市高等教育、基础教育、职业教育、民办教育领域的专家以及区县行政机关的领导进行深度访谈，请各个领域的专家对上海市综合改革推进情况进行专家打分；同时抽样选取上海市杨浦区、嘉定区、崇明区的 18 所幼儿园、中小学，上海财经大学、上海大学等 6 所不同类型的高校，对其学生、教师、学校行政人员和机关行政人员进行了问卷调查，截至当年 12 月底，所有调查全部完成，数据整理进入深度分析阶段。课题组还提前对 2014 年以来上海市出台的教育综合改革政策及相关改革举措进行了梳理，并收集了 OECD 国家的教育平均发展水平数据、欧盟 22 国教育平均发展水平数据以及纽约、伦敦、巴黎、东京等地的教育发展水平数据，以便于对上海市教育发展水平与国际先进水平进行横向对比。

（三）分析评估阶段

2019 年 1—3 月，课题组根据评估指标体系对收集的数据进行汇总分析，从任务推进评估、改革绩效评估两个方面对教育改革进展情况进行量化评分，并从育人制度体系、管办评分离制度体系、开放联动制度的 5 个二级指标学生发展、教师发展、治理能力、资源保障和开放联动来撰写教育综合改革进展评估报告，针对存在的问题提出政策建议。

二　评估指标体系构建与权重确定

（一）评估指标体系构建

《上海市教育综合改革评估方案（2014—2020 年）》中提出：根据教育治理体系和治理能力现代化的总体目标，逐步构建三大制度体系：育人制度体系、管办评分离制度体系、开放联动制度体系。在指标体系设计过程中，课题组将这三大制度体系作为评估指标体系的一级指标，下设学生发展、教师发展、治理能力、资源保障、开放联动 5 个二级指标（详见表 1）。

表 1　　上海市教育综合改革评估指标体系

	指标名称			具体观测点
总目标：教育治理体系和治理能力现代化	A1 育人制度体系	B1. 学生发展	C1. 人才培养	D1. 提升学生思想道德和身心综合素养
				D2. 基础教育优质均衡发展
				D3. 中高职贯通培养模式改革
				D4. 创新一流本科教育发展模式
				D5. 健全基础教育质量综合评价机制
				D6. 增强信息化支撑一线教学变革能力
				D7. 构建开放优质的终身教育学习体系
			C2. 招生考试	D8. 基础教育考试招生制度
				D9. 高等教育考试招生制度
				D10. 职业教育考试和招生制度
		B2. 教师发展	C3. 人事管理	D11. 创新学校人事管理制度
			C4. 收入分配	D12. 建立富有激励功能的教师收入分配机制
			C5. 队伍建设	D13. 打造“双师型”职业教育教师队伍
				D14. 教师专业发展
	A2. 管办评分离制度体系	B3. 治理能力	C6. 政府治理	D15. 基于战略规划的市级统筹机制
				D16. 高校分类管理
				D17. 落实和扩大学校办学自主权
			C7. 学校办学	D18. 完善现代大学内部治理结构
				D19. 优化多元主体参与的中小学校治理结构
				D20. 建立多元参与教育督导评价机制
		B4. 资源保障	C8. 多元评价	D21. 教育经费投入机制
			C9. 教育经费	D22. 教育经费使用机制
				D23. 教育经费监管机制
	A3. 开放联动制度体系	B5. 开放联动	C10. 育人共同体	D24. 合力构建校内外育人共同体
				D25. 推动优质教育资源共建共享
			C11. 校企融合	D26. 营造跨部门联动和校企深度融合的制度环境
			C12. 协同创新	D27. 形成以需求为导向的产学研协同创新模式
			C13. 国际合作	D28. 增强教育的国际影响力和竞争力

（二）确定指标体系权重

层次分析法是指将与决策有关的元素分解成不同层次，并在此基础之上进行定性和定量分析的决策方法。根据评价指标体系特征，课题组利用层次分析法（AHP）来确定各层次指标间的相对权重，在主观评价的基础上，为更加科学地确定各层次各指标之间的权重，需对各层指标进行两两比较，以尽可能减少性质不同的诸因素相互比较的困难，以提高准确度。

表 2　　比例标度参考

因素 i 比因素 j	量化值
同等重要	1
稍微重要	3
较强重要	5
强烈重要	7
极端重要	9
两相邻判断的中间值	2，4，6，8

课题组请专家用 1—9 及其倒数来衡量相对重要性的标度（见表 2），对照《上海市教育综合改革评估指标体系》（附 1）两两比较，构建判断矩阵如下。

目标层与 A 级指标之间的判断矩阵为：

$$A0=\begin{pmatrix}1 & 1 & 2\\ 1 & 1 & 2\\ \frac{1}{2} & \frac{1}{2} & 1\end{pmatrix}$$

A 级指标与 B 级指标之间的判断矩阵为：

$$A1=\begin{pmatrix}1 & 3\\ \frac{1}{3} & 1\end{pmatrix}\qquad A2=\begin{pmatrix}1 & 3\\ \frac{1}{3} & 1\end{pmatrix}$$

B 级指标与 C 级指标之间的判断矩阵为：

$$B1=\begin{pmatrix}1 & 3\\ \frac{1}{3} & 1\end{pmatrix}\qquad B2=\begin{pmatrix}1 & \frac{1}{2} & \frac{1}{3}\\ 2 & 1 & \frac{1}{2}\\ 3 & 2 & 1\end{pmatrix}$$

$$B3=\begin{pmatrix}1 & 2 & 3\\ \frac{1}{2} & 1 & 3\\ \frac{1}{3} & \frac{1}{3} & 1\end{pmatrix}\qquad B5=\begin{pmatrix}1 & 1 & 1 & 1\\ 1 & 1 & 1 & 1\\ 1 & 1 & 1 & 1\\ 1 & 1 & 1 & 1\end{pmatrix}$$

其中，$B4$ 对应 C 级指标数为 1，无须构建比较矩阵。

C 级指标与 D 级指标之间的判断矩阵为：

$$C1=\begin{pmatrix}1 & 1 & 5 & 2 & 5 & 3 & 7\\ 1 & 1 & 5 & 2 & 5 & 3 & 7\\ \frac{1}{5} & \frac{1}{5} & 1 & \frac{1}{3} & 2 & \frac{1}{2} & 3\\ \frac{1}{2} & \frac{1}{2} & 3 & 1 & 5 & 3 & 7\\ \frac{1}{5} & \frac{1}{5} & \frac{1}{2} & \frac{1}{5} & 1 & 1 & 3\\ \frac{1}{3} & \frac{1}{3} & 2 & \frac{1}{3} & 1 & 1 & 3\\ \frac{1}{7} & \frac{1}{7} & \frac{1}{3} & \frac{1}{7} & \frac{1}{3} & \frac{1}{3} & 1\end{pmatrix}\qquad C2=\begin{pmatrix}1 & 1 & 3\\ \frac{1}{2} & 1 & 2\\ \frac{1}{3} & \frac{1}{2} & 1\end{pmatrix}$$

$$C5=\begin{pmatrix}1 & \frac{1}{3}\\ 3 & 1\end{pmatrix}\qquad C6=\begin{pmatrix}1 & \frac{1}{4} & \frac{1}{4}\\ 4 & 1 & 2\\ 4 & 2 & 1\end{pmatrix}$$

$$C7=\begin{pmatrix}1 & 1\\ 1 & 1\end{pmatrix}\qquad C9=\begin{pmatrix}1 & 1 & 1\\ 1 & 1 & 1\\ 1 & 1 & 1\end{pmatrix}$$

$$C10=\begin{pmatrix}1 & 1\\ 1 & 1\end{pmatrix}$$

其中，C3、C4、C8、C12、C13 对应 D 级指标数均为 1，无须构建比较矩阵。

各层之间的比较矩阵均通过一致性检验。

根据层次分析计算各层指标相对权重，得到结果如表 3 所示：

表 3　　各层指标相对权重　　（单位：%）

<table>
<tr><th colspan="2">A 级指标</th><th colspan="2">B 级指标</th><th colspan="2">C 级指标</th><th colspan="2">D 级指标</th></tr>
<tr><th>序号</th><th>相对权重</th><th>序号</th><th>相对权重</th><th>序号</th><th>相对权重</th><th>序号</th><th>相对权重</th></tr>
<tr><td rowspan="14">A1</td><td rowspan="14">40</td><td rowspan="10">B1</td><td rowspan="10">75</td><td rowspan="7">C1</td><td rowspan="7">75</td><td>D1</td><td>27.9</td></tr>
<tr><td>D2</td><td>27.9</td></tr>
<tr><td>D3</td><td>6.8</td></tr>
<tr><td>D4</td><td>19.7</td></tr>
<tr><td>D5</td><td>5.8</td></tr>
<tr><td>D6</td><td>8.5</td></tr>
<tr><td>D7</td><td>3.4</td></tr>
<tr><td rowspan="3">C2</td><td rowspan="3">25</td><td>D8</td><td>44.3</td></tr>
<tr><td>D9</td><td>38.7</td></tr>
<tr><td>D10</td><td>16.9</td></tr>
<tr><td rowspan="4">B2</td><td rowspan="4">25</td><td>C3</td><td>16.3</td><td>D11</td><td>100</td></tr>
<tr><td>C4</td><td>29.7</td><td>D12</td><td>100</td></tr>
<tr><td rowspan="2">C5</td><td rowspan="2">54</td><td>D13</td><td>25</td></tr>
<tr><td>D14</td><td>75</td></tr>
<tr><td rowspan="9">A2</td><td rowspan="9">40</td><td rowspan="6">B3</td><td rowspan="6">75</td><td rowspan="3">C6</td><td rowspan="3">52.8</td><td>D15</td><td>11.1</td></tr>
<tr><td>D16</td><td>44.4</td></tr>
<tr><td>D17</td><td>44.4</td></tr>
<tr><td rowspan="3">C7</td><td rowspan="3">33.2</td><td>D18</td><td>50</td></tr>
<tr><td>D19</td><td>50</td></tr>
<tr><td>D20</td><td>100</td></tr>
<tr><td rowspan="3">B4</td><td rowspan="3">25</td><td>C8</td><td>14</td><td>D21</td><td>33.3</td></tr>
<tr><td rowspan="2">C9</td><td rowspan="2">100</td><td>D22</td><td>33.3</td></tr>
<tr><td>D23</td><td>33.3</td></tr>
</table>

续表

A级指标		B级指标		C级指标		D级指标	
序号	相对权重	序号	相对权重	序号	相对权重	序号	相对权重
A3	20	B5	100	C10	25	D24	50
						D25	50
				C11	25	D26	100
				C12	25	D27	100
				C13	25	D28	100

三　观测点的评估思路与权重确定

（一）观测点的评估思路

教育综合改革评估从具体观测点开始，每一个观测点的评估由任务推进评估、专家评估、行政人员评估、学生满意度、教师满意度五个部分组成。每个部分的数据来源详见图1。

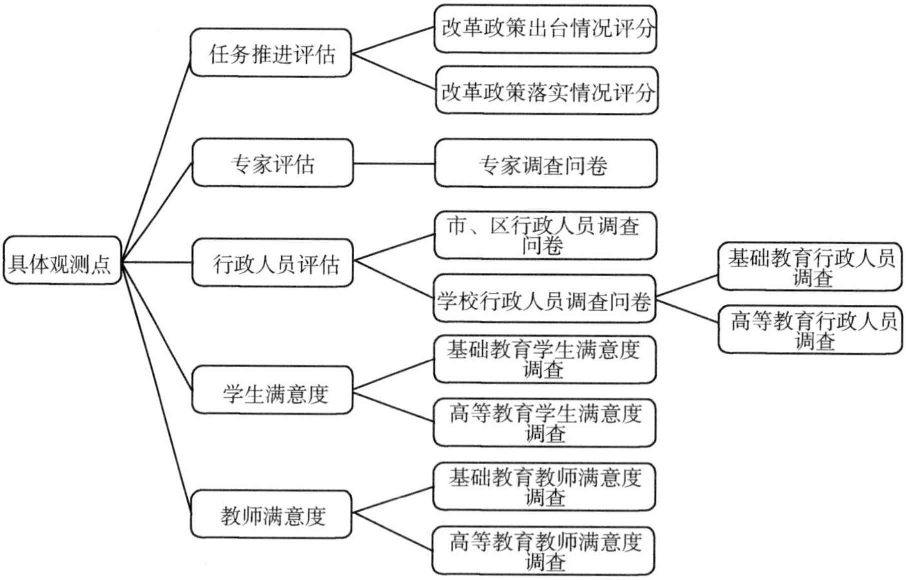

图1　具体观测点评估思路

在计算出具体观测点的得分后，再根据指标体系中各级指标的权重计算各级指标得分。评价结果采用综合评分定级的方法，分为优秀、良好、合格、不合格 4 个等级。

（二）确定具体观测点权重

具体观测点的值由评估内容和数据来源确定，根据评估思路（见图 1），需确定思路体系中三个层级间的相对权重。类似地，课题组利用层次分析法确定各评估内容和具体观测点之间的相对权重，依据专家建议，构建判断矩阵如下：

具体观测点（D 级指标）与评估内容（E 级）之间的判断矩阵为：

$$D = \begin{pmatrix} 1\ \frac{5}{2}555 \\ \frac{2}{5}1222 \\ \frac{1}{5}\ \frac{1}{2}111 \\ \frac{1}{5}\ \frac{1}{2}111 \\ \frac{1}{5}\ \frac{1}{2}111 \end{pmatrix}$$

评估内容与数据来源层构建判断矩阵分别如下：

$$E1 = \begin{pmatrix} 1 & \frac{1}{4} \\ 4 & 1 \end{pmatrix} \qquad E3 = \begin{pmatrix} 1 & 1 \\ 1 & 1 \end{pmatrix}$$

$$E4, E5, F5 = \begin{pmatrix} 1 & 2 \\ \frac{1}{2} & 1 \end{pmatrix}$$

其中 $F5$ 表示学校行政人员调查问卷类别下基础教育行政人员调查和高等教育行政人员调查的比较矩阵。其余层级之间均只有一个数据来源，无须进行两两比较。

各比较矩阵均通过一致性检验，根据层次分析计算所得权重结果如表 4 所示：

表 4　具体观测点权重结果　（单位：%）

评估内容（*E*）			数据层（*F*）				
序号	评估内容	相对权重	序号	数据来源	相对权重	数据来源	相对权重
*E*1	任务推进评估	50	*F*1	改革政策出台情况评分	20	—	—
			*F*2	改革政策落实情况评分	80	—	—
*E*2	专家评估	20	*F*3	专家调查问卷	100	—	—
*E*3	行政人员评估	10	*F*4	市、区行政人员调查问卷	50	—	—
			*F*5	学校行政人员调查问卷	50	基础教育行政人员调查	66.7
			*F*6			高等教育行政人员调查	33.3
*E*4	学生满意度	10	*F*7	基础教育学生满意度调查	66.7	—	—
			*F*8	高等教育学生满意度调查	33.3	—	—
*E*5	教师满意度	10	*F*9	基础教育教师满意度调查	66.7	—	—
			*F*10	高等教育教师满意度调查	33.3	—	—

四　数据采集与结果计算

评估数据主要包括任务推进评估数据、专家问卷调查数据、行政人员问卷调查数据、学生满意度数据以及教师满意度数据 5 类数据。上述数据的采集主要采用了两种方式，一是通过梳理改革政策和改革举措后请相关专家打分；二是通过问卷调查获得各类相关人员评估数据和满意度数据。

（一）任务推进评估的数据采集

任务推进评估主要是根据改革目标，对应分析改革政策出台情况与改革举措落实程度而给出评估值。课题组根据评估指标体系，主要梳理了如下文献：上海市教委教育综合改革自评报告、上海市 16 个区的教育综合改革中期自评报告、50 所高校的教育综合改革中期自评报告、上海市教育综合改革相关报道及研究成果等。与此同时，还对《中国教育统计年鉴》《中国教育经费统计年鉴》《上海教育年鉴》等相关数据进行了整理。在此基础上对每一个观测点的改革目标、改革政策、改革举措及取得的相关成效整理成如表 5 所示表格。邀请相关领域的专家对该观测点的任务推进情况进行评分。

表 5　基于评估指标的改革政策与改革举措梳理（以 D21 指标为例）

观测点	改革目标	改革政策	改革举措
*D*21 教育经费投入机制	1. 建立生均培养成本核算机制	(1)《上海高等学校学科发展与优化布局规划（2014—2020 年）》（沪教委高〔2014〕44 号）(2)《关于进一步完善高等教育投入机制的若干意见》（沪教委财〔2014〕121 号）(3)《上海高等教育布局结构与发展规划（2015—2030 年）》（沪教委发〔2015〕186 号）(4)《上海现代职业教育体系建设规划（2015—2030 年）》（沪教委职〔2015〕30 号）(5)《上海高校高峰高原学科建设管理办法》（沪教委科〔2016〕2 号）(6)《上海市深化高校改革建设高水平地方高校试点方案》(2016)	(1) 落实教育经费法定增长要求，建立生均培养成本核算机制，制定教育培养成本分摊办法
			(2) 推行全市统一教育生均基本定额标准。从 2017 年起，推行全市基本统一的义务教育生均基本定额标准，小学为不低于每生每年 23500 元，初中为不低于每生每年 29000 元
	2. 形成以经常性经费投入为主的高校投入机制		(1) 推行市级财政高等教育投入机制改革：一是建立以基本办学经费和内涵建设经费为主的经常性经费投入机制；二是建立以教育改革发展重大项目为导向的市级统筹投入机制；三是建立以提高教育项目支出效益为目标的综合监督评估机制
			(2) 逐年提高经常性经费占比并逐渐达到 70%以上。对地方高校经常性经费与专项经费投入比例，已从 2012 年 30∶70 调整为 2015 年 72∶28，提前实现政策目标
			(3) 完善高校经常性投入机制，健全生均综合定额标准体系，完善内涵建设经费分配，逐步扩大高校基本办学经费自主权，充分发挥高校办学活力
	3. 建立个性化的学科投入保障机制		(1) 制定实施《上海高等学校学科发展与优化布局规划（2014—2020 年）》，确立以“高峰”“高原”学科建设计划支撑一流大学建设的基本思路，分类启动“高峰”“高原”学科建设计划

（二）利益相关者评估数据采集

为深入了解上海市教育综合改革的推进落实情况、改革成效以及人民群众对教育综合改革的获得感、满意度，对利益相关者——学生、教师、行政人员、专家进行问卷调查。本课题组共设计 8 份调查问卷，分别覆盖上述 4 类群体和学前教育、基础教育、高等教育、职业教育、民办教育 5

大领域。采用分区块、分学段随机抽样的方式，利用“问卷星”线上发放并回收有效问卷 7487 份。根据问卷调查结果，获得各类相关人员对教育综合改革进展成效的评估得分。

1. 问卷设计

课题组根据评估指标体系的具体观测点，针对教育专家及其他四类教育综合改革利益相关群体，分基础教育和高等教育两大领域，共设计 8 份调查问卷。其中，教育评估专家问卷旨在获得有关改革举措落实程度方面的数据；行政人员问卷旨在获得有关改革举措取得成效方面的数据；学生和教师问卷旨在获得有关改革获得感和满意度方面的数据。

2. 问卷抽样调查

基于本调查的基本抽样原则及上海市教育的实际情况：在专家评估环节，课题组随机抽取基础教育、高等教育、民办教育、职业教育等各领域专家共计 30 人进行问卷调查。在行政人员评估、学生满意度和教师满意度环节，课题组分基础教育和高等教育两大领域，进行分层随机抽样。由于问卷调查是通过“问卷星”进行的，各校实际填写人数要多于最初计划调查人数，因此，问卷实际回收数量要多于计划发放数量。其中：

基础教育领域，课题组在上海市 16 个市辖区中，分中心城区、近郊、远郊三个类别各随机抽取一个区（随机抽取结果为：杨浦区、嘉定区、崇明区），并按照各学段不同，从样本区中每区各随机分别抽取幼儿园、小学、普通中学各 2 所，共 18 所基础教育学校，进行问卷发放。基础教育家长（学生）问卷实际回收 4313 份，基础教育教师问卷实际回收 400 份；市级和区县机关教育行政人员问卷实际回收 36 份；基础教育学校行政人员问卷实际回收 58 份。

高等教育领域，课题组按照学校所属及性质的不同，依比例分配法（以 0.1 为抽样比例），分类别随机抽取部属高校 1 所、市属公办高校 3 所、市属民办高校 1 所、高职学校 1 所，共 6 所学校进行问卷发放。高等教育学生问卷实际回收 2455 份，高等教育教师问卷实际回收 133 份；高等教育学校行政人员（中层及以上）问卷实际回收 59 份。

（三）评估结果计算

评估结果的计算主要包括两个部分：一是计算教育综合改革评估的总体评分。在通过专家打分以及问卷调查采集的评估数据的基础上，计算出每个观测点的得分，然后再根据评估指标体系中各级指标的权重，计算出总体得分。最终评估结果采用综合评分定级的方法，将进展评估评级分为优秀、良好、合格、不合格四个等级。二是计算各类相关人员对上海市教育综合改革进展成效的评价指数。课题组根据专家、行政人员、学生、教师四类群体问卷调查的结果，得出不同群体对教育综合改革进展成效的评价指数。该评价指数从各类相关群体的视角反映上海市教育综合改革成效。

五　分析讨论评估结论

本评估将定量评估与定性评估相结合，在上述定量评价的基础上，通过国际比较与深度访谈等定性评价来对评价结果进行进一步分析讨论。

在国际比较方面，课题组将上海市教育综合改革后的教育发展水平与OECD国家教育发展平均水平、欧盟22国平均水平，以及伦敦、纽约、巴黎、东京等国际大都市的教育发展水平进行比较分析，得出“上海市教育事业取得了突出进步，教育总体发展水平进入世界中上行列”的结论。与此同时，也指出了上海市与世界发达国家和地区之间的差距，明确下一步发展方向。

在深度访谈方面，课题组就教育综合改革任务推进情况存在的问题及改进建议等方面对包括基础教育、高等教育、职业教育、民办教育等领域的专家以及区县教育行政人员、学校校长等进行深度访谈。将访谈结果与定量评价结果结合起来分析上海市教育综合改革的亮点以及需要进一步努力的方面，并提出相关对策建议。

综上所述是课题组作为第三方对教育综合改革进展评估进行的初步尝试。如何对一项改革进行评估，在理论和实践上都需要进一步探讨，今后我们会在逐步深入研究的过程中进一步完善评估方法，以获得更加科学合理的评估结论。

Analysis on the Assessment Methods of the Progress of Comprehensive Education Reform in Shanghai

Group of Comprehensive Education Reform Assessment

Abstract: Since 2014, Shanghai has been the pilot city for National Comprehensive Education Reform and has carried out a comprehensive education reform ranging from basic education to higher education. In 2018, the research group of Comprehensive Education Reform Assessment, as a third party, started the assessment for the reform progress in 2014-2017. The following article mainly focuses on the discussion on the assessment methods. First, the research group built the index system for the assessment and confirmed the weights for each index and observation point with the method of Analytic Hierarchy Process (AHP). Second, the research group calculated the overall assessment score for the reform and the appraisals for the reform effect from related personnels. Related date are collected from questionnaires from 4 interested parties: students, faculty, experts and administrative personnels. Lastly, the group analyzed the results of the assessment combined with international educational reform comparisons and in-depth interviews.

Key words: Comprehensive Education Reform in Shanghai; Progress Assessment; Assessment Index System

人才培养

全球化、智媒化时代财经新闻人才培养模式研究*

——以上海财经大学新闻学专业为例

林　晖　蹇卿兰**

摘　要：在经济全球化与传播智能化的时代，财经新闻人才的培养应该在全球化视野下，强化融合概念，通过建设新课程群落与落实“双师制”，实现理论与实践融合、多学科融合，深化专业建设，夯实人才培养基础；强化数据驱动概念，通过融合数据新闻与财经新闻，提升学生经济调查研究能力；强化人机协作概念，精准定位传媒人才与人工智能的优势和短板，实现人机功能互补和价值匹配，培养适应经济全球化与传播智能化的财经新闻人才，最终实现课程与岗位无缝对接、教学与技能无缝对接、人才培养与职业就业无缝对接。

关键词：“全球化视野”；新课程群落；“双师制”；数据驱动

一　引言

当代中国财经传媒与中国专业财经新闻教育都发轫于20世纪末21世纪初，适应了中国加入世界贸易组织后全面加速的社会主义市场经济进程。20年来的财经新闻教育和培养体系主要参照报刊等平面媒体的人才需求配置，并以国内报道为主，没有考虑开放的宏观经济体的复杂性，鲜有紧跟传播技术而更新培养模式。

经济全球化是当代世界经济发展的一个重要特征，也是世界经济发展

---

* 基金项目：上海财经大学教学创新团队项目“全球化、网络化时代财经新闻人才培养模式研究”（项目编号：20161103397）。

** 作者简介：林晖（1971—　），女，上海财经大学人文学院副院长，教授；蹇卿兰（1996—　），女，上海财经大学人文学院经济新闻系硕士研究生。

不可回避的重要趋势，在此大背景下，各国经济紧密相连，个别国家经济的变动必然通过各种渠道对其他国家乃至全世界经济产生不同程度的影响。正所谓变动产生新闻，联系决定需要。经济全球化的大背景为国际经济报道提供了更广泛的受众基础，而不局限于专家和专业投资者，因此受众也需要更通俗易懂的解释和大众化、故事化、图像化的经济报道模式。此外，国际化报道需要打破不平衡，做到真正意义上的“全球报道”与“全球传播”，敢于传递中国声音，改变由西方媒体主导经济话语权的局面。

从算法推送、新闻机器人写作、传感器新闻、个性化新闻、沉浸式新闻，到“克隆”主播，人工智能技术不断为传媒业创造新的可能性。传媒业提出新的问题，尤为突出的是传媒智能化时代，传媒人才的不可替代性何在？就业市场对新闻人才的需求发生什么样的变化？根据腾讯新闻于2018年年初发布首份传媒人能力需求报告，“互联网+新媒体”人才需求最为旺盛，“一专多能”全媒体人才更受青睐，而机器学习和数字营销、大数据分析等技术直接增加了媒体对开发工程师和全媒体数字采编的需求。① 这一系列就业市场需求的变化将直接推动传媒教育的变化。

随着经济全球化进程的不断推进以及传播技术的日新月异，传统财经新闻教育模式所培养的人才越来越难以适应财经媒体市场的需求。这就要求我国的财经新闻教育要应时而动，做出深度的调整和变革，以适应新的时代需求。

二　国内财经新闻教育发展概况

当代中国经济新闻教育，肇始于1996年，适应了中国加入世界贸易组织后全面加速的社会主义市场经济进程。1996年，江西财经大学敢为人先，率先创办了经济文化传播系，开设新闻学专业，招收经济新闻方向本科生。随后，北京工商大学、中南财经大学以及中央财经大学先后创建新闻系，开设经济新闻专业，培养精通新闻、擅长经济、熟悉经营管理的复合型高级专门人才。上海财经大学人文学院也于2000年成立经济新闻

① 《2018传媒业需要什么样的人才？腾讯新闻发布首份传媒人能力需求报告》，腾讯新闻旗下媒体研究平台“全媒派”（ID：quanmeipai），https：//36kr. com/p/5120665. html。

系，开设经济新闻专业，并开始连续招收本科生。[①]

目前我国开设财经新闻专业的院校不少于25所[②]，除了财经类院校，部分综合类院校也在培养经济新闻方面的人才，如2010年中山大学开设了财经新闻专业，2011年复旦大学开办新闻与传播（财经新闻方向）专业学位硕士研究生教育。

国内财经新闻教育经过20余年的艰辛探索取得了有目共睹的成绩，但遗憾的是，目前国内还没有形成为教育界和新闻界普遍认同的人才培养模式，无论是新闻院校还是用人单位，都还在做大量的探索。例如，2005年，中山大学传播与设计学院等院校与《21世纪经济报道》联合开展的“订单式”培养模式；[③] 2007年，清华大学与环球资源合作创办“全球财经新闻”项目，对财经新闻人才进行高级培训。[④]

在经济全球化和传播智能化时代，作为国内重点财经大学的上海财经大学紧跟时代步伐，积极探索财经新闻人才培养体系变革，在办学理念和培养模式方面不断创新，在课程设置方面逐步成熟，基本形成一套独具特色的培养模式。

三　上海财经大学经济新闻系人才培养模式探索

上海财经大学人文学院于2000年成立经济新闻系并招收首届学生。在近20年的摸索中，经济新闻系深刻认识到创新精神是能否办好财经新闻教育的关键所在，并在办学理念、课程设置、师资建设以及创设专业方面不断创新求变，提出了“新课程群落”“双师制”等想法；将数据驱动的研究性报道作为新闻传播人才培养的新趋势，突出强调经济调查研究能力与数据可视化能力的培养，力图在高度垂直细分的新时代背景下，实现专业化的财经新闻人才培养。

---

① 邓涛：《新时期中国经济新闻教育述略》，《今传媒》2010年第8期。

② 谭竹君：《媒介融合时代财经新闻专业课程改革探析》，《新闻知识》2018年第1期。

③ 韩传喜：《财经类院校经济新闻人才的培养》，《河北经贸大学学报》2015年第2期。

④ 张立勤：《实现从学科培养模式到社会需要模式的转型——高校财经新闻人才培养模式的探索与反思》，《传媒大学》2011年第5期。

（一）“融合”是当下财经新闻人才培养的核心理念

1. 跨文化的融合

在经济全球化背景下，国际经济报道成为常态。国际财经新闻报道的客体、服务的主体都具有国别、地区以及所属群体等文化差异，因此在培养国际财经新闻人才时应该注重培养“全球化视野”与跨文化传播的能力。多年来，经济新闻系坚持在本科生和研究生中都开设了专业英语（财经新闻）课程；近年又连续开设了国际经济报道的专业课程，深受学生欢迎。今后还拟开设英语特写新闻写作、西方财经报刊选读等选修课，并与欧美高校通过开设暑期课程班等形式开设商务传播、财经报道等全英语课程，提升人才培养质量，细化国际化课程。

2. 学科融合

学科融合不是“新闻”与“财经”这“两张皮”的简单相加，而是实现二者的深度融合，包括课程设置、师资配置、教材设计等各方面都要进行更新调整。美国哥伦比亚大学新闻专业在传统新闻传播类课程的基础上开设了会计、公司金融、证券等经管类课程，同时强调人文关怀的培养。财大经济新闻系不仅开设如财政学、会计学、经济学等经济管理课程，也引入了兼具经济学和新闻学跨学科背景的师资，以实现“新闻”与“经济”两个学科之间的深度融合。

3. 人才培养与媒体实践的融合

“象牙塔”里的财经新闻学子终将进入传媒行业就业，人才培养的效果终将需要接受社会实践的检验。多年来，上海财经大学经济新闻系坚持积极与媒体开展广泛而又深入的合作，在学生培养中，坚持“请进来，走出去”的开放式办学方针。将课堂教学与对外交流相结合，开展丰富多彩的课外实践活动，如组建财经新闻兴趣活动小组、经济学名著读书会、创办新媒体实验平台等。除此之外，还先后与新华社上海分社信息中心及中国金融信息网（新华 08 网）、中央电视台财经频道、解放日报报业集团、凤凰卫视新闻中心、21 世纪经济报道、第一财经日报、上海证券报、证券时报、文汇报、解放日报、第一财经电视频道、澎湃新闻网等媒体在签约合同、项目合作、学生实习、教师挂职、兼职导师、课程开发、调研访谈等方面实行全方位、经常性的协作，签约实习基地超过 30 家，覆盖了上海和国内一线多家主流媒体以及新兴的新媒体平台。学界与业界的联合培养，既能为学生提供扎实的理论知识，又能提供丰富的实践经验。

（二）课程设置

1. 从单一复合型课程到课程群落建设

从媒体发展和受众对新闻需求在速度、深度和广度上的要求，复合型人才是大势所趋，没有复合知识背景是不能适应媒体需要的。当前，我国财经新闻教育普遍已经形成了“新闻＋财经”的复合课程体系（如表1所示）。

表1　国内部分高校财经新闻专业课程设置①

高校	经济类主干课程	新闻传播学类主干课程	财经新闻课程
中央财经大学	西方经济学、财政学、金融学、会计学、经济法概论、统计学等	传播学、新闻学概论、中国新闻事业史、新闻采访与写作等	财经新闻导论、财经媒体概论、财经新闻经典报道选读、中国当代财经新闻现状等
西南财经大学	宏观经济学、微观经济学、货币金融学、统计学、投资学、会计学、计量经济学、财务管理学、证券投资分析学等	大众传播学、新闻采访与写作、中国新闻史、网络传播学、电视新闻实务、新闻心理学等	无
上海财经大学	西方经济学、管理学、会计学、市场营销、货币银行学、证券投资学、财政学、经济法、国际金融等	新闻学概论、传播学概论、中外新闻史、新闻采访学、新闻写作学、新闻编辑学、新闻评论学等	电视财经新闻（采编摄影）、财经新闻实务、财经新闻英语（专业英语）、财经新闻评论等
复旦大学	无	传播学研究方法、媒介经营与管理、新闻实务、中国新闻思想史、传播学研究、网络传播、媒介批评、广播电视专题研究、纪录片研究等	无
中山大学	微观经济学、金融机构与市场、投资学、公司金融、金融理论与政策、财务报表分析、商业伦理与职业道德、金融衍生工具、金融风险管理等	新闻采访与写作、深度报道、传播学理论、融合新闻报道等	高级新闻财经报道、西方财经新闻报道等

① 谭竹君：《媒介融合时代财经新闻专业课程改革探析》，《新闻知识》2018年第1期。

自21世纪初创建中国财经新闻人才课程体系和培养体系至今，上海财经大学经济新闻系从“新闻＋财经”的课程发展到了“经济＋管理＋统计＋信息技术＋财经新闻”的新课程群落，在全国新闻院系中率先开设了财经新闻实务、财经新闻英语（专业英语）、财经新闻评论、财经新闻作品分析、国际经济报道等复合型课程，真正解决了“新闻＋财经”导致的“两张皮”问题，让学生从大一到大四，始终在这种复合体系中成长，浸润其中，成为自觉的意识。这种基础的复合型课程体系仍然值得继承和发扬。

除了复合型课程体系，上海财经大学新闻系汲取国外著名高校，如美国哥伦比亚大学新闻学院①以及美国西北大学新闻学院②的（如表2、表3所示）最新课程编排特点，特别是在选修课中按照不同的方向需求，拟进一步细化为方向性的课程系列，形成不同的课程群落（如表4所示），比如在国际经济方面形成具备国际经济报道、财经新闻专业英语、西方财经报刊选读、英语新闻特写写作等课程群落雏形。在此基础上，今后拟增设政经报道、公司调查报道、企业数据报道、金融市场报道（股市、期市、债市）、产经报道等，形成财经新闻细化课程群，让卓越人才培养和学生的个性化培养相结合，让更多优秀的学生脱颖而出。

目前企业数据报道等已经列入数据新闻方向的培养计划，其他细化课程也在积极培育中。

表2　　　　　　　　　美国哥伦比亚大学新闻学院课程设置

课程领域	课程设置
商业和经济	商业和经济报道、商业和财经新闻
艺术和文化	思想新闻、批判研讨会等
音频类	音频Ⅰ、电台研讨会、为耳朵讲故事等
广播	为耳朵讲故事、视频新闻室、城市新闻室等
数据	多媒体讲故事：数据、设计和动画；计算新闻等
纪录片	纪录片专题研讨会、短文讲故事、视频Ⅱ等

---

① 资料来自：美国哥伦比亚大学新闻传播学院官方网站，https：//journalism. columbia. edu/。

② 资料来自：美国西北大学新闻传播学院官方网站，https：//www. medill. northwestern. edu/。

续表

课程领域	课程设置
国际	中国研讨会、国际新闻室、国际报道、在冲突区域报道等
调查类	性别迁移：妇女和女孩跨越边界的强化课程、使用数据调查跨边界医疗保健、记者调查技巧等
多媒体	多平台设计与讲故事、视觉叙事等
摄影	新闻摄影Ⅰ、新闻摄影Ⅱ
政治	政治与全球事务研讨会、国际新闻室：人权报告等
宗教	宗教报道
科学	科学秋季研讨会、科学春季研讨会、医疗保健调查等
写作	商业和经济报道、商业和财经新闻、限时写作训练、专题写作、食物写作、叙事新闻特写等
图像与声音	新闻摄影 II 等
基础类	记者调查技巧、法律、伦理学等

表 3　美国西北大学新闻学院“交互式”新闻课程设置

交互新闻叙事
新闻叙事：交互新闻探索如何在不同平台上进行新闻叙事，以及当交互活动导致叙事框架被用户定义时要如何变化。本课程建立在音频、照片和视频的基础上，并增加了互动性，使学生能够创建动态的、互动的叙事新闻和特色报道。学生将能够学习到新闻报道、多媒体编辑和学习开放网络技术（HTML，CSS，JavaScript）
交互新闻基础
本课程将向学生介绍过去 20 年中改变了新闻业的颠覆性技术创新，并推动学生认清在未来几年内可能产生巨大震动的变化趋势。通过广泛阅读、讲座、讨论和模拟实践的多样组合，学生能够利用信息收集、讲故事、制作、传播和消费等形式探索这些技术。在 HTML 和 CSS 的实际技术培训将开始给学生工具，以建立基于网络的新闻项目
交互新闻生产与编辑/杂志与交互新闻
学生将学习如何发布、领导、管理、编辑、设计和构建新闻/信息网站。课程将通过内容管理系统——WordPress，借助多媒体内容、打包和演示技术来制作在线出版物。这包括学习在线内容与传统媒体内容之间的差异，以及获得对在线生产者需要知道的基础技术的扎实理解：HTML，CSS 和 PHP。学生在在线新闻编辑室中进行专业学习，了解在线网站的架构，以及如何建立与在线观众的互动。通过案例研究和亲身实践，学生将学习在数字平台上如何进行重大新闻管理、实时新闻动态报道以及深度报道打包技巧
java 交互性叙事
JavaScript 是世界上最流行的编程语言。它是 HTML 和所有现代浏览器的语言。它为记者提供了添加交互性、构建应用程序和检索数据等功能。本课程将向学生介绍 JavaScript 编码，着眼于叙事。学生将通过对当今媒体中非线性叙事结构的深入研究，学习在实际的网络开发实验室中构建自己的故事，来学习交互式故事讲述的基础知识。但前提条件是需要 HTML 和 CSS 的知识

表 4 上海财经大学经济新闻系课程群落建设

经济类主干课程	新闻传播类主干课程	财经新闻类课程	选修课	新媒体报道课程
西方经济学、管理学、会计学、市场营销、货币银行学、证券投资学、财政学、经济学、国际金融等	新闻学概论、传播学概论、中外新闻史、新闻采访学、新闻写作学、新闻编辑学、新闻评论学	电视财经新闻（采编摄影）、财经新闻实务、财经新闻评论等	国际经济报道、西方财经报刊选读、英文新闻特写写作、政经报道、公司调查报道、企业数据报道、金融市场报道、产经报道等①	融合媒体报道、数据新闻报道

2. 新媒体课程的全面“浸入”

目前我国已进入了以移动互联网为基本环境的新媒体时代，但无论时代如何变迁，传播工具和手段如何多样，人类基于减少生存空间的不确定性而与生俱来的对安全的渴望，都会催生获取最新变动的信息——新闻的冲动。从原始人类口口相传，到网络传播实时快讯乃至今天的基于人工智能或是虚拟现实的自动式新闻生产，新闻的本质特征“真实和新鲜”不会变，由此衍生而来的新闻媒介的社会功能也不会改变。

适应时代的变化，明确新闻工作的“变”与“不变”，上海财经大学经济新闻系课程设置和教学内容也始终坚持“变”与“不变”。

“不变”的是始终强调对学生新闻专业素养和社会责任感的培养，变的是应时而动。财大经济新闻系不但开设了数据新闻、融合媒体报道等纯粹的新媒体课程，并且对全体教师进行新媒体的培训和培养，通过工作坊、外出访学、媒体挂职锻炼等，提升教师的新媒体素养，转而将此融入日常教学中。在新闻学概论、新闻采访与写作、财经新闻实务、新闻编辑学等所有的专业课程中都突出与新媒体的深度融合，既夯实学生的新闻判断和新闻素养的基础，又积极全方位适应新媒体的变革需要。

3. 课堂教学：概念、案例与实践的“三结合”

新闻是实践与理论密切结合的课程，理论需要落地实践，实践需要有明确的理论指导。过去的新闻理论和新闻实践课程常常是割裂的，理论课

---

① 选修课中的政经报道、公司调查报道、企业数据报道、金融市场报道、产经报道等属于培育课程。

不讲实践，实践课忽略理论素养的熏陶。

上海财经大学经济新闻系在近些年的教学改革中大力改革，改变理论课教师和业务课教师两支队伍的状况，每个教师可以有所侧重，但都是“双肩挑”，至少各自承担一门理论课和一门实践课，让教师首先打通理论和实践，并将这一思路贯彻到教学中。比如，《新闻学概论》教科书中有媒体发展规律和新媒体对传统媒体造成的冲击的理论阐述，在教学时，财大经济新闻系授课教师在课堂讲授理论，在课后安排学生分组对上海各个区的报刊零售亭进行采访调查。学生通过零售市场变化，既能理解报业经营的特点，又通过和报摊主的沟通对话，深入体会理解报业的变迁。

再如，在《财经新闻实务》课程教学中，在讲授资本市场和上市公司报道时，经济新闻系授课教师向学生提供了近百万字的各类媒体的代表性报道资料案例供学生评析和学习甚至模仿。而在财报报道练习中，上海财经大学经济新闻系授课教师在每年的年报季报集中发布期，按照行业分类，特别是对 GDP 支柱产业或经济周期性强的行业如房地产、银行、汽车、保险、钢铁等，由学生分组组成研究小组，指派一名学生担任行业研究员，为小组提供行业背景资料整合，其他学生承担标志性公司的年报研究和季报分析等。这种教学方式能让学生把基本的财务知识、企业运营理论和公司报道有效结合起来，在实战中更深刻地理解和运用概念。

在十多年的教学探索中，财大经济新闻系深刻意识到对于新闻学这样应用性极强的学科，概念、案例与实践的“三结合”是最好的教学模式之一。

（三）师资建设

1. 让校内教师“动起来”

所谓“动起来”是指让校内教师到媒体去学习甚至挂职工作一段时间，扩充实践经验，并将此融入日常教学。新华社马胜荣曾说，要变革教师的结构，让教师到媒体去看看或者工作一段时间，让教师和新闻从业人员交换岗位。[①] 校内教师“动起来”，新闻教育才能从根本上得到改善。[②] 为了更好地适应时代的变化，经济新闻系会对全体教师进行新媒体的培训

---

① 李希光：《新闻教育未来之路》，清华大学出版社 2010 年版，第 17—18 页。

② 代玉梅：《财经媒体人才需求与财经教育人才培养》，《现代传播》2012 年第 7 期。

和培养，通过工作坊、外出访学、媒体挂职锻炼等，提升教师的新媒体素养，并将此灵活融入日常教学。

2. 形成多学科背景师资队伍

从新闻传播学科的创建历史就可以看出新闻传播学是一个多学科交叉的学科。当今，“大数据新闻”成为新的新闻报道形式、人工智能变革新闻生产方式，媒介传播形式与传播技术的革新都需要大量多学科背景的新闻人才，而多学科背景新闻人才的培养必然离不开一支由具有多学科背景的教师所构成的师资队伍。经济新闻系近年引入应用统计学博士，专攻网络数据分析和数据可视化等，引入管理科学与工程专业博士，专攻网络分析、大数据分析和互联网金融等。在传统的新闻传播学师资队伍中注入其他学科背景的教师力量，无疑完善了教师队伍，丰富了课程群建设，更加有利于财经新闻人才的培养。

3. 开放办学，深度践行“双师制”

经济新闻系教学模式在“人才培养”与“职业就业”相融合的理念下，开放办学，加强校外新媒体实践基地和深入贯彻核心业务课程的“双师制”建设。所谓“双师制”即聘请资深媒体人与校内教师一起担任学生的带教老师。这是院校与媒体开展合作的新形式。

在财经新闻专业教育教学不断开拓创新的过程中，引入媒体、企业资深业界专家来从事教育教学工作，强调理论与实际、经验与操作、课堂与市场、原理与技巧、能力与职业道德修养等五个方面的紧密结合。长期以来，经济新闻系坚持开放办学，深度践行“双师制”，人才培养和媒体实践“无缝对接”：积极开辟国内主流财经媒体或财经新媒体为校外实践基地，派遣学生实习；同时聘请基地的创始人、资深媒体人担任学生的带教老师，如先后聘任现任上海广播电视台台长高韵斐，人民日报社华东分社采访部主任郝洪，经济观察报创始主编及界面联合创始人和 CEO 何力，著名上市公司分析专家、财经评论员贺宛男，原解放日报报业集团社长尹明华，中央电视台财经频道知名财经节目制片人李勇强博士，原深圳证券交易所上海中心主任、新闻传播学博士吴永和，以及第一财经日报总编辑、总经理秦朔，经济观察报副总编辑郭宏超，21 世纪经济报道原编委代波，大智慧通讯社主编汪生科，知名国际经济报道记者、华尔街见闻创始人兼 CEO 吴晓鹏，华尔街见闻副总裁、主编汪旭，国际金融报总编辑徐冲，证券时报社社长助理兼上海分社社长、国际金融报社董事朱丽，第一财经副主编张志清，解放日报国内机动部主任郭泉真，上海证券报编委兼新闻总监赵嘉国，路透社中文原主编毕晓雯等。这支超过 30 人的来自业界的资深师资队伍极大地提升了本学科的业务教学水平，为高质量的人才培养奠定了坚实的基础。

（四）创设专业——数据新闻与财经新闻融合的新专业

当下网络与新媒体技术日新月异，推动传统新闻行业进行着深刻的变革。移动社交和自媒体等新媒介形式悄然兴起，网络越来越成为新闻及信息的生产、加工、传播、创新、流通、消费的主要平台。互联网等新兴媒介形态的演化推动着新闻传播行业及整个社会的变动，顺应数字信息时代发展所需以及移动互联媒介融合的趋势要求，网络与新媒体专业应运而生。

此外，大数据时代的到来，一方面为我们审视、解读复杂多变的世界提供了全新的视角和多向度的参照指标体系，即“深刻地洞见”[①]；另一方面也对现有的各种媒体形态和传播格局产生了重要的影响。如何从海量数据中发现具有新闻价值的信息，以寻找隐藏在数据中的新闻真相，从而更加客观、全面、真实地揭示社会现象本质与社会发展规律，已经成为当前新闻传播学科具有前沿性的全新方向——数据新闻（Data Journalism）。[②]

数据新闻已经引发了全球新闻传播学界和业界的广泛关注。在国外，一些先知先觉的媒体已经开始了对数据新闻的尝试。英国《卫报》早在四年前就率先创立了全球首家数字新闻部，《纽约时报》、BBC 与《芝加哥论坛报》等国际一流媒体紧随其后，相继组建了一批数据新闻工作团队；3 年前，全球总编论坛联合谷歌举办了首届国际数据新闻报道大赛，而欧洲新闻学中心和开放知识基金会则共同开发了《数据新闻报道手册》[③]。在学术界，西方的老牌新闻学院，如密苏里大学新闻学院、哥伦比亚大学新闻学院、纽约大学、西北大学麦迪尔学院等，已纷纷建立数据

① 维克托·迈尔-舍恩伯格等：《大数据时代：生活、工作与思维的大变革》，盛杨燕、周涛译，浙江人民出版社 2012 年版，第 4 页。

② 方洁：《数据新闻概论》，中国人民大学出版社 2015 年版，第 6 页。

③ 陈媛媛：《国内外数据新闻人才的培养途径与基本现状》，《今传媒》2018 年第 7 期。

新闻实验室或开设相关的专业和课程。[①] 在国内，央视、《人民日报》等传统媒体以及新浪、腾讯、网易、财新网等数字新兴媒体均已展开了数据新闻报道，并取得了初步成效。

然而，面对国内外新闻业界的新发展和新需求，相应的新闻传播学教研在我国却刚刚起步，兼具新闻传播学训练和数理统计、计算机技术才能的复合型人才成为就业市场的巨大缺口，相关人才的培养尚处于萌芽阶段。首批面向数据新闻而开设专业且配置设施的高校，包括中国人民大学、中国传媒大学、中山大学、香港大学以及台湾政治大学等，其规模都不大，培养模式也在探索中。

在此背景下，上海财经大学经济新闻系正尝试开设新闻学专业下的“数据新闻”方向以培养具有财经特色的跨学科、复合型人才。其中涉及数据挖掘与采集、数据分析、数据可视化等流程与技能，学生除了新闻传播学科基础外，也需要学习财经、统计、计算机等相关的基础课程，并积极开发数据素养和新闻业务深度融合的专业课，如数据思维与新闻价值发现、中国经济分析等。目前，学校统计与管理学院、信息管理与工程学院、金融学院等相关的专业以及课程设置特色突出、优势互补，为新闻专业构建科学的数据新闻报道教学与课程体系提供了强有力的学术支持。其中，新闻学专业针对不同媒介的图文音视频融合新闻采、写、编、评教学与实践，以培养全媒体新闻报道人才为目标；人文学院的哲学、社会学、中文、历史、艺术等学科为学生提供相关的学术理论与学术基础训练；统计与管理学院则是以数理统计和数据分析为主的学院；信息管理与工程学院则在计算机数据抓取/搜集、处理、可视化等方面积累了丰富的经验；金融学院以财经金融见长，跨专业合作将更充分体现这一富有财经特色的数据新闻方向的融合效应。将大数据与人工智能有机结合的新课程开发是该专业未来重点努力的方向，要在智媒化时代率先求变。

四 结语

经济新闻和数据新闻都是国内新闻传播学 21 世纪新兴的交叉学科，

---

① 方洁、胡文嘉：《全球数据新闻教育：发展特征与未来趋势》，《国际新闻界》2017 年第 9 期。

是上海财经大学重点打造的特色专业。复合型和专业化也是国内外新闻传播专业越来越明确的努力方向。多年来，学校新闻学专业深刻把握时代特征，在坚持新闻专业本质特征不变的基础上应时而动、敢于创新，积极探索符合新时代要求的财经新闻人才培养模式，致力于培养出具有扎实的经济学基础和较全面的新闻素养的国际化、复合型、全媒型的卓越财经新闻人才。

Research on the Training Mode of Financial News Talents in the Era of Globalization and Intelligent Media

Lin Hui, Jian Qinglan

Abstract: In the era of economic globalization and intelligent communication, it is necessary to have a global perspective for the cultivation of financial and economic news talents. Colleges and universities need to strengthen the concept of integration and try to realize the multi-disciplinary integration and the integration of theory and practice through building a new curriculum community and "the double teacher system". These integrations can deepen professional development and consolidate the foundation of talent training, strengthen the concept of data-driven, and improve students' research capacity in economic investigation through the integration of the data news and financial news. Also, it needs to strengthen the concept of man-machine collaboration and realize the complementary function and value matching between human and machine by positioning the advantages and disadvantages of media talents and artificial intelligence precisely. All of the above measures are aimed to cultivate financial and economic news talents for the era of economic globalization and intelligent communication, and realize seamless connection between courses and positions, teaching and practical skills, and talent training and career employment.

Key words: Global Perspective; New Curriculum Community; the Double Teacher System; Data-driven

大数据背景下金融人才培养模式探讨[*]

陈晓静　吴晓冬　郑迎飞　陈晓宇[**]

摘　要：大数据对精通互联网技术和金融业务的复合型人才、乐于探索且实践能力强的创新型人才、具备强烈的风险防范意识和严谨的法制思维的管理型人才等金融人才提出了新的要求。而当前高校金融专业教学中存在金融专业人才的定位和培养目标不明确、金融专业课程设置亟待更新优化、金融实验课和专业实践在培养计划中占比较低等问题。我们认为大数据背景下的金融人才培养模式应做出相应改变：包括转变金融人才培养目标；加大教学体系整合力度，优化课程设置；创新教学方式；加强高校金融专业师资队伍的建设。

关键词：大数据；金融人才；培养模式

随着经济全球化和世界政治格局多极化的不断深化和推进，国际上资本市场、金融市场发生着巨大的变革，我国的资本市场、金融市场在瞬息万变的国际形势下正经历的挑战不容小觑。经济全球化的快速发展，使得国际、国内金融市场的发展呈现出国际化、开放化、多元化的特征。目前我国金融业的多项业务也逐渐延伸到国际金融市场中去，因此，我国金融机构面对的挑战和国际竞争远远大于过去。大数据时代，国际竞争归根到底取决于高科技人才的综合实力。教育作为推动社会前进和国家综合实力的重要源泉，已经成为提高一个国家创新能力的重要基础，并最终决定一个国家和民族的兴衰成败。金融教育作为教育的一个重要组成部分，肩负

---

* 基金项目：上海对外经贸大学“商业银行经营管理”思政项目。

** 作者简介：陈晓静（1972—　），女，上海对外经贸大学美国研究中心主任，金融管理学院教授，博士；吴晓冬（1995—　），女，上海对外经贸大学金融管理学院硕士研究生；郑迎飞（1977—　），女，上海对外经贸大学金融管理学院副教授；陈晓宇（1995—　），女，上海对外经贸大学金融管理学院硕士研究生。

着输送金融人才和提高金融人才综合实力的重任。反观现实，现阶段我国的金融人才不完全适应经济全球化的潮流，这就要求高等院校对传统的金融人才培养模式进行变革，使得高等金融教育更加适合国家和区域经济发展的需要。

一　大数据背景对金融人才需求的影响

当前，国内外的金融环境都呈现出新的发展趋势，当下我国经济处于新常态，经济社会面临转型转轨，社会各个层面都在经历着深刻的变革；随着大数据、互联网金融、区块链等金融技术的迅猛发展，全球范围内金融科技的竞争态势愈演愈烈，各国经济、政治、科技、思想文化的交融交锋更加频繁，其中最引人注目的话题当属金融科技及互联网金融。2018年3月5日，李克强总理在政府工作报告中，就提及“健全对影子银行、互联网金融、金融控股公司的监管，进一步完善金融监管。”这是继2014年以来，“互联网金融”第5次在政府工作报告中被提及①。5年来，政府工作报告对互联网金融的描述，从促进发展，到规范发展，到警惕风险，再到健全监管，不仅呈现了互联网金融、金融科技等新兴金融在中国发展的趋势和特点，也反映出整个金融行业对金融人才需求的新趋势。在大数据时代和金融科技迅猛发展的背景下，对综合型、国际化、跨学科的高端金融人才的需求就愈加强烈，但这种需求的紧迫性并不完全是由当下的时代背景决定的，还与我国高校目前的金融人才培养模式无法适应金融领域的新变化有关，这种金融人才的结构性矛盾决定了金融教育改革的迫切性。经济新常态下，我国在金融层面对金融体制机制进行的一系列改革也相应落地，这也必然导致金融就业结构出现根本性的变化，尤其是需要大量的金融人才作为经济社会发展的支撑。《国家中长期教育改革和发展规划纲要（2010—2020年）》中也明确提出：高等教育应适合国家和区域经济社会发展的需要，建立动态调整机制，不断优化高等教育结构，优化学科专业、类型、层次结构，促进多学科交叉融合。从整体上讲，金融行业要更好地服务于我国经济社会的发展，就必须加快步伐走向国际金融

① 李克强：《2018年政府工作报告》，http://www.gov.cn/zhuanti/2018lh/index.htm，2018年3月22日。

市场的舞台，突破在国内发展的状况，这种现实需求使得金融人才国际化成为不可逆转的趋势。因此，顺应金融内外部环境的变化和金融改革的需求，成为金融人才培养与社会需求有效对接的必然选择。

步入互联网金融时代，形态各异的互联网金融公司如雨后春笋般涌现。互联网技术的发展及其在金融领域的广泛运用，使得新的金融格局及金融业态得以形成。金融行业对复合型、专业型、综合型的人才需求也相应增加，跨金融、计算机、法律等学科的跨领域高端金融人才在金融市场十分吃香。但现实情况是，国内高校传统的金融人才培养模式已经无法适应大数据时代的发展，高校培养出来的金融人才与大数据背景下金融市场层出不穷的金融创新相比，还有不小差距；且近年来金融行业风险事件屡见不鲜，这些客观因素都要求高等院校结合国内外金融市场环境与行业特点，对当前金融人才的培养方案和模式作出变革，否则，金融人才的短缺问题将会成为制约上海乃至我国金融业发展的重大障碍。改革金融教育，培养综合型、国际化的金融人才也具有其现实意义。而目前互联网金融等科技金融已经上升到国家战略层面，这关系到我国经济一体化的进程以及在国际金融市场的话语权；新兴金融人才作为金融科技发展的重要推动力，使得金融教育改革应该置于优先发展的地位。通过对金融人才培养计划的改革，为金融行业输送更多复合型、综合性的金融人才，有利于上海建设国际金融中心，进而以更好的姿态迎接动荡的国际金融市场。目前，包括学术界等社会各界已经开始关注、重视新兴金融人才的培养问题，但目前高等院校还没有形成一套系统全面的新兴金融人才的培养体系，如果继续维持现阶段高等院校培养金融人才的体系，我国与国际金融人才的差距将会进一步拉大，这非常不利于我国金融行业的发展。因此，在大数据时代下，探讨金融人才需求的新趋势及高校的金融人才培养计划，具有十分重要的现实意义。

二 大数据背景下金融人才的需求特征

在互联网金融的时代背景下，现代金融的发展呈现出电子化、信息化、系统化及工程化的特征，这就对金融人才的业务操作能力与对资金流、信息流强大的分析能力提出了前所未有的要求。目前高校金融人才的培养模式相对滞后于国内金融发展的步伐，导致我国金融行业的人才结构性矛盾十分突出。随着大数据、互联网金融等新兴金融行业的深入发展，金融市场对各种创新型、复合型、专业型的科技金融人才的需求缺口日益扩大。2017 年 1 月 13 日，在上海展览中心召开的上海金融系统人才工作会议上发布了《上海金融领域“十三五”人才发展规划》和《上海金融领域“十三五”紧缺人才开发目录》。《目录》将金融人才的紧缺程度分为 3 类：轻度紧缺、中度紧缺、极度紧缺；其中，合规与反洗钱人才、征信评估人才、互联网金融人才、科技金融人才、高层管理人才等被列入了最高级别的极度紧缺等级①。与“十二五”规划相比，“十三五”规划中，互联网金融人才首次被列为“极度紧缺”。这不仅反映出近年来大数据、互联网金融的发展态势迅猛，还折射出当今高校培养出来的金融人才质量已经远远落后于互联网金融的发展速度。当前，互联网金融、科技金融的汹涌态势已经使金融生态发生了翻天覆地的变化，基于互联网、大数据、云计算等金融信息技术，诞生了大量新兴金融服务行业，如网络借贷、网络保险、网络征信、移动支付等行业，这些新兴金融行业的发展使得以下几类金融人才的需求旺盛。

（一）精通互联网技术和金融业务的复合型人才

当前，互联网金融的发展速度非常快，这种新兴金融模式是通过通信技术的互联互通来实现资金融通的，这一特点就决定了金融从业者必须深刻掌握互联网技术和熟练运营基于互联网技术的金融业务。互联网金融人才不仅需要具备包括互联网思维、大数据思维、跨界思维等新型思维模式，还需要掌握数据建模、量化分析、金融产品定价、贷款定价、风险控制等专业性很强的金融技能，只有完美地把互联网与金融结合起来的复合型金融人才，才能真正适应高速发展的大数据时代②。

（二）乐于探索且实践能力强的创新型人才

金融行业乃至整个经济社会的进步都由创新推动，因此，金融创新能

① 新华社：《上海公布金融人才“紧缺度”反洗钱征信等列入“极度紧缺”》，http：//www. xinhuanet. com//local/2017-01/13/c_ 1120307209. htm，2017 年 1 月 13 日。

② 新华社：《互联网金融“人才荒”缺口如何补?》，http：//news. xinhua08. com/a/20151104/1571885. shtml，2015 年 11 月 4 日。

力的强弱就决定了整个互联网金融的前进步伐。为了应对瞬息万变的国际金融形势，金融从业人员除了要具备扎实的金融经济理论功底、复合的知识结构、专业的金融技能和金融业务能力，创新的思维模式以及汲取新知识的能力也必不可少。随着我国跨境资金流动的逐步放开，为了适应金融国际化趋势及迎合投资者多样化个性化的需求，国内金融机构基于大数据、云计算等信息技术不断推陈出新，设计出各种形式的期货、期权以及信托品、理财等金融衍生产品，P2P、众筹平台以及各式各样的基于互联网金融的网上交易平台等不断涌现，也使我国的金融市场更加多元化，并颠覆了投资者传统的理财、投资理念。这一时代背景就决定了新时代下的金融人才必须具备高瞻远瞩的眼光及金融创新能力，这也是高层次、国际化金融人才最重要的能力和最本质的属性。新时代的金融人才要不断吸收金融领域最前沿的发展成果和科学技术，最终才能为投资者设计出符合他们利益的金融产品和服务。

（三）具备强烈的风险防范意识和严谨的法制思维的管理型人才

根据最新的招聘数据显示，截至 2018 年 3 月下旬，我国金融行业的人才招聘需求与去年同期相比上涨了 11%，其中，证券经纪人、证券分析师、信用分析师、法务和风控成为企业人才招聘缺口最大的几个职位。同时，伴随 2018 年 3 月 12 日史上最严的质押新规的出台和落地，券商对于贷款融资者的资金使用情况有更加严格的管束，券商将联合商业银行对贷款者账户的实时状况进行跟踪和监控。因此，在强监管环境下，券商发展方向会趋于平稳前进，风险管理会趋于严格，这就使得金融行业对质量监管、风控方面的人才缺口进一步扩大。其次，无论互联网金融产品的形式如何发展变化，其依旧具有金融的根本属性，所以，金融风险的防范不可轻视。在大数据时代，一旦金融风险系统性发生，其蔓延速度、传染范围和波及规模将会远远超过传统金融，后果也将不堪设想。因此，金融从业人员在创新金融衍生产品时，除了考虑盈利性，还必须把安全性及相关防范风险置于首要位置，强化自身的各种风险防范意识，包括市场风险、技术风险、产品风险、流动性风险。风险管制不仅要求金融从业者具备强烈的风险防范意识，还要求从业人员具备构建算法模型的专业技能，以将金融风险控制到最小。只有这样，在金融风险真正出现时，才能真正起到保护金融机构以及投资者的作用。例如，近来多家券商频繁遭遇股票质押融资的“踩雷”事件。不久前，乐视网、神雾环保、凯恩股份等多家公司大股东遭遇了质押股票触及平仓线的情形，其中部分公司随后通过补充质押物或现金等方式化解了风险，但截至目前，包括乐视网在内的上市公司大股东依旧未能妥善解决相关风险事宜。这些频频出现的案例和教训不仅给券商敲响了警钟，也促使监管层及金融机构更加重视股票质押融资监控措施，进一步使券商对风控方面的人才需求加大。除此之外，金融从业人员还必须强化自身的法治意识，不能知法犯法。从业人员还必须树立法治意识，坚守政策法律的底线思维，不做非法集资、集资诈骗以及非法经营，用法治观念打造安全规范的互联网金融新模式。互联网金融的管理人员能否掌握风险控制和坚守法律底线，将成为能否形成良性互联网金融业态的关键。

三　高校金融教学中的困惑

当前，国内外金融市场不断接轨，国内的金融环境也比以前更加开放和宽容，同时随着大数据、云计算、区块链等新兴科技的发展，互联网金融的发展态势十分汹涌，市场对金融人才的需求也发生了巨大变化，传统的金融人才已经不再适应当今时代发展的潮流，这就对高校的金融人才培养计划提出了更高的要求。目前，市场金融人才的供需出现了明显的不协调，结构性问题突出。主要表现为基础性金融人才供过于求、高端复合型金融人才供不应求。高端金融人才的供需矛盾在一定程度上制约了金融机构的进一步发展。究其原因，与高校培养的金融人才质量大不如前有关。高校作为培养、输送金融人才的摇篮，现阶段面对互联网、大数据等新兴科技的挑战和冲击，其在学科建设、课程设置、教学模式、培养计划等方面，由于种种原因和限制条件，仍趋向于维持现状，没有随金融外部、内部环境的变化而作出调整和革新。多年来，我国高校的金融专业学科水平与国际金融学科建设水平相差甚远，如果高校仍维持现状不愿做出改变，市场金融人才供需的结构性矛盾就会更加突出，长此以往，高校培养出来的人才会普遍缺乏全球格局观、创新能力、实践能力，这不仅会使高校失去了输送金融人才的作用，也无法满足我国人才强国的现实需要。具体来说，目前我国高校在培养金融人才方面存在以下问题。

（一）金融专业人才的定位和培养目标不明确

大数据时代，随着互联网金融等新兴金融实践的不断推进，我国多数高校针对金融人才的培养计划和发展方向，仍然十分不清晰。其一，面对本、专、硕、博等不同层次的学生，高校对他们的培养目标大体趋于一致，都旨在培养全面、综合性发展的，具备扎实基本金融理论知识和技能的金融人才，培养目标并没有因学生层次不同而将培养目标差异化。其二，培养计划、人才定位并没有及时、全面融入金融市场迫切需要的金融技能和本领，即便有的高校宣称要培养适应金融市场需求的应用型高端金融人才，但在实际的培养过程中，高校几乎没有把培养应用型的高端人才的目标落到实处，也没有充分利用高校的自身优势、特色特长以及师资力量，来培养金融人才。目前，随着本科教育的普及以及硕博士生扩招的影响，市场上基础性的金融人才呈现饱和状态，这些客观事实都迫使高校不得不时刻关注金融市场的前沿动态，从而为高校的金融人才培养输入新鲜血液。

（二）金融专业课程设置亟待更新优化

金融学是一门与实践结合紧密的综合型应用型学科。国内外金融市场日新月异、不断动荡与发展，使得金融运行的理念、基石都在悄然发生变化，金融学课程中一些旧有的观点和知识体系因此也会受到不同程度的冲击。其时效性和实践性强的特点就决定了金融学的课程设置、教学内容一定要以市场为导向、与时俱进，不断汲取借鉴时下金融圈最前沿理论和信息技术进行改革。目前，我国高校金融专业课程普遍存在以下问题：其一，授课内容滞后于金融市场的发展，一些传统课程的教材如国际金融、货币银行学等内容严重滞后于金融市场的发展，与当下经济、金融市场的发展脱节，与行业发展要求差距大。其二，课程设计的衔接程度有待提高。目前许多高校不同金融课程之间的安排不合理、内在联系性不足，如高校大多比较重视宏观金融经济理论的教授，而轻视微观经济、金融理论学习的重要性。现今金融行业越来越精细化、工作岗位之间的细分程度日益加深、金融业务操作的技术含量也越来越高、专业性和不可替代性强，一些实用且与时俱进的微观金融课程如互联网金融、量化投资、资产定价、风险投资、衍生品交易等就显得十分必要，只有加强专业化学习，高校才能为金融市场输送更多精细化、专业化的金融人才。同时，一些与金融市场紧密联系的课程如 R 语言、Python 等计算机编程，还有金融心理学等课程的受重视程度也较低。这些与金融学存在内在联系的课程的学习对培养复合型高端金融人才也大有益处。其三，培养计划和课程设置缺乏规划，系统性不足。目前多数高校的基础性金融课程所学知识点重复率高，课程内容相互重叠交叉，这不仅浪费老师和学生宝贵的时间，还会造成教学资源的浪费。

（三）金融实验课和专业实践在培养计划中占比低

大数据时代下，通信技术发展迅猛、互联网等科技在金融行业运用广泛、金融机构的金融产品不断推陈出新，使得金融市场对实践型金融人才的需求远超理论型人才，这就迫使高校进行人才培养计划改革，提高在校学生的金融业务操作能力，从而满足金融市场对高端金融人才的需求。然而，现实情况是，许多高校的金融学实践课程形同虚设，高校或由于实践场地、资金条件的限制，或由于后备师资力量的不足，使得金融实验实践课大多流于形式，金融实践活动开展难度大、主观随意性强，近年来国内一些金融教育专家也曾提出过加强产学研合作的观点。尽管大多数高校合作欲望强烈，但是大多数金融机构合作的动力和热情比较低，使得在校生要进行金融实践困难重重。

四　大数据背景下金融人才培养模式

金融人才的培养是金融市场发展前进的重要推动力，针对目前我国高校在培养金融人才的过程中出现的一系列问题与挑战，高校只有结合时代发展潮流，以国际化、全球化的视角，探索出一套与时代接轨的金融人才培养模式与方案，才能真正迎接大数据时代下市场对金融人才的新需求新趋势。高校应该对现有金融人才模式进行调整与改革，只有克服了目前培养体系中的诸多问题，才能真正为我国金融市场输送合格的复合型高端人才。

（一）转变金融人才培养目标

高校应该依据学生层次的不同，定制差异化目标。总的培养目标是要培养出适应大数据时代发展的全球化、复合型金融人才。金融人才的培养目标是最大限度满足用人单位的现实需求。对于大学本、专科生，高校应倾向于培养出基础通用型金融人才，在日常教学中，要引导学生把握金融市场最前沿的动态，初步学会运用大数据思维去处理解决问题，还要注重让学生涉猎更大范围的金融知识体系，扩大学生对新兴金融模式的理解、激发兴趣，以便让学生对金融市场有更加深刻的理解和认识，为其日后的择业做好铺垫；对于金融学硕士、专硕，应深化其培养目标，金融专硕本身的培养目标就在于以专业实践为导向，培养出在专业和专门技术上均受到高水平训练的高层次人才，而对于金融学硕士，除了加强学生学业的专业性学习，还必须使学术性与职业性紧密结合，最终才能培养出适应大数据时代的复合型高级金融人才；对于博士生，高校应以培养出具有创新精神、独立的科研能力、精通金融市场某一个或多个细分行业的高层次复合型金融人才为目标。高校只有对不同层次的学生实行差异化培养目标，才能进一步推动金融人才与大数据时代接轨，培养出学生的大数据思维和视野①。

（二）加大教学体系整合力度，优化课程设置

金融学相关课程体系的改革和优化，必须服务于金融人才的培养目标。由于当下互联网金融活动具有新技术、新模式、新平台的特征，而现阶段金融人才培养体系仍具有切割的特性，无法契合大数据时代对金融人才的要求，这就对高校教学体系建设提出了全新要求，高校应紧紧抓住时代赋予的契机，完成金融专业教学体系的整合。为了培养出符合用人单位岗位需求的特定人才，高校在设置课程时，应该适应信息化金融的发展，根据金融业务的创新和金融人才需求的特点，从培养学生的大数据视野、大数据思维和大数据实践能力的角度出发，进行课程体系创新。首先，鼓励高校进行多学科互联教学。互联网金融本身就具备跨学科特点，它融合了传统金融与大数据、云计算等现代信息技术，这就决定了互联网金融人才必定也是复合型人才，既要熟悉传统金融的特性，又要与时俱进跟上互联网发展的步伐。所以在课程设置中，金融学可以适当增加 R 语言、

---

① 余雯哲：《互联网大金融背景下的金融课程体系建设——给予应用型本科院校的思考》，《教育现代化》2018 年第 3 期。

Python 等计算机编程、统计学、数学及与金融相关的法律法规的课程内容，做到多个关联学科的交叉融合。同时，针对金融机构等用人单位的岗位需求和特殊技能要求，高校也可以开设当前金融人才缺口十分大的风险监控类、网络信息类、资产定价类、衍生产品类等岗位的课程学习①。这些新兴的金融教育课程适应了互联网金融和大数据的发展潮流，对金融人才的专业技能和综合素质提出了更高的要求。还有可以开设与电子银行、网上支付等新型互联网金融相关的课程作为选修或辅修课程，对这些金融学前沿课程的研究目前尚处于起步阶段，学生根据自己的兴趣爱好进行选择性学习，激发学生的学习热情和兴趣。其次，要加强课程安排的系统性和连贯性。一方面要对课程编排进行调整，适当增加精细化、专业性和技术性强的金融课程，如资产定价、风险监控、金融衍生工具等课程，压缩减少重复率高、教材滞后的宏观金融理论课程，另一方面还要把握课程安排的独特性，避免课程出现重叠，造成资源浪费。

（三）创新教学方式

在当前大数据和互联网金融发展的大背景下，以理论教学为主导的传统金融教学方法已经无法适应日新月异的信息时代。这就要求高校必须跟进金融行业的改革风向，不断对自身教学方法进行创新调整，加强培养对学生实践能力的培养。首先，采取多元化教学。教学方法不能再局限于传授课本的理论性知识，而是应该侧重对学生创新思维、实践能力的培养。大数据时代，海量的数据信息资料可以为高校教学提供丰富而生动的教学素材，比如教师可以选择针对性强、启发性大同时又与课程紧密联系的互联网金融案例进行重点讲解分析，形象生动又贴近现实的案例不仅可以激发学生的学习兴趣，引导他们创新性思维的形成，同时又可以做到理论与实践的结合，提高学生解决实际问题的能力。其次，传统教学与开放性教学相结合。互联网金融时代，传统的金融教学方法已经难以培养出适应时代发展的人才，但是作为过渡，又不能完全摒弃传统授课的教学方法，因此在教学过程中，教师可以适当改变传统的单向授课的方式，突破过去“灌输式”的教学方式，创新教学方法，采用互动教学，融入课堂即时提

① 张敏锋：《经济新常态、金融科技与地方高校金融专业人才培养创新》，《金融理论与教学》2018 年第 1 期。

问、课间讨论、课后分组等多种形式的双向教学手段，引导学生自主思考、自行探索，提高教学质量；在大数据时代，学生汲取知识的途径不再限于课堂学习，大量的资源共享平台使得优秀的教育资源得到更好配置，而高校能做的，就是积极转变思路，迎合时代需求，重塑金融教学条件与环境，与学生共同探索如“翻转课堂”“微课”等平台教学，从而最大限度地利用大数据平台去激发学生探索潜能、优化课程资源，提高教学效率①。同时，在有条件的情况下，高校也可以邀请互联网金融企业家、金融机构风控部门等专业人士担任课外导师或在校内开展讲座和实践培训，积极鼓励学生参加如“挑战杯”等创新性竞赛，让学生自己真正参与到金融实践活动中，让他们更好地感受大数据的时代浪潮。

（四）加强高校金融专业师资队伍的建设

高校的师资队伍是影响金融人才培育的关键因素。大数据时代下，高校教师若仍满足于过往传统的教学经验和方法，是不能适应经济社会的发展和金融开放的需要，高校教师必须深刻意识到适应大数据时代的重要性以及大数据时代对自己专业发展所提出的严峻考验和挑战。因此面对新的金融环境和形势，现行的师资队伍需要做出调整与变革。首先，强化现有师资的金融专业知识的深度和广度，提高其实践能力、业务操作能力，定期聘请专家教授、互联网金融企业高管对现有教师队伍进行短期培训，增强教师的专业能力和实操能力；鼓励高校教师到互联网金融企业做顾问咨询，从而使教师能够接触到金融领域最前沿的信息，丰富教学素材和体验；有条件的高校可以分批让教师出国培训，这不仅可以增强教师的双语教学水平，还能使教师的金融知识体系、科研水平始终与当下国际金融形势的发展保持同步。除此之外，还要建立更加有效灵活的用人机制和激励、约束机制，不应该以教学年限作为年轻优秀教师升职的约束条件，对于教学质量突出的优秀金融教师要多加提拔，在高校内营造良好的晋升机制，提高师资队伍的待遇，进而才能为中国金融教育的创新与发展提供最坚实的保障。同时，要通过多种渠道引进实践经验丰富的优秀金融人才加入教师队伍。为了适应高等教育的大数据化发展，高校应该拥有更多互联

① 倪羽：《基于微课“翻转课堂”教学的实践与探索》，《产业与科技论坛》2017 年第 16 卷第 15 期。

网金融方向的优秀人才作为师资储备力量。这类型的教师必须具备过硬的实验软件操作能力、金融实践能力、丰富的金融工作经验以及大数据时代必备的业务能力与专业技能。只有教师队伍积极主动适应大数据时代的浪潮、提高自身综合素质，理解支持教学环境及方式的改革，才能真正发挥高校师资队伍在培养金融人才中的作用①。

总的来说，目前，在国内金融市场高度开放的新阶段，大数据、互联网金融等新兴金融也在高速发展，金融业要不断适应国际化需求，走向世界，就必须有源源不断的高端金融人才作为供给，支撑金融市场的不断运转，这就要求高校要适应潮流、革新理念，创新体制机制，为培养复合型、国家化人才贡献自己的力量。

On Nurturing of Financial Talents under the Context of Big Data

Chen Xiaojing, Wu Xiaodong, Zheng Yingfei, Chen Xiaoyu

Abstract: Big data requires new types of financial talents, such as double major talents in internet and finance fields, creative talents interested in exploring new services and practices, and administrative talents sensitive to risk management and law regulations. The problems facing teaching in higher education institutions include unclear educational objectives for financial talents, needed optimized curriculum design, and very few experiment and practicum courses in course design. Thus, it is necessary for higher education institutions to change their educational objectives for financial talents, integrate the teaching systems, optimize curriculum design, innovate teaching methods, and strengthen team building of the finance faculty.

Key words: Big Data; Financial Talents; Nurturing Mode

① 王国刚：《中国金融改革发展的方向》，《中国金融》2017 年第 15 期。

学术交流活动对研究生培养的价值考量

杨 青*

摘　要：以正式制度为代表的高校研究生培养体系在高水平人才学术视野、学术表达、学术人脉发展方面遇到了瓶颈，而学术交流活动作为学术共同体成员之间重要的互动平台为科研人才的培养提供了软环境。本研究从角色理论视角出发，首先对学术交流的内涵进行追问并深入分析学术交流活动在研究生培养中的价值。其次，梳理了学术交流活动的演变历程并阐释了三种主流形式对研究生教育的影响。最后，在深刻反思研究生综合能力现状及学术交流活动发展瓶颈的前提下，从学术交流活动内容、学术交流活动制度以及学术交流活动平台建设三个方面提出改革建议。

关键词：研究生培养；学术交流；角色理论；学术共同体

改革开放40年来，我国高等教育飞速发展，国家对高素质人才的需求逐年攀升。2017年，国家总计招收研究生80.6万人，其中硕士研究生72.2万人。硕士研究生中招收学术学位研究生32万人，专业学位研究生40万人。近十年来，研究生年均增长率保持在4%。研究生人数的迅速增加成为建设创新型国家的重要的力量，而该力量的有效发挥必须以研究生质量的提升作为前提和保障。为了提高研究生培养质量，国家于2013年出台《关于深化研究生教育综合改革的若干意见》，积极鼓励各高校开展研究生教育创新工程。在此背景下，学术交流活动作为研究生培养的一种重要方式被纳入多所高校的研究生教育创新工程规划中，并依此搭建了研究生学术交流平台。

在学术研究领域，学术共同体（Academic community）作为推动专业

---

* 作者简介：杨青（1992—　），女，华东师范大学教育学部高等教育研究所博士研究生。

人才成长和学术队伍壮大的载体备受学术界青睐。[①] 学术交流活动作为研究生培养的重要形式，被视为共同体延续和发展的主要媒介之一。改革开放以来，各种规模和形式的学术交流活动在高校中相继展开，对以课程和论文为主的传统研究生培养方式带来了机遇和挑战。如今，众多高校已将参加学术交流活动纳入研究生申请学位的一项重要考核指标并对受邀参加学科顶尖学术会议的优秀研究生予以奖励。学术交流活动为何受到政府和高校如此重视？学术交流活动经历了几个发展阶段并衍生出哪些形式？如何看待各类学术交流活动形式在研究生教育中的张力？这些都是需要予以明确和反思的问题。为了回答上述疑问，本研究将学术交流活动视为推动研究生由初学者身份向研究者身份转变，进而实现“学术人”（Homo Academics）的重要途径。[②] 研究首先从教育价值层面探讨了学术交流活动的意义，其次对学术交流活动的发展脉络进行追溯，在此基础上分析了这一变化的发展趋势，提出这一趋势对研究生教育产生的影响。最后，在深入分析我国研究生综合素质薄弱的基础上，对我国未来研究生学术交流活动改革提出些许建议。

一 学术交流的内涵及对研究生教育的价值

运用词源学的分析方法对学术交流的核心概念进行追问。“交流”在《现代汉语大词典》中有“交错的流淌”以及“彼此把自己有的提供给对方”两种释义。[③] “学术”则指“有系统的、专门的学问”。[③] 因此，从对概念的追溯来看，学术交流即指研究者彼此把自己系统的、专门的学问提供给对方。其实，大学与研究图书馆协会曾对“学术交流”进行过明确的界定，“进行创造性研究并创作学术著作，对其进行质量评估，在学术社区中传播，并存档供将来使用的系统”[④]。由此可见，传统的学术交流

① 吉标：《改革开放40年我国课程与教学论学术交流的历程、问题与应对》，《课程·教材·教法》2018年第38卷第7期。

② Bourdieu P., *Homo Academicus*, Stanford University Press, 1988: 49.

③ 汉语大字典编纂处：《现代汉语词典》，四川辞书出版社2018年版，第214、501页。

④ Clendenning, Lynda Fuller., “Association of College and Research Libraries Conference”, *Academic Journal*, 2011, 37 (3): 226.

概念包含了学术出版的含义，常与图书馆学与出版学紧密联系。[①] 伴随着学术交流形式的完善和发展，学术交流的概念也开始拓展为“任何领域内的学者通过正式或非正式交流渠道所进行的学术信息交流活动”。[②] 其中，正式的交流渠道继承了传统概念界定的内涵，囊括了期刊论文、学术专著、文献索引等，而非正式的学术交流活动则包含各类学术会议、学术论坛、学术讲座、研讨班等。在如今的研究生培养体系中，学术交流活动主要涉及研究生基于自愿而参与的各种类型或层次的学术会议、论坛、讲座、沙龙等。该类活动为正式的研究生培养制度提供辅助作用，它的价值体现在形成群体凝聚力、规范研究生行为、促进共同体内部沟通以及激发创造力等方面。通过学术交流活动，学术共同体的研究范式、价值观及文化传统传递给下一代学者，实现年轻学者向研究者的角色适应和角色转化。[③]

凝聚力是学术共同体通过学术交流活动实现的目标之一。它涵盖了学者对所属共同体的认同感、研究者之间的吸引力以及共同体对研究者的支持力等。一般而言，研究生主动参加学术交流活动的动机源于学者的吸引力或对学科知识的求知欲。当研究生渴望了解并加入既有学术共同体时，会表现出对共同体规范的遵从，自觉接受共同体规范的约束，并在此基础上与共同体成员建立关系。当研究生将共同体内部的目标视为自己的目标，并将学术研究范式内化为自己的行为准则时，研究者会对共同体产生强烈的认同感和归属感。这一过程不仅激发着研究生对学术研究的热爱，而且随着参与程度的不断深入，研究生在学术共同体中具有了明确的群体身份感，弥补了正式培养系统中无法获得的满足感。

学术交流活动对研究生形成正确的价值观念、伦理规范和意识形态具有重要的导向作用。近年来，学术伦理与学术规范作为学术研究的底线屡屡遭到触碰。已有调查研究指出研究生群体中不仅存在学术不规范的行为，而且研究生非常缺乏学术规范的知识，现有培养体系对研究生学术规

---

① 韩丽、王敏、初景利：《生态学视角下开放获取驱动的学术交流系统变革研究》，《中国科技期刊研究》2017 年第 28 卷第 2 期。

② 肖宏、马彪：《“互联网＋”时代学术期刊的作用及发展前景》，《中国科技期刊研究》2015 年第 26 卷第 10 期。

③ Bennett J. B.，“Constructing Academic Community：Power，Relationality，Hospitality，and Conversation”，*Interchange*，2003，34（1）：51-61.

范的教育还远远不够。[①] 对学术规范的遵从在学术共同体中被视为对研究者行为的角色期待（Role expectation），它是共同体确立的一种标准化的观念。不同的共同体拥有特定的群体规范，它规定了共同体中的成员应该做什么、不应该做什么。换言之，学术共同体的规范对准备加入共同体的成员形成一定的心理机制。研究生在参与学术交流活动的过程中会潜移默化地将定型的规范作为模仿、服从的对象。它通过心理暗示的方式逐渐内化为初学者的心理尺度，成为研究生言行判断的标准。因此，鼓励学生积极参与学术交流活动是其尽早实现自身角色定位并按规则行事的有效途径。

此外，学术交流活动还为研究生提供了激发创造性思维的重要平台。学术共同体的建构和延续依赖于彻底的开放性——开放地分享和接受，然后修改，再分享。在学术交流活动中，共同体成员会暂时搁置自己的立场，集中注意力并诚恳地听取他人的声音。正如西蒙尼 · 威尔（Simone Weil）提及创造性思维的产生时所说，我们需要将自己的观点放置一旁，暂且摆脱既有知识体系的束缚，使它处于超然的状态，随时准备好新奇的思想穿透我们的大脑[②]。已有关于创造性思维如何形成的研究成果中证实：聚合思维和发散思维在创造性思维形成过程中起到举足轻重的作用。聚合性思维强调正确的结果，它要求创造性思维的内容和结果集中于传统观念或原始观念，而研究生培养系统中课程教学即起到培养该能力的作用。与之相反，发散性思维却要求目标不能预先确定，目标可以是一个或多个，甚至与原始的概念界定相左。如果没有发散性思维（逆向思维、多向思维），就没有创造的起点，也就没有创造的成就[③]，而学习并形成发散性思维的最好途径即听取他人的观点并善于模仿成熟研究者的思维逻辑。当然，在学术交流中产生观点的冲突总是无法避免的，但正是因为不同学术思想聚集于同一时空并产生碰撞，才使得学术共同体保持持久的活力和创造性。

---

① 王林：《研究生学术规范教育的调查研究》，《中国高教研究》2005 年第 10 期。

② Weil S.，*Waiting for God*（E. Craufurd，Trans.），New York：GP Putnam's Sons，1951：1-2.

③ He K.，*A Theory of Creative Thinking*：*Construction and Verification of the Dual Circulation Model*，Springer，2017：85.

二　学术交流形式的变迁及对研究生教育的影响

学术研究活动本质上是社会化交流的过程，而学术交流则促进了该过程的进一步发展。学术交流本身就是学术界的有机组成部分，是学术性的具体体现。它将科学情报、科学信息、科学知识等交流活动包含在内。学术交流的过程就是科学信息的生产、提供、传递、获取和利用的过程①。传统的学术交流活动以符号作为信息沟通的重要手段，通过学术出版实现思想碰撞、信息交流、数据生产和挖掘、证明研究、发表和传播研究成果并予以保存。伴随着科学技术的迅速发展，学术交流活动的形式也从纸质版的期刊、书籍转变为电子版的期刊、数据等，开放获取的概念由此应运而生。截至 2019 年 3 月，最具代表性的全球文献资源开放获取平台 Directory of Open Access Journal（DOAJ）已收录 12787 种期刊，全球共 128 个国家加入其中。与此同时，基于网络技术迅速发展起来的学术交流模式给以学术期刊为主体的传统学术交流体系产生了较大的冲击。博客、脸书、微博等新兴平台的兴起更是极大地拓宽了学术交流的平台，为学术研究者提供了丰富的资料获取来源。

基于信息沟通的学术交流方式为研究生自主学习和科学研究提供了重要的基础，而学术会议、论坛、沙龙等线下互动的方式却为研究生融入学术共同体并尽快实现社会化提供了捷径。在我国，学术交流活动虽早已产生，然而学术交流活动作为一种研究生培养方式予以重视却出现 21 世纪初。在 20 世纪末有关学术会议的文献记录中提到，学术交流活动机会极为稀缺，虽然经费限制是一项重要原因，但是高校尚未给予重视却是最主要的。② 进入 21 世纪，随着国家对高水平人才培养的日益关注，学术交流活动在高校中也开始发展起来，越来越多的高校将学术交流活动纳入研究生培养体系之中。研究生学术交流活动推动了研究生群体内部以及师生间相互交往、信息传递、思想沟通以及情感交流。与基于期刊、书籍等简

---

① 张玥、朱庆华：《Web 2.0 环境下学术交流的社会网络分析——以博客为例》，《情报理论与实践》2009 年第 32 卷第 8 期。

② 王锁梁：《在研究生培养中积极开展学术交流活动》，《高等工程教育研究》1989 年第 2 期。

单的信息传递方式不同，学术会议的参与主体都是积极的个人并且参与者之间的互动具备即时性。除此之外，学术共同体成员之间的沟通范围远大于从前，它不仅涉及信息传递，而且包含思想沟通和情感交流，与共同体成员的社会及文化背景密切相关。在基于现实情境的学术氛围浸淫下，研究生参与学术交流活动时才能充分地产生启发和思想共鸣。

与上述两种学术交流活动相比，虚拟社区的兴起对研究生学术交流活动带来了革命性的挑战。虚拟社区是指由网民在电子网络空间进行频繁的社会互动形成的具有文化认同的共同体及其活动场所。① 在虚拟社区中，研究生学术交流活动转化为不同类型的聊天室、网上论坛、网上沙龙等，不同学者之间产生了线下所无法实现的频繁互动。毋庸置疑，基于线上的学术交流超越了时空的束缚，借助计算机网络实现了跨地区甚至跨国界的实时互动。与此同时，学者之间的互动具有了匿名性和彻底符号性的特征，研究者在线上互动中表现出“身体缺场”（Body-Absence）的特点。对于初入共同体的研究生来说，匿名性摆脱了真实身份的羁绊，实现了学术交流的平等和自由。② 但与此同时，彻底符号化的互动方式却会导致互动的局部性、片面性以及责任感的缺失，影响研究生参与学术交流活动的积极性。

概而述之，学术交流活动经历了从以纸质期刊、书籍为代表的信息传递到不同规模、层次的现实互动，再到以互联网为平台的线上交流。三种交流方式并非相互替代，而是伴随学术交流的需求产生的不同形式，彼此并行不悖。对于研究生群体而言，以信息传递为主的交流与正式的研究生培养制度紧密结合，而以现实互动为基础的学术交流形式则为有志于学术的研究生提供了角色学习和适应的软环境。虚拟社区的兴起更是迎合了年轻一代学者的需求并对传统的交流形式产生了冲击。然而，以电子信息为载体的互动因难以提供基于现实交流产生的集体融入感和情感共鸣而被众多研究者诟病，而这恰是实体学术交流形式仍然存在并发展迅速的优势所在。

---

① 张义珍：《社会学概论》，河北人民出版社 2012 年版，第 104 页。

② Simpson R. D.，“The Importance of Being a Nobody in Higher Education”，*Innovative Higher Education*，1999，23（4）：237-240.

三　研究生综合素质现状及反思

从我国一流大学的人才培养定位来看，研究生教育的目的是培养高水平全面发展的人，即智慧多、能力强、视野广、境界高的高级专门人才。然而我国目前的研究生培养现状与该目标之间却存在较大的差距。现有诸多实证研究表明，我国研究生专业基础知识比较扎实，应用能力也较强，但是在综合素质结构方面却并不尽如人意。集中表现为学术视野不广以及学术交流能力薄弱等，这种现象在博士生中尤为明显。[①] 借鉴中国研究生院院长联席会《中国研究生教育年度报告》课题组的调查数据，能够直观地验证这一结论。该调查范围覆盖了我国35所传统研究生院高校。在涉及研究生知识面宽度的相关问卷调查中，调查结果显示：17.9%的学生表示自己并不是很熟悉相关学科的知识和方法，而34.3%的学生表示不确定是否熟悉相关学科的知识和方法，剩余的半数学生均明确表示自己不了解相关学科的知识和方法。由此可知，博士研究生在跨学科知识获取方面仍有较大的提升空间。在学术表达能力和学术人脉建立方面，调查结果同样需引起重视。被调查学生中，博士生学术演讲与汇报能力的平均分为3.87分，其中，近三成的学生不认为自己具有较好的专业表达能力。相比学术表达能力，学术人脉关系建立的平均分仅有3.26分。27%的博士生明确表示没有与外校同行建立起密切的联系，还有29%的博士生不确定自己与外校同行是否有密切的联系。由此观之，超半数的被调查者尚未形成自己的学术关系网络。

究其原因，大学中的显性制度已日渐成熟，而隐形制度却尚未给予同样重视。从1935年国民政府颁布《学位授予法》标志着我国研究生教育正式兴起到如今双一流建设初有成效，我国研究生培养中的正式制度建设日臻完善，这在研究生科研能力培养效果中得到了很好的证实。与之相反，包含价值观念、伦理规范、风俗习性以及意识形态等“潜规则”在内的隐性制度却尚显薄弱，而正是这些予以忽视的不成文却又相互传承的规则构成了大学中的隐形条例，对研究生综合素质的培养起到重要的作用。时至今日，研究生培养方式越来越呈现出灵活和多样性的一面，而研

① 黄治国：《研究生培养制度研究》，武汉大学出版社2008年版，第5页。

究生教育系统也逐步成为一个开放的系统，研究生在该系统中拥有更为宽广的活动空间。世界上众多高校都呈现出“虚拟”校园和大学内外知识机构网络错综复杂的教育系统。在研究生教育中，软环境起到的约束作用也开始多于规章制度，世界一流大学中到处充满了研究生教育的“神话”。[①] 研究生通过网络及校内外的各种渠道获取自己想要的资源，在科研条件日益灵活和开放的体制下，研究生的选择也开始变得广泛和多样化。以课程学习和论文写作为中心的传统培养方式已远远无法满足研究生的需求，而形式多样、主题丰富的学术交流活动为研究生学术职业的预期社会化提供了重要的学习和交流平台。

从我国高校开展学术交流活动的近况来看，无论在学术交流活动形式、学术交流活动制度以及学术交流活动平台建设等方面均取得了显著成就。在学术交流活动开展的形式方面，我国高校尤其是双一流高校在学术会议的承办上呈现出多样化的趋势。以上海市某双一流大学为例，2018年该校共开展了千余场学术交流活动，月均活动开展次数上百场。从学术交流活动的形式来看，学术讲座占比最多。除此之外，交流活动形式还包含了师生午餐会、交流座谈会、学术研讨会、学术沙龙、学术论坛以及学术年会等，规模不一，形式多样；在学术交流活动制度方面，各高校都纷纷出台《学术交流工作暂行管理办法》，其中对不同类型学术交流活动的开展频次、开展主题、开展质量、经费资助等进行了明确规定。为了鼓励研究生积极参与国际访学、国际顶尖学术会议以及国内高质量学术会议，部分高校还制定了相应政策，对收到邀请函的学生给予报销往返机票、提供奖学金等资助政策；在学术交流平台建设方面，部分高校已经尝试并搭建了独具特色的研究生学术交流平台。例如清华大学从会议类型出发形成了以校内论坛为根基，专题论坛、跨校联合论坛（两岸论坛）和国际论坛为补充的四位一体研究生论坛体系，中国海洋大学从框架构成、运作模式及评价机制三方面切入搭建了学术交流平台，北京理工大学、中南大学等试图以承办主体为立足点，从校内到校外，导师、院系及学校等多层次搭建学术交流平台。

由此观之，经过近二十年的发展，我国研究生学术交流活动建设已步

---

① Cullen D. J., Pearson M., Saha L. J., et al., *Establishing Effective PhD Supervision*, Australian Government Publishing Service, 1994: 39.

入正轨并取得了丰硕的成果，但是仍然有许多挑战需要予以面对。首先，我国研究生学术交流活动的数量和形式虽已日渐丰富和完善，但是在学术交流内容方面，随着知识生产模式的变革以及“超学科”的出现，传统以边界森严著称的学科知识体系遭到了冲击，以专业为单位的学术交流活动已不能满足研究生跨学科知识获取的需求。在针对研究生学术交流活动调查的开放题中，部分研究生表示：“学校其他学科和研究方向的学术会议宣传不到位，想参加但无法获取相关信息。”因此，积极致力于组织、宣传并鼓励学生参加跨学科学术会议、专题报告会成为研究生学术交流活动发展的一个新趋势。其次，在学术交流活动制度方面，多数学生对现行的管理制度表示满意。但是在学术交流经费资助制度方面，尤其在针对境外访学时，部分学生表示学校境外访学条件严格且资助经费单薄，因此希望在该方面予以改进并给予更多学生尤其博士研究生出国学习的机会。除此之外，出国参会申请程序烦琐、经费报销环环设卡也成为学生提及较多的问题之一。因此，加大研究生学术交流资助力度并提升学术交流活动管理效率成为下一阶段高校学术交流制度改革的方向所在。最后，伴随信息化技术的发展，以互联网兴起为载体的超时空学术交流活动已成为一支新型的力量在高校中日益壮大，部分高校虽已建立了完善的学术交流平台，但是对于线上学术交流活动的监督和管理仍处于空白。此外，在学术交流资源共享方面，如何打破既有的校际壁垒，利用互联网搭建区域乃至国家层面的研究生学术交流平台，实现优质学术资源的共享等问题仍是该领域需要予以讨论和解决的重要议题。

The Value Consideration of Academic Exchange Activities on Postgraduate Training

Yang Qing

Abstract: The postgraduate training system represented by the formal system encounters bottlenecks in the development of high-level talents' academic vision, academic expression and academic network. Academic exchange activities, as an important interactive platform among members of the academic community, provide a soft environment for the training of scientific research talents. From the perspective of role theory, this study inquiries into the connotation of academic exchanges and deeply analyses the value of academic exchanges in postgraduate training. Also, it presents the evolution of academic exchange activities and explains the influence of three main forms on postgraduate education. Additionally, reflecting on the current situation of graduate students' comprehensive ability and the bottleneck of the development of academic exchange activities, this paper puts forward reform proposals in three aspects: the content of academic exchange activities, the system of academic exchange activities and the construction of academic exchange platform.

Key words: Postgraduate Training; Academic Communication; Role Theory; Academic Community

涉外法治人才培养“目标—需求—机制”之匹配*

吴文芳**

摘　要：高等教育涉外法治人才培养应契合国家的总体目标与战略要求，亦应重视学校平台资源、区位特色、学科积累以及教育传统等因素。国际化培养机制的设计应强调与涉外法治人才培养目标的匹配性。上海财经大学法学院将国家战略要求与本院传统、特色及地处上海优势相结合，确立“中国立场、国际视野、法经融合”的培养目标，并将之融入学院国际化培养机制中，形成“基本素质—专业素质—创新治理型人才”的“目标—机制”匹配体系，贯彻至人才培养的各环节中。

关键词：涉外法律人才；培养目标；培养机制；匹配

一　涉外法治人才培养国家目标的演进

（一）涉外法律人才1.0战略之“三要素”

《国家中长期教育改革和发展规划纲要（2010—2020年）》提出，“要开展多层次、宽领域的教育与合作，提高我国教育国际化水平，要培养大批具有国际视野、通晓国际规则、能够参与国际事务和国际竞争的国际化人才”。在此纲要的指引下，2011年，教育部与中央政法委出台了《实施卓越法律人才教育培养计划的若干意见》，强调“适应世界多极化、经济全球化发展和国家对外开放的需要，培养具有国际视野、通晓国际规

---

* 基金项目：2018年上海财经大学教学成果奖特等奖项目“打造‘三化一型’培养机制，培养‘中国立场、国际视野、法经融合’的高素质法治人才”。

** 作者简介：吴文芳（1979—　），女，上海财经大学法学院院长助理，副教授。

则、能够参与国际法律实务和维护国家利益的涉外法律人才”。这是涉外法律人才的 1.0 版本，涉外法律人才的必备素质，一是具有国际视野；二是通晓国际规则；三是能够参与国际法律实务和维护国家利益。从“三要素”的构成分析，涉外法律人才素质主要体现的是在维护国家利益基础上对接国际法律实务市场的人才需求。

(二) 涉外法治人才 2.0 战略之“五要素”

习近平总书记 2017 年在视察中国政法大学的重要讲话中，明确我国法学院校应培养德法兼修的高素质社会主义法治人才。在习近平总书记对我国法学院校培养人才的总体目标指引下，教育部与中央政法委于 2018 年 10 月出台了《关于坚持德法兼修实施卓越法治人才教育培养计划 2.0 的意见》，对于如何落实习近平总书记提出的人才培养目标，《意见》提出了明确要求。其中特别强调“促开放，构建涉外法治人才培养新格局”。提出“培养一批具有国际视野、通晓国际规则，能够参与国际法律事务、善于维护国家利益、勇于推动全球治理规则变革的高层次涉外法治人才。服务‘一带一路’建设，着力培养熟悉‘一带一路’沿线国家法制的高素质专门法治人才”。从“三要素”到“五要素”，增加的两项素质为勇于推动全球治理规则变革及熟悉“一带一路”沿线国家法制。在世界经济遭遇深度调整，逆全球化思潮、贸易保护主义、单边主义抬头背景下，我国寻求构建人类命运共同体，在复杂情况下推动治理规则变革。传统的法律人才观已经越来越不适应全面依法治国的要求，实现从法律人才向法治人才的超越是必然的趋势和要求。① 增加的两项要素即体现了这种基于全球形势变化下国家法治人才培养的战略调整。

从“三要素”向“五要素”的过渡，在国家战略上并不是一蹴而就。在教育部涉外法治人才 2.0 版出台数年前，2014 年党的十八届四中全会《关于全面推进依法治国若干重大问题的决定》就明确提出，涉外法治人才应“积极参与国际规则制定，推动依法处理涉外经济、社会事务，增强我国在国际法律事务中的话语权和影响力，运用法律手段维护我国主权、安全、发展利益”。涉外法治人才的市场化导向与法治软实力的培

① 邓世豹：《超越司法中心主义——面向全面实施依法治国的法治人才培养》，《法学评论》2016 年第 4 期。

养，早在2014年在国家战略中就有所体现，2.0版本是对国家战略与人才培养目标的及时回应。从“三要素”到“五要素”体现国家对涉外法治人才培养目标的需求层次明显提升，从单一目标“国际法律市场的实务型人才”转变到制定或修改既定国际规则的“国际创新型治理人才”与“实务型人才”双重目标并重。

必须强调的是，为推动全球治理规则变革，涉外法治人才首要应掌握并能熟练运用原有规则的话语体系，只有熟谙原有规则基础上的有效沟通，才能实现新旧规则体系转换较为平稳过渡，从而避免秩序转换的强烈对撞。这一点，从2018年以来的全球经贸规则变革呼声中，有强烈且明确的体现。这就要求培养涉外法治人才素质“五要素”时，切不可忽视“三要素”的基础。

二　涉外法治人才培养与战略需求之对接

我国法学院校涉外法治人才培养的总体目标一致，但由于国际化传统与基础、地理区位有别，再加上涉外法治人才的专业与语言储备不同，在人才培养的具体目标上不能千篇一律，如2011年教育部建设首批22家教育部卓越法律人才培养基地，既包括了传统的综合性大学中的法学院，也包括原五大政法院校以及个别专业特色院校。北京大学、清华大学、中国人民大学等综合性大学的一流法学院，既得益于所在院校的平台与师资优势，又有区位优势与国家资源支持，在涉外法治人才的培养上已经出现一些龙头项目与培养模式。而位于西北、西南或中部的内陆法学院系，即使作为国家级的卓越涉外法律人才培养基地，受制于区域所限，法学人才培养的项目与模式也难以实现一流法学院校的培养目标，因此，独具特色应当是培养目标中的重要考量。

作为我国对外开放的重要窗口，上海市教委于2012年推出“上海涉外卓越法律人才培养基地”，上海财经大学法学院获批首批“上海涉外卓越法律人才培养基地”。法学院在定位法学人才培养的目标类型时，全面分析了涉外法治人才培养的国家目标、市场要求与自身特色，以“中国立场、国际视野、法经融合”作为人才培养的具体目标。具体目标的设定既明确地回应了涉外法治人才培养的国家战略需求，充分考虑了地区人才需求，又冷静地评估了本校、本院在供给方面的优势。

（一）“国际创新型治理人才”培养的需求与供给对接

国际创新型治理人才拥有的批判性法律思维、知识整合能力、沟通协作能力、法律技能与法治理念[①]，能够为我国参与国际事务构建起一套与国际接轨的公平、透明和规范的新制度体系，逐步争取新框架中的话语权而努力。这样的精英化人才在学校法学院具不具备培养条件呢？

有学者提出，接受过深厚的通识人文教育，具有专精化的学识以及拥有跨文化沟通素养和家国情怀的领袖型人才，应当专由国内顶尖综合性大学来培养。[②] 我们认为，这是一种具有强烈精英主义情怀且较为狭隘的认识。从上海财经大学法学院的实际看，作为一所多学科财经院校，学院师生已经初具国际化、精英化特点，一流素质的本科生源、国际化师资与管理团队已建立；加之东吴“英美法学”在上财法学院传承与复兴[③]，多年来自贸区法治制度建设的研究，既积累了国际经济合作竞争新秩序规则的大量研究资源，又在此基础上创新了协同培养模式[④]而屡获赞誉[⑤]，客观上看，上财法学院具备培养国际创新型治理人才的培养环境、机制与能力。

（二）上海“全球卓越城市”法律市场的要求

《上海市城市总体规划（2015—2040）纲要概要》提出，在2020年基本建成“四个中心”的基础上，到2040年将上海建设成为综合性的全球城市，即国际经济、金融、贸易、航运、科技创新中心和国际文化大都市。“五大中心”加上国际文化大都市的全球城市定位，其背后是庞大的法律需求市场，这些需求既有外资进入进一步开放中国市场的直接法律需求，如2018年特斯拉和安联保险进入中国市场，也有中国企业到海外投

---

① 杜承铭、柯静嘉：《论涉外法治人才国际化培养模式之创新》，《现代大学教育》2017年第1期。

② 杨力：《国际化法科人才培养格局及协同》，《法学》2015年第6期。

③ 刘力源：《东吴法学“一百年”——中国法学教育的光荣与梦想》，《文汇报》2015年9月18日。

④ 林颖颖：《申城高校法学院为自贸区定制人才》，《新闻晨报》2013年12月8日。

⑤ 杜承铭、柯静嘉：《论涉外法治人才国际化培养模式之创新》，《现代大学教育》2017年第1期。

资保驾护航的法律需求，还包括跨国公司对国际化法律人才的需求等。作为自贸区的龙头城市，“中国自由贸易试验区的建设”承担的是对内改革和对外参与国际经济合作竞争新秩序的“试验田”双重使命，都迫切需要专业涉外法律人才供给。上海“全球卓越城市”法律市场对法律人才培养素质提出的要求，不仅是传统法学院系提供的以大陆法系为目标的中国法训练，还应包括来源于英美法的国际商事规则；不仅有对法学的精进与理解，还包括对贸易、金融、知识产权等跨学科的专业要求，在这两方面，上海财经大学法学院均具有较长时期的学术积累与专业优势。

三 人才培养“目标—机制”匹配体系与运作

涉外法治人才培养的国家目标应转化为法学院系人才培养的具体目标，在此基础上最关键的是“目标—机制”匹配体系的设定与实现。法学院从“基本素质”“专业素质”与“创新治理型人才”三个方面培养涉外法治人才。

(一) 涉外法治人才基本素质的国际化培养机制

涉外法治人才基本素质包括三个方面：一是强大的心理素质与过硬的政治素质，二是优秀的外语能力，三是强大的跨文化及法域的沟通素养。学院主要通过如下机制保证培养目标的实现：

1. “中国立场”的身份认同强化机制

无论是致力于参与制定或修改既定国际规则的“国际创新治理型人才”，还是法学市场型人才培养，其基本素质，首当其冲是应有“中国立场”，这是由我国法科培养的总体目标决定的。学院学生党支部和辅导员在学院党委指导下，专职负责社会主义法治人才的政治素质培养，通过持续、常态与颇具匠心的组织活动，不仅推动学生政治素质提高，也促使学生心理素质不断优化，为学院涉外法治人才培养保驾护航。

2. 本—硕—博英文课程全覆盖

从 2012 级本科生开始实施“英美法证书班”项目，共计 8 门课，22 学分，全英文授课。针对硕士生与博士生，学院每年开设 20 多门英文课程。丰富的全英文课程为学生英文听说、写作能力的培养提供有效的学习渠道与资源。

3. 中国法 LL. M 与 PhD 留学生与本国学生融合机制

跨文化及跨法域沟通能力培养需要法学院校提供相应的环境，更应有相应的机制予以保障。法学院外国留学生来源多元，每年人数稳定在10—15人。学院推动中国学生和外国学生的跨文化交流，为外国学生安排本院志愿者，定期举办中外学生的聚会。下一步法学院将建立外国留学生与中国学生课程共享机制，促进中外学生在课堂中结下友谊，在业余生活中进行较为深入的跨文化交流。许多来源于“一带一路”沿线国家的外国留学生，是学院培养熟悉“一带一路”国家法制人才的重要桥梁，为具有不同法域背景的学生在同一法律问题讨论中深化了解、加强沟通提供契机。

表 1　中国法 LL. M 与 PhD 学生的国际化概况　（单位:%）

年级＼来源地	亚洲	非洲	南美洲	北美洲	欧洲
2014 级	25	37. 5	12. 5	12. 5	12. 5
2015 级	43. 75	31. 25	12. 5	12. 5	—
2016 级	25	37. 5	—	—	37. 5
2017 级	16. 7	—	—	16. 7	66. 7

（二）专业素质的国际化培养机制

1. 国际规则的传授机制

“通晓国际规则”是我国涉外法治人才的必备素质，也是学院培养“法经融合”人才的主要内容。培养学生通晓国际规则，第一步是在系统化设置与精心打造的国际化课程中进行讲解、传授。

（1）“英美法证书班”：本项目的设计理念就是促进学生了解以英美法为重要来源的国际经贸规则。国际化水平的师资团队保证了培养水平，师资既包括美国常青藤名校毕业的法律博士，也包括在欧美有影响的知名外籍教授，另有 4 位香港大律师受聘为法学院兼职教授。

（2）系统开设国际化课程：除上述系统英美法课程外，学院开设 20 多门全英文课程，涵盖欧盟法、国际公法、海洋法、国际法院、国际组织法等以国际规则为主要内容的课程。

（3）国际优质法学教育资源：法学院海外讲坛常年邀请国外知名学者开设讲座，及时传递国外最新学术讯息，成为学生了解海外优质法学教育与研究咨询的重要桥梁。除此之外，学院每年举办数场国际学术会议，为学生了解海外法学研究最新动态，促进国内外学术交流，提高学生特别是研究生素质起着不可忽视的作用。

（4）设置自贸区法治特班：顺应中国自由贸易试验区建设的需求，通过设置专业方向、修改教学计划、开设培养项目、联合其他学院开设“自由贸易·金融·法律”硕士与博士特班。在课程设置中，利用上海财经大学学科优势，有机融合金融、经济与法律等课程，实现国际规则传授的多元化、多角度与多渠道。

2. 国际化的法律实训机制

法学本身的实践性强，涉外法治人才培养更需要学院在实践能力培养上投入时间、精力与资源，否则不可能培养出国际法律市场中的佼佼者。涉外法治人才的实训机制不仅要求法律英语的运用能力与专业英语能力的有机融合，且需要多学科交叉知识结构的提升。

（1）国际模拟法庭竞赛的培训机制：国际模拟法庭竞赛是培养涉外法治人才实践能力的有效方式①。学院建立了有效的国际模拟法庭竞赛培训机制，选拔人才参加各类竞赛且配置高水平的中外教师联合指导团队。参赛团队在杰塞普国际法模拟法庭、贸仲杯国际商事模拟仲裁庭以及我院2018年与澳大利亚迪肯大学合办的中国法暑期班引入的“一带一路”实务模拟谈判大赛等竞赛中屡获佳绩，其中在2018年第十六届贸仲杯国际商事模拟仲裁庭辩论赛获得团体一等奖。

（2）国际化的法律实践基地：通过学院兼职导师的支持，学生在上海律所国际化团体实习得到法律实训的机会较多。除此之外，学院还积极拓展海外实习项目，多渠道开辟更多的国际化法律实践基地。

3. 学生交换与海外学术交流机制

学院与多家海外知名大学签订合作协议，构建联合培养、攻读学位、校际交换、访学研修、短期实习等各类长短期相结合的海外学习项目，以满足不同学生多样化的发展需求，建立专项经费资助学生海外学习。近三

① 钱锦宇、薛莹：《国际化复合型法律人才的培养：现状分析、路径选择及保障机制——以国际模拟法庭竞赛的培训和参赛为例》，《山东大学学报》（哲学社会科学版）2017年第5期。

年来，前往海外留学（暑期班或短期交流项目）或交换生（一学期以上）达百余人。学院还鼓励教师参加海外学术交流，多名教授赴海外著名大学参加国际会议或海外短期交流，近三年来有7名教师赴海外访学1年。

4. “国际创新治理型人才”的培养机制

2016年启动“国际组织人才培养基地班”项目，该项目最重要的培养目标就是服务于中国参与全球治理体系建构、提升国际事务话语权的需求，是我校在“国际创新治理型人才”培养方面的重要项目。该项目创建“1+1+1”本硕连读国内外双硕士学位的培养体制，学生在读期间需到国际组织及相关机构实习。在培养机制上，“国际组织人才培养基地班”项目建设一体化课程体系，以语言复合、专业复合、国际组织实务紧密结合，通过学习平台、实习与求职服务平台两大培养平台的对接，实现国内导师、海外导师、实践导师三导师联合指导。该项目每年在法学院有10位同学，目前共计30人入选。第一批入选同学已经开始进入实习期。在联合国教科文组织、联合国开发计划署、欧洲环保协会、北美华人文化基金会、香港仲裁中心或国际性律所实习。

涉外法治人才培养的顺利开展离不开与之相适应的管理与服务制度作为保障。得益于上海财经大学的制度支持，学院在教学管理制度、学籍管理制度、国际交流奖助机制、学分转化政策等方面形成了全链条式管理规范，并制定了鼓励性政策，为“英美法证书班”、学生参与国际交流活动及海外学习项目提供保障，提升学生学习的积极性和主动性。通过对涉外法治人才培养机制的不断完善，学院在实现人才培养目标、提升人才培养质量方面取得了良好的成效。在对自2012年以来毕业的3届88名英美法证书班同学的调查发现，其中有39人被一流大学录取攻读J. D或LL. M，其中包括哈佛大学、耶鲁大学、加州大学戴维斯分校、乔治·华盛顿大学、伦敦大学等大学法学院。法学院将继续坚持“中国立场、国际视野、法经融合”的培养目标，继续完善国际化人才培养机制，以实现为培养德法兼修的高素质社会主义法治人才不懈努力。

The Matching of "Goal–Demand–Mechanism" in the Training of Foreign–related Legal Talents

Wu Wenfang

Abstract: The training of foreign–related legal talents in higher education should meet the overall goals and strategic requirements of the country. It also needs to pay attention to the institutional resources, location characteristics, subject accumulation and educational traditions of the institution. The design of the international training mechanism should emphasize the matching with the training objectives of foreign – related legal talents. SUFE Law School combines the national strategic requirements with institutional tradition and characteristics and the advantages of Shanghai, builds up training goal of "Chinese position, international vision, and integration of law and economics", and integrates this goal into the international training mechanism. The "target – mechanism" matching system of "basic quality – professional quality – innovative governance talents" is formed, which is implemented in all aspects of the training of foreign–related legal talents in higher education institutions.

Key words: Foreign – related Legal Talents; Training Objectives; Training Mechanism; Matching

教学改革

财经类高校大学英语课程教学改革探索与实践

赵 珂 张 洁*

摘　要：财经类高校的大学英语课程，应不断深化教学改革以满足国家对财经创新型人才外语能力的需要。上海财经大学英语课程教学改革的主要目标是借鉴“创新学习”“产出导向法”与“建构协同”理论，构建有效教学模式，培养学生批判思考和创造新知能力，全面提升综合语言素养，满足学生学业和职业发展需求。本轮教学改革，在教学设计上兼顾人文性和商务性，强调话题思辨性，注重认知冲突与挑战；在教学方法上强调形式多样，“任务式学习”“项目研究”和“案例分析”等多种形式并用，引导学生运用英语参与知识探究与问题解决，强化语言输出能力；创建与教学目标相一致的多元测试评估体系，针对语言运用、逻辑思辨、合作创新等方面展开多维度考核，促进学生创新学习和综合语言素养的提升。

关键词：创新学习；语言输出；大学英语；教学改革

近年来，国家全面实施创新驱动、转型发展战略，上海提出建设国际经济、金融、贸易、航运中心和具有全球影响力的科技创新中心，这些建设目标对高校人才培养提出了新的、更高的要求。作为一门重要公共课程，《大学英语》应主动深化教学改革，以满足国家和上海对国际化、复合型、创新型人才的需求。然而，当下高校《大学英语》课程教学存在以下问题：教学目标与社会需求脱节；重语言知识传授，轻思辨；教学效率低下，学生获得感不高。《大学英语》作为一门高等教育的公共课程，教学目标与定位应超越普通英语语言知识和技能，而关注英语在学科专业

* 作者简介：赵珂（1975—　），女，上海财经大学外国语学院副院长，教授；张洁（1982—　），女，上海财经大学外国语学院副教授。

领域或跨文化领域的实际应用能力，即运用英语汲取并创新知识，运用英语进行专业领域交流与沟通[①②]。因此，《大学英语》教学应尝试在创新学习的框架下，以提升实际语言产出为驱动的改革方向。如何借鉴“创新学习”和外语教学理论，结合学校《大学英语》教学实践，探索以“提升学生创新能力与英语语言实际运用能力”为目标的《大学英语》教学改革模式，是上海财经大学《大学英语》课程教学改革要着力解决的问题。

一 教改理论基础与模式建构

上海财经大学《大学英语》课程教学改革主要基于“创新学习”（Knowledge Creation）、“产出导向法”（Production-Oriented Approach）和“建构协同”（Constructive Alignment）三大理论。创新学习的概念源自学习理论知识建构流派[③]。知识建构理论强调动态的、群体共同创造的知识观，以“观点产生与不断发展”为中心，培养以发展学生社区共同知识为目标的知识建构[④]。在此过程中，个人语言实际运用能力与创新能力的发展成为知识建构的副产品[⑤]。具体而言，本文中外语学习中的创新学习是指，在外语学习中，不仅要掌握他国语言的词汇、语法和惯用表达方式，而且还要通过对语言所呈现内容的思考与研讨，培养分析问题和批判思维的能力。不仅要通过外语学习掌握一门交流工具，并获得新知识，更重要的是，还要通过学生与文本以及其他媒介、学生与学生之间、学生与教师之间的思想碰撞与交锋，加深理解，迸发新思想，创造新知识。

---

① 蔡基刚：《我国第一份以学术英语为导向的大学英语教学指导文件的制定与说明》，《外语教学理论与实践》2012 年第 4 期。

② 蔡基刚：《高校外语教学理念的挑战与颠覆：以〈大学英语教学指南〉为例》，《外语教学》2017 年第 1 期。

③ Paavola, S., Lipponen, L., & Hakkarainen, K., “Models of Innovative Knowledge Communities and Three Metaphors of Learning”, *Review of Educational Research*, 2004 (74): 557-576.

④ Scardamalia, M., & Bereiter, C., “Knowledge Building”, In R. K. Sawyer (Ed.), *The Cambridge handbook of the learning sciences*, Cambridge: Cambridge University Press, 2006, pp. 97-115.

⑤ Scardamalia, M., & Bereiter, C., “Knowledge Building”, In *Encyclopedia of Education*, New York: Macmillan Reference, USA, 2003, 2nd ed., pp. 1370-1373.

在创新学习框架下，大学英语教学的目标是提升创新学习过程中的社会语言实践过程与产出，从而全面提升学生的综合语言运用能力，以满足其更高的学业、职业发展需求。故此，我们借鉴“产出导向法”的教学理念[①][②]，强调教学大纲与教学目标的设定基于有利于学生学术和职业长远发展的语言输出能力，教学内容的选择和教学任务的设计以“有效学习为中心”，并在课堂教学中强调“输出驱动—输入促成”，努力营造以“创造新知为导向的英语课堂”，鼓励“观点产出与发展”，采用基于真实问题解决、项目调研、案例分析等教学方法，增加相关阅读或视听材料输入，设计具体书面或口头输出任务，加强学生综合运用英语参与知识探究与问题解决的能力。在此过程中强化语言产出，提升语言实际运用能力。

为了达成鼓励创新学习与增强语言产出的目标，我们在教学设计上参考了建构协同理论[③]，强调教学目标、教学活动与评价活动之间的一致性。评价手段实现多样化，将评估任务镶嵌在教和学的过程中，针对语言运用、逻辑思辨、合作创新等方面展开多维度考核，促进学生创新学习和综合语言素养的提升。

在上述三个理论的指导下，学校大学英语教改团队经多年实践与探索，建构了具有财经院校特色的“以创新学习为引领，以语言输出为驱动”的大学英语教学模式（见图 1）。

二　改革实践与探索

2013 年以来，上海财经大学开展了新一轮大学英语教学改革，积极转变学生和教师观念，大力改革课堂教学模式，显著提升教学效果，并通过改革课程评价模式，以评促教、以评促学，充分运用评估手段促进改革的推进与深化，建立了“以创新学习为引领，以语言输出为驱动”，全面提升综合语言运用能力的财经类大学英语教学模式。具体而言，学校大学

① 文秋芳：《输出驱动假设在大学英语教学中的应用》，《外语界》2013 年第 6 期。

② 文秋芳：《构建“产出导向法”理论体系》，《外语教学与研究》2017 年第 4 期。

③ Biggs, J. B., & Collis, K. F., *Evaluating the Quality of Learning: The SOLO Taxonomy (Structure of the Observed Learning Outcome)*, New York, NY: Academic Press, 2014.

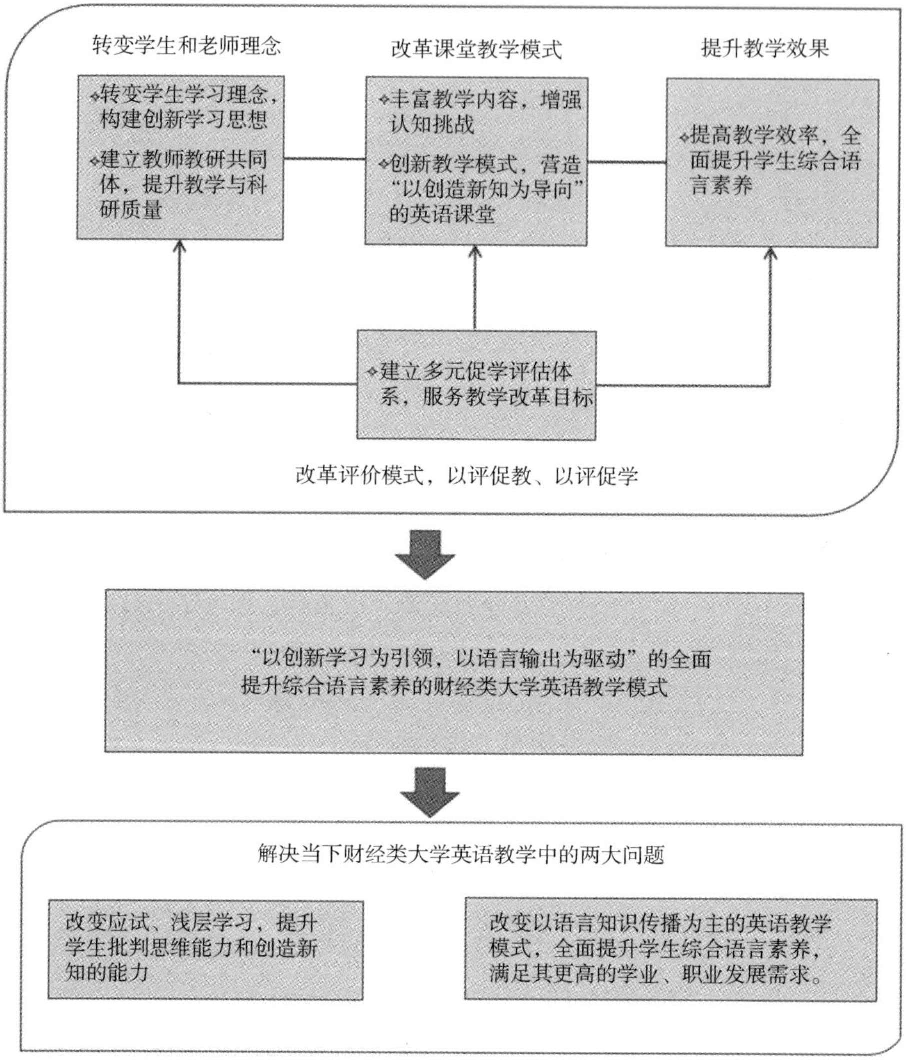

图 1　上海财经大学《大学英语》教学改革目标与主要内容

英语教学改革的实践与探索包括以下几个方面。

（一）转变学习理念，构建创新学习观念

转变学生外语学习理念是改革的关键。我们通过分级考试、新生教育、任务设计和课堂教学等多个环节，加强对创新学习理念的宣传，帮助学生认识到在高校学习英语不仅要关注语言本身，还应加强对中西方文化

深层价值差异的认识、对不同观点的剖析与批判反思；强调在国际交往中要注重解决由于文化理解或观点迥异而产生的矛盾与冲突；重视运用英语和已有专业知识建构新知的能力，从而改变学生长期受应试教育与“工具思想”影响而形成的实用主义观念、浅层与被动学习的思维定式，激发用英语汲取并创造新知的意识与行动。

（二）建立教师教研共同体，提升教学与教研质量

教师团队建设是教改的重要保障。我们注重以教学科研为引擎的教学团队建设，强调以理论为指导的顶层设计，以及系统化和科学化的项目管理与微观课堂教学实践与反思。在教学团队建设中，充分利用与我院开展国际合作的国外大学资源，为团队教师在教学理念、教学模式、教学评估等方面提供必要的、有针对性的培训。

（三）丰富教学内容，增强认知挑战

教学内容是教学活动的载体，直观体现了教学改革理念。教改前以通用英语为主导的大学英语教学重点仍为讲授语言知识和文化背景，教学目标不够明确，教学内容缺乏挑战性，导致学生对英语学习逐渐失去兴趣，产生倦怠。且通用英语教学和学生高年级全英文专业课程学习和出国交流等语言和思维能力需求存在一定的脱节，无法满足学生对提高语言实际运用能力的需求，同时缺乏挑战的教学内容亦无法有效地训练学生批判性思维能力以及创新合作学习能力。为帮助学生从中学阶段以学习语言基础知识和训练应试技能为主的英语学习顺利过渡到使用英语学习专业知识和进行学术交流，并能运用语言获得新知和创造新知，我们在改革教学模式的基础上大大丰富了大学英语教学内容，以适应新的教学模式，实现新的教学目标。

教学团队群策群力共同组织与设计教学内容。教学内容的设计遵循以下原则：注重认知冲突与挑战，以培养批判思维能力与合作创新能力为导向；突出时效性、通识性和思辨性，注重教材与时事热点相结合、国外与国内资源相结合，兼顾人文与商务性，强调话题内容的思辨性，从而使教学内容更加丰富、更具时代特色。这样不仅契合学生的专业背景，激发学生的学习兴趣，有利拓宽其知识面，而且有助于训练学生批判性思维能力，增强深入探究的动力。我们的阅读教学材料主要选自国内外社会文

化、经济管理类主流报刊媒体，如《中国日报》《时代周刊》《经济学人》和《哈佛商业评论》等。听力教学材料主要选自国外开放式课程及演讲材料选段，如TED演讲、MOOCs课程选段等。不仅能够激发学生的学习兴趣，增强学习动力，同时也有利于培养学生自觉利用期刊和网络获取相关信息的习惯。此外，我们还引导学生阅读经典文学作品，以提高学生的人文素养以及批判思考能力。兼具通识性、思辨性和时效性的课堂教学材料，广泛的主题式课外文学作品和学术阅读以及对自身学习过程有意识的关注与讨论构成了新的教学模式下多元化并互为补充的教学内容体系，帮助学生从通用英语逐渐过渡到综合运用语言技能以及创新合作式学习技能进行专业学习甚至终生学习。

（四）创新教学模式，营造“以创造新知为导向”的英语课堂

在教学模式上，我们采用任务式学习、项目研究、案例分析等多种教学方法，在课堂上与课后第二课堂中，科学地设计各种激发学生自主学习和批判思考的活动，运用小组研讨、合作式学习、创新研究等形式，培养学生综合语言运用能力的基础上，着力提升他们的分析、综合与批判、创新能力。新教学模式强调课下的准备、自学与课上的展示、分享与评估有机结合，在教学的各环节秉持课前、课中与课后三个阶段的任务设计理念，引导学生在课前完成词汇、话题背景知识等基础知识的搜索与自学，课上运用多种任务设计让学生关注并思考较高层面的语篇特点，并针对教学材料中所呈现的内容进行思考与研讨，通过学生之间以及学生与教师之间的互动与反馈，加深理解，激发观点并创造新知。课后的任务设计重在让学生操练以巩固相关语言知识，并使用与该单元话题相关的语言资源进行书面语言输出，对所学习的知识与内容进一步进行反思。通过课前、课中和课后连贯的任务设计，将不同层次的教学重点有效分配在不同的学习环节，提高了课堂教学效率，并增强了教学效果。我们还将上海大学生国际学术研讨会活动内嵌在课程中，在每学年的第二学期中，开展以小组为单位的项目研究。学生可基于当届论坛主题，自选视角进行探究式阅读并拟定研究问题开展小规模调研，最终以口头陈述和提交书面研究报告的形式参加校内选拔赛和正式论坛，在一系列的环节中锻炼使用英语获取信息、批判思考、解决问题并参与学术交流。我们还充分利用图书馆资源，

将文献搜索、论文选题以及文献引用等培训引入课堂，使学生具备初步的信息素养以及学术规范，为他们使用英语进行专业领域的学习和交流打下基础。学生每学期须以小组为单位阅读一本经典或当代英语文学作品，期末时以读书会视频竞赛方式分享小组成员的阅读体会以及思考。课外的阅读任务旨在让学生除了阅读社会与商务领域的时文之外也能欣赏英文经典哲学、文学与历史作品，并能够对所阅读材料进行讨论、分析、综合与评价，汲取智慧，提高人文素养，拓展知识疆域。视频制作比赛以小组项目的形式开展，也能帮助调动并培养学生综合语言运用能力、团队协作能力、数字技术运用能力以及创新学习能力。

新教学模式采用多种突出教学实践特征的教学活动、任务和项目，能够有效激发学生创新学习的能力，帮助学生从工具型应试学习、被动与浅层学习，逐步转向主动探究、协同创新学习，能够进一步培养学生自主学习、批判创新的学习意识，全面提升学生的英语运用综合能力和批判创新的能力。改革中的英语课程多采用“任务式学习”“项目研究”和“案例分析”等多种建构主义教学方法，引导学生运用英语自主参与知识探究与问题解决，着力培养学生分析、批判与表达能力，发现与研究问题能力，以及各抒己见、凝聚智慧和团队协作能力。改变了以往教师讲授和学生被动接受的教学模式，使学生成为学习的主体，成为新观点、新见解的提出者和新知识、新方法的创造者，从而使大学英语课堂从语言知识大讲堂转变为运用英语创造新知的智慧课堂。

（五）构建多元评估体系，服务教学改革目标

有效的评估体系是促进创新学习理念转变和提升教学有效性的重要手段。在教学改革过程中，我们基于建构协同的原则，逐步形成了与教学目标相一致的多元测试评估体系，将课堂评估、形成性评估和终结性评估有机结合，采用教师评估、小组评估、学生互评等多种方式，衡量宏观教学效果与微观学习进展的立体式、系统性的评价体系，实现“以评促学，评教结合”。促学评估（Learning-oriented Assessment）以及建构协同（Constructive Alignment）并不是新的概念，但如何在教学过程中有效地贯彻与实施却存在较大的挑战，这其中包括给学生提供具有诊断及指导意义

的评估反馈[①]以及教师需具备相应的评价素养，并在教学上投入更多时间和精力[②]。这主要是因为根植于认知及建构主义的“促学评估”镶嵌在教和学的过程中，要持续地收集、分析并判断学生学习信息，并能对学生的表现提供具有诊断和指导作用的反馈信息，在操作层面很容易因为教师缺乏专业知识、经验以及投入不够而产生偏差。

考虑到“教师因素”在促学评估实施中的关键性，我们在教改设计初期和实践过程中通过文献研究、专家咨询以及一线教师集体备课讨论的方式，统一课堂评估任务的设计理念及原则，通过分工合作的方式设计每单元课堂以及课后评估任务，并集体讨论拟定与教学目标和实践相一致的任务表现描述语及评分标准，最大化地使个体教师的课堂评估实践及反馈形式、课程的形成性评估组成以及终结性评估的内容与形式，体现教学改革共同的教学理念、目标和具体内容，有效衔接评估与教学，并运用评估手段促进教学效果。具体而言，我们在形成性评估中，将教师评估、学生互评与小组评估相结合，基于共同的评价标准，针对语言运用、内容组织、逻辑思辨、形式呈现等方面开展多维度考核。我们还把基于合作的项目完成情况作为形成性评估的重要组成部分，鼓励学生综合运用语言技能，进行合作创新式的探索学习。此外，传统大学英语的课程考试，尤其是期末终结性考试中，大多数考试题型以简单、独立的语言技能及知识为考查点，这与课堂所讲授的内容以及整体教学目标都存在一定的脱节，考试任务无法发挥正面积极的反拨作用。因此，为了衡量并鼓励学生的综合语言应用，并考查学生的思辨能力，我们在评估任务的设计上最大化地体现综合原则，采用读写结合、听写结合等综合语言运用任务，让学生在语言输入的基础上进行恰当的语言输出，同时考查学生对于输入信息中的内容能否进行批判性思考，合理借助语言输入和自身的语言资源表达具有一定复杂性和思辨性的观点。综合性的评估任务更贴近课堂教学时使用的教学任务，不仅能更好地衡量教学效果，也能够利用考试的反拨效应促使学生进一步认同和接近教学目标。

---

① William, D., “What is Assessment for Learning?”, *Studies in Educational Evaluation*, 2011 (37): 3-14.

② Carless, D., “Trust, Distrust and Their Impact on Assessment Reform”, *Assessment and Evaluation in Higher Education*, 2009 (1): 79-89.

三　改革成效

学校“以创新学习为引领、以语言输出为驱动”的大学英语教学模式改革自 2013 年 9 月开始试点以来，经过不断推进与深化，已经覆盖全年级近五分之四的新生，大学外语教学部超过三分之二的教师参与教改，目前已形成了一套较为成熟完善、系统科学的具有财经院校特色的大学英语教学理论、实践与管理体系。以下数据可以很好地反映出我校大学英语教学改革实践的应用情况。

（一）学生对《大学英语》课程满意度显著提高

学校《大学英语》课程教学改革经历了三轮教学实验，收集了多方面的数据，包括学生的课程满意度调查问卷、学生与教师定期访谈等。已有的数据表明，学生对《大学英语》课程的认可度和满意度显著提高。以 2015 级全体教改试点班学生为例，学生对新教学模式、教学内容和教学效果均给予了较高评价：学生对于教学目标有了更明确的认识（4.05/5），并认为改革后的教学内容更具挑战性（4.25/5），教学方法效果更好（3.92/5），更能激发学习兴趣（3.81/5），整体收获也较大（4.1/5）。

学生代表和教师的座谈结果也表明新的教学模式能够有效提升学生的综合语言运用能力。学生们认为，新的教学模式更为实用，更能培养学习兴趣，教学内容也更为丰富。以语言产出为驱动的教学模式，让学生更多地参与课堂讨论和辩论环节，可以培养“用英语讲述中国故事”的意识与能力。英文原版阅读材料和 TED 等教学听力材料让学生们“直接感受到外国人的口语，打开了新世界的大门”，“让他们有了世界公民的意识”，锻炼了“他们批判性思维，从两面来看问题的能力”，大多数学生都能够非常积极地参与大学英语的学习。

（二）学生通用英语综合运用能力显著提高

虽然学校《大学英语》教学改革主要致力于改变学生以“应试学习”为导向的英语学习现状，但在新的教学模式下学生语言综合运用能力得到了显著提高，在国内大型通用英语考试中成绩不断攀升、屡创新高。根据四六级成绩查询平台“大学助手”发布的全国高校四六级平均分 TOP200

榜单，学校在2015年6月的四级考试中位居全国第四名，在2015年12月的六级考试中位居全国540所高校第一名。纵向而言，我们统计了2012级（未进行教改）和2013级、2014级（参与教学改革）的学生第一次参加六级考试的总分、均分与各项分项得分均分。统计结果表明，从2013级新生开始推行教学改革以来，学生的六级考试总分以及各项分项技能得分均稳步攀升，尤其是听力能力和写作能力。这与新的教学模式增强视听输入、鼓励语言输出有直接的关系。

表1　　2012—2013级学生首次参加CET6成绩对比

	总分	听力	阅读	写作
2012级	505.05	171.86	195.34	137.84
2013级	513.60	175.72	196.32	141.56
2014级	516.67	177.21	196.63	142.84

此外，我们在2015级教改班入学时和一年后两个时间节点分别进行了同一难度的英语综合水平考试，两次考试的总成绩以及各分项技能的成绩进行了配对样本检验。整体而言，经过一年的教学改革，学生的整体英语水平有了较明显的提升，特别是听力、阅读和词汇能力。

（三）学生英语语言能力受到社会广泛认可

学校教学改革注重提升学生在专业领域进行英语学术交流和在国际化工作环境下的实际英语语言沟通能力。经过几年的教学实践，学生学术英语交流能力和职业英语能力受到广泛认可。我们将上海国际大学生学术论坛活动内嵌在课程中，借助一年一度的大学生学术论坛活动，让学生以小组为单位，以当届论坛论题作为主题，自选视角进行探究式阅读并拟定研究问题开展小规模调研，最终以研究报告的形式通过参加校内选拔赛，获奖小组可正式向论坛投稿，在一系列的环节中锻炼学生使用英语获取信息、批判思考、解决问题的能力和参与正式学术交流的能力。在2016年和2017年举行的第二届和第三届大学生国际学术论坛中，教改班中共有20组100余名学生通过大会匿名评审，受邀在论坛上用全英文做学术报告和海报展示，其中两个小组还受邀在大会上做主旨发言，一个小组获优秀论文奖，充分展示了我校学生出色的学术交流能力和研究潜力，受到了与会代表、专家与社会广泛关注和好评。

四 问题与展望

大学英语教学改革应服务于国家战略与社会需求。《大学英语教学指南》中提出，大学英语教学应体现科学性、多样性、差异性与灵活性。学校大学英语教改基于本校生源基础、教学实践与学科专业特点，采用分级分层教学模式。在英语基础较好的学生群体中率先尝试“创新学习”与“输出驱动”的教学模式，并在教学实验结果趋于稳定的前提下，逐步在校内推广，取得良好效果。但在教学改革实施过程中，我们也发现了一些问题和困难，其中最大的困难是转变学生与教师固有的思维定式和他们长期形成的学习、教学习惯，以及如何处理好培养学生创新学习能力与学生较为实际的应试需求间的关系。

（一）转变固有的学习与教学的观念和习惯

长期以来，中国基础英语教育和大学英语教育偏重语言知识、语言技能和应试技巧，很少将英语学习与获取新知、解决问题与批判创新思维能力等挂钩。大多数教师也未能充分认识到帮助学生转变工具性学习理念的重要性。课堂教学侧重语言知识的传授与技能操练，忽视了培养学生的综合语言运用能力，未能有效地提升学生高阶的思维能力和创新学习的能力。尽管经过多轮教师培训，并采用科学系统的课堂教学任务设计和评估方式，教师和学生根深蒂固的学习思维习惯仍较难彻底改变。以后教改中需加强师生培训环节，需要更多关注深层次观念的转变。

（二）处理好创新学习能力培养与语言基础提升的关系

本轮改革显示《大学英语》课堂的创新学习意识与能力的培养能够帮助学生从中学的英语学习过渡到大学运用英语进行专业知识的学习。然而学生目前仍需面对四六级考试及出国语言考试等较为实际的应试需求。如何处理好两者关系，确保学生在提升综合学习与语言运用能力的同时，较好地兼顾社会考试中对语言知识的要求，这也是目前大学英语教学需解决的问题。

（三）如何更加全面衡量综合语言运用和创新学习能力

如何能够全面衡量综合语言运用和创新学习能力，从而更好地衡量教学效果，也是一个亟待解决的难题。如果评估方式和评估任务无法全面体现教学目标，不能体现语言运用的综合性、真实性以及在学生目标语言使用环境下所需要的综合技能和创新学习能力，就很难对教与学发挥积极和长远的促进作用。随着新生入学英语水平的不断提高，高校应将培养学生运用英语进行专业领域交流和知识创新的能力放在大学英语教学的重要位置，并作为衡量其外语学习与教学质量的一个主要标准。建议国家和上海市教育主管部门把提高学生的创新思维与创新能力作为对高校大学英语教学质量评估的一项重要指标，以促进各高校重视学生创新能力的提升，满足建设创新型国家的战略需求。

An Exploratory Study into College English Reform at Chinese Universities in Finance and Economics

Zhao Ke, Zhang Jie

Abstract: Shanghai University of Finance and Economics (SUFE) has initiated a new round of College English teaching reform since 2013, which aims to establish an effective system of teaching beliefs and methods to promote students' comprehensive language competence and their critical and innovative thinking skills. This College English teaching reform is mainly intended to meet China's increasing need of more innovative talents in finance and economics with adequate English language communication skills and students' higher demand in academic and career development. SUFE's College English teaching reform draws upon theories from Innovative Learning, Production-Oriented Approach and Constructive Alignment and practices in college English teaching. It has effectively changed students' passive and surface learning mindset and motivated them to use English in absorbing and creating new knowledge through profound reform in the teaching contents, methods and evaluation system. Students' progress in language proficiency tests, outstanding performance in English contests and academic activities and their feedback have been collected as evidence for the outcomes of the teaching reform.

Key words: Innovative Learning; Language Production; College English; Teaching Reform

基于大数据的人机博弈商科实验教学模式探索*

张永智**

摘　要：大数据与经济管理实验教学密切相连，构建以学生实践能力、创新能力和提高教学质量为目标的大数据智慧型人机博弈的商科实验教学模式十分必要。我们认为应建立人机博弈的智慧型大数据教学资源平台，建设涵盖人机博弈基本功能区，设立开放共享的大数据移动云平台，创建符合大数据下人机博弈的经济管理实验教学运行机制，以改革创新为核心的实验教学新模式，提升学生综合实践能力。

关键词：大数据；商科；人机博弈；实验创新区

伴随着社会的数字化，人类进入了大数据时代。经济管理类人才培养是与时代紧密相连，将大数据、云计算和人工智能技术应用到经济管理实验教学中，构建以大数据与人机博弈的实验教学模式，提高经济管理类专业实验教学的质量是当务之急①。

大数据（Big Data，Mega Data），或称巨量资料，指的是需要新处理模式才能具有更强的决策力、洞察力和流程优化能力的海量、高增长率和多样化的信息资产。亦指以多元形式、自许多来源搜集而来的庞大数据组，往往具有实时性②。它具有数据体量巨大、数据类型繁多、价值密度低、处理速度快的特点，具有巨大的潜在价值。大数据技术的快速发展，已对各个领域产生了深远的影响。本文所说大数据就是指将社会经济发展

---

* 基金项目：重庆市教育委员会高等学校教育教学改革研究项目（项目编号：173086）。

** 作者简介：张永智（1964—　），男，重庆工商大学经济管理实验教学中心创新创业中心高级实验师。

① 姚海鹏：《大数据与人工智能导论》，人民邮电出版社 2017 年版，第 26—27 页。

② 李金昌：《大数据与统计新思维》，《统计研究》2014 年第 1 期。

中的经济和管理类的大数据应用到经济管理类实验教学的数据[①]。

博弈是指某一个人或组织，面对一定的环境条件，在一定的规则约束下，依靠所掌握的信息，从各自选择的行为或是策略进行选择并加以实施，并从各自取得相应结果或收益的过程。人机博弈就是人类和机器的一种比赛[②]。

一 大数据智慧型人机博弈的商科实验教学模式动因

经管类实验教学能够仿真市场环境、模拟企业经营、体现市场竞争。将博弈理论和机器人技术引入经济管理实验教学中，能仿真企业经营行为，实现多企业同环境下的竞技行为，也能满足经管类学生真实的市场竞争能力需要，实现学生创新实践能力提升。

（一）大数据下现有实验设备不能满足人机博弈教学需要

以重庆工商大学为例，经过这些年示范中心和虚拟仿真中心建设，建成了集资源开发、收集、储存、处理、共享运行与管理等功能于一体的商科实验平台和管理系统的“云平台”。虽然现有的平台具有数据体量巨大、数据类型繁多、价值密度低、处理速度快的特点，但对大数据处理已经不能满足要求[③]，不利于学生实践能力培养和学生创新能力提升。

（二）移动终端进入实验系统后需创新实验模式

即将到来的5G时代，大数据技术使全量数据的分析、挖掘成为可能，使数据分析的结果更具普遍性和通用性[④]。新的移动终端出现，实现了实验内容的碎片化与精小化相结合、实验手段的固定化与多样化、实验过程的虚拟化、实验结果的统一化和差异化。如何满足学生个性化实验、

---

① 姚海鹏：《大数据与人工智能导论》，人民邮电出版社2017年版，第36—53页。

② 闫奎铭：《大数据时代的人机关系》，北京航空航天大学出版社2016年版，第82—85页。

③ 李虹：《商科国家级虚拟仿真实验教学中心建设与实践》，《实验室研究与探索》2016年第6期。

④ 李金昌：《大数据与统计新思维》，《统计研究》2014年第1期。

碎片化实验要求、零碎时间实训、微型化实验项目等实验形式，需要创新实验模式。

（三）大数据对商科师资知识结构与能力迭代急需更新学习

经济管理实验教学因大数据的数据体量巨大、数据类型繁多、价值密度低、处理速度快的特点，对教师在课程设计、实验资源、实验手段和实验设备方面提出新要求；既要满足与学生专业知识相结合，又要有足够多的实验操作机会。师资知识结构与能力迭代急需更新。建立新教师培养新方式、采取提升能力的新举措，都急待解决①。

二　大数据下经管实验教学内容设计

培养知识、能力、素质三位一体的高素质应用型和复合型人才是众多高校公认的人才培养目标，实验教学是实现这个目标的一种重要途径。

（一）以能力培养为目标的顶层设计

依托国家级实验教学示范中心平台，发挥“双一流”商科专业学科建设的优势，以培养和提升学生实践能力和创新创业能力为核心，树立全员、全程育人的理念；以学科为引领，创新实验教学为内容，推进实验教学范式改革。构建大数据智慧型人机博弈的商科实验教学模式，开发商科人机博弈的智慧型大数据资源共享云平台，建设涵盖人机博弈实训功能区、开放式的移动终端平台区，创新成果孵化与推广中心等在内的实验教学创新实验区。

（二）软件资源设计是基础性实验

基础性实验是检验课程中某单一理论或原理的实验，是实验教学基本方法②。随着技术发展，已经开发和购买的软件已经成为实验教学的重要内容。这些软件能虚拟商业贸易运行、再现企业经营流程、感知企业经营

① 王芳：《大数据背景下商科实验教学改革探索》，《实验室科学》2016 年第 3 期。

② 罗勇、骆东奇等：《经济管理实验教学平台建设研究》，西南财经大学出版社 2012 年版，第 62—66 页。

中角色位置等内容，实现了学生理论知识的流程再现性基础实验。

（三）引入大数据设计综合实验

综合性实验是由多项实验任务组成，经过系列的实施程序，最终得到某种结果的实验①。可以根据数据设计出综合性实验。例如，根据2018年4月3日美国宣布对500亿美元中国出口商品征收关税这个实时信息，设计出综合性实验项目，分析500亿关税对中国各行业的影响，还有500亿关税征收对中国经济走向的分析。同年5月，针对特朗普考虑对中国2000亿美元出口商品追加关税，设计中美贸易战是否能进行，对双方会造成哪些危害？双方是否能实现共赢？学生根据对数据的收集、分析、整理，写出实证报告，得出比较客观公正的结论。

（四）云平台为基础的设计性实验

设计性实验就是以培养学生设计能力为核心目的的实验教学②。以云平台、大数据为依托，进行经济管理创新性设计性实验项目设计。如中国政府宣布从2018年7月1日起，将服装鞋帽、厨房、体育健身用品、家用电器、加工食品等进口关税平均税率降至6.9%—8%；将化妆品及部分医药健康类产品进口关税平均税率降至2.9%。从经济学角度设计出其对日用品行业影响的分析报告，或分析它对中国A股上市公司业绩的影响。从管理学角度分析：国有产品与进口产品市场营销策略；物流配送新方案；直营商店与电商竞争能力；等等。

（五）融入新科技的研究探索型实验

研究探索型实验是在教师指导下学生可以自主完成研究性教学实验项目③。随着人工智能、博弈学和机器学习等新技术应用到实验教学中，极大提升了学生数据模式识别能力，从而实现对高维数据、自然语言、语音、图像等复杂数据的深入分析。深度学习作为人工智能的技术手段，将

① 罗勇、骆东奇等：《经济管理实验教学平台建设研究》，西南财经大学出版社2012年版，第81—89页。

② 同上书，第65—69页。

③ 同上书，第72—76页。

推动人工智能对于机器的感知、学习、推理、行动和适应真实世界。这种新技术的出现，使经济管理类实验教学出现更加丰富的教学内容和教学方法①，有利于培养学生的综合实践能力。

三 构建大数据智慧型人机博弈的商科实验教学模式

经济学和管理学科是社会学科，具有极大的社会属性，利用大数据创设实验环境，设置新奇的实验模式，吸引学生参与到实验教学中。

（一）建设目标

依托国家级实验教学示范中心平台，发挥“双一流”商科学科建设的优势，创新实验教学内容，推进实验教学范式改革，设计出以下实验教学模式。以培养和提升学生实践能力和创新创业能力为核心，树立全员、全程育人的理念；以学科为引领，创新实验教学内容，推进实验教学范式改革。充分依托学生，调动和发挥学生主动性，在实验中实现知识传授、理论创新和学生创新实践能力提升的目标。

（二）建设路径

构建大数据智慧型人机博弈的商科实验教学模式，开发商科人机博弈的智慧型大数据资源共享云平台，建设涵盖人机博弈实训功能区、开放式的移动终端平台区，创新成果孵化与推广中心等在内的实验教学创新实验区。学生根据时间，可以在自己喜欢的时间、地点，选择适合自己的方式、方法进行个性化的自主实验或实训，既要考虑他们课程教学的连续性，也要考虑他们知识的碎片化，以技术引领的创新性实验教学。

（三）建设内容

1. 商科人机博弈的智慧型大数据云平台

含已有的实验课程及教学软件资源系统、数据采集系统、数据分析系统、数据可视化系统等实验教学资源，内容包括：

---

① 孙畅：《经济类虚拟仿真实验课程体系建设与实践》，《实验室研究与探索》2018 年第 1 期。

（1）集成已有实验课程和教学软件资源系统。集成实验课程（包含实验教学大纲、实验指导书、实验项目简介、软件资源、O2O 网络实验教学、数据库、视频库、案例库资源）、实验教学要件。结合商科专业实验课程，形成全校范围内开发建设人机博弈课程群。（2）数据采集系统：以网络爬虫技术，抓取互联网数据并为数据分析提供基础数据。（3）数据分析系统：创建分析任务、编辑任务、任务执行和任务的定时。（4）数据可视化系统：利用大数据系统来辅助用户更加直观、高效地利用大数据，可以直观、生动，可交互，可高度个性化定制数据化可视图表。（5）智慧型大数据云平台：将人机博弈中经济运行与企业管理市场环境表示、着法生成器、搜索引擎及局面评估等方法设置在平台中，实现实验功能区与资源区有效的联合（见图 1）。

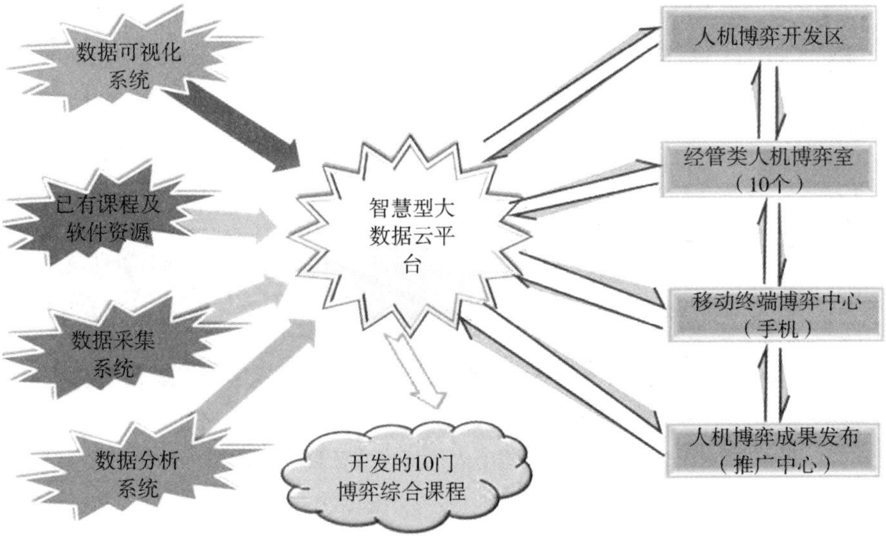

图 1　经管类大数据人机博弈体系构建

2. 人机博弈实验教学功能区

满足商科实验教学的功能区包括：人机博弈设计开发区、10 个商科仿真博弈实验室、博弈研讨分析区、综合分析区。

（1）博弈设计开发区：以经济类和管理类大数据库为基准，前瞻性地规划实验项目；开发建设适合功能区和移动平台需要的实验项目、实验内容、方法和手段、实验指导书，实验教学软件等。（2）10 个商科仿真博弈实验室：宏观经济运行博弈室、国际贸易仿真室、互联网金融室、量化投资实验室、统计应用博弈室、企业经营决策仿真室、人力资源训练室、市场营销博弈室、物流系统仿真室、创业综合模拟室。（3）博弈研讨分析区：主要包括教师指导研讨室、博弈分析室、学生分析室。（4）成果发布与总结区：根据场地建设可容纳一定学生规模，用于学生交互沙龙、博弈答辩、成果发布、总结表彰等各类活动区（见图2）。

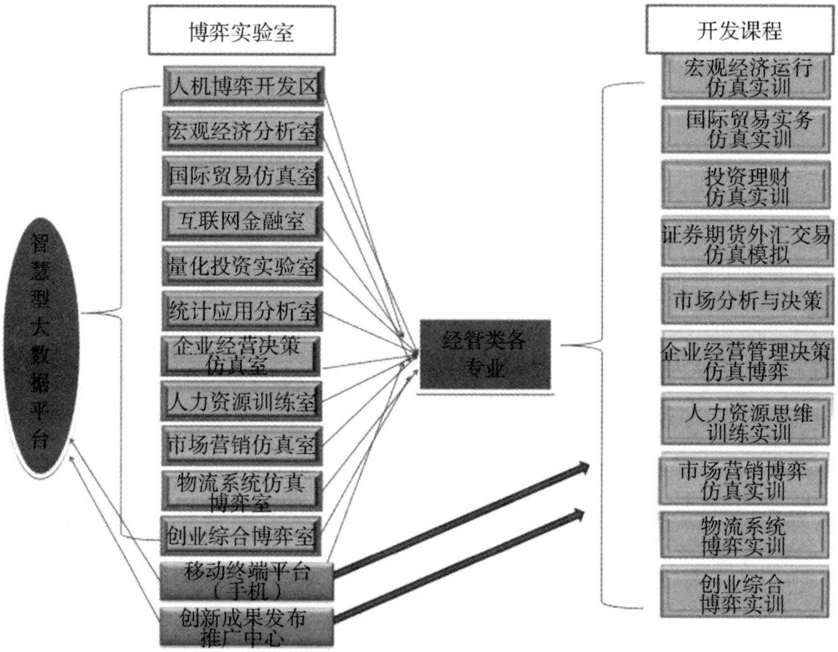

图2 经管类大数据下人机博弈实验区与课程群

3. 开放共享的大数据移动云平台

平台以满足移动终端功能需要，通过高性能服务器、高容量存储、高速稳定网络设备来确保海量数据运算、存储以及共享资源的运行以满足学生零碎时间、模块化实验需求。

（1）移动实验课程资源平台：自动集成实验课程资源，实验软件、实验课件资源、实验案例等实验内容汇聚在云平台上，通过实验系统接口面向实验者完成相应的实验。根据不同实验内容和要求，将实验者分属于不同的云社区，让所有的实验活动都可以通过实验社区完成。（2）智慧型推送系统：建立智慧型的自动推送系统，从实验资源平台中根据学生实验项目，实验进程和结果，自动推送满足学生实验所需要相关内容。（3）建立互联网直播系统：直播系统，确定实验目的、根据实验任务、制订实验计划、确定实验内容、通过直播系统完成实验。（4）碎片化点播系统：是学生根据自己实验课程需要，对理论课程的回顾和重新学习。（5）答疑交互系统：实验者在实验过程相互交流，实现师生、生生间相互的问题探讨、交流互动、实验博弈体验。（6）管理系统与成果自动生成系统：自动生成实验结果系统，课程资源管理；团队资源管理；实验室与实验系统使用统筹协调安排、资源使用与业务开展情况统计管理等功能。（7）竞技博弈实验云平台：形成云基础平台、云资源平台和云管理服务平台的层级架构满足学生学科竞赛，课程内竞技博弈①。

4. 人机博弈成果发布与推广中心

建设成果发布中心与成果推广中心，对人机博弈的实验过程中形成的研究报告、分析报告、数据库、规划方案、设计方案、策划方案、创新（创业）团队等创新成果进行孵化和推广②。

（四）大数据下人机博弈的经济管理实验教学运行机制

1. 智慧化的实验教学运行管理系统

通过设立教学资源平台、人机博弈实验教学功能区、移动终端智慧实验教学平台区、人机博弈成果发布与推广中心与实验教学管理系统连接，实现功能区与应用区信息化和智能化。

2. 建立师资资源集约化

商科实验教学除了大数据具有的数据体量巨大、数据类型繁多、价值密度低、处理速度快的特点，还包括企业经营管理、生产技术、公共关系等内容，因此创业导师也必须涉及多领域。需要建立一个由不同领域的专家组成的咨询委员会，实现师资队伍资源的集约化③。同时也可以通过企业兼职、学历提升、国内外访学、高校观摩培训等方式，建设一支懂得实

① 郑旭煦、朱孟楠等：《探索创新创业教育　深化实验教学改革》，西南财经大学出版社2012年版，第39—43页。

② 王芳：《大数据背景下商科实验教学改革探索》，《实验室科学》2016年第3期。

③ 李永、刘玉红等：《大数据时代大学生学习模式转变研究》，《长春工业大学学报》（高教研究版）2014年第4期。

验教学规律的高素质教学团队。

3. 实训基地资源的集成化

以经济管理创新创业实训基地为基础，集合学校的各类实训基地。各类实训基地担任不同的角色训练任务，如计算机实训基地可以担任 IT 类创业项目的专业训练，机械实训中心担任机械类专业训练，生物实训基地担任生物和药物类实训。这样形成以经济管理创新创业实训基地为中心、集合全校资源的行之有效的平台。

4. 集约社会资源

社会资源包括人力资源、技术资源、资金资源、硬件资源等。对于高校而言，场所、资金都相对有限，因此学校必须尽可能集约资源，降低成本，提高效益。积极建立与风险投资公司的联系，帮助学生获取更多的资金支持①。引进社会资源不仅可以降低学校成本，而且实现风险共担。

四 结语

基于大数据的人机博弈商科专业创新实验区，将互联网技术、人工智能、人机博弈等新技术与教学方法融合，是博弈论方法与实验教学内容的有机结合，使能力培养贯穿于课程教学和实践、实验教学的全过程。基于大数据的人机博弈商科专业创新实验区建成，将推动实验教学的改革发展，提升经济管理类专业学生的综合实践能力、创新创业能力，为创新型人才的培养和人才质量的提升奠定坚实基础。

Exploration of Business Experiment Teaching Mode Based on Human-Machine Game under Big Data

Zhang Yongzhi

Abstract: Big Data is closely related to economic management experiment teaching. The economic experiment model of Big Data intelligent human-machine game is constructed to cultivate students' practical capacity, innovative capacity, and improve teaching quality. It is important to establish a

① 王芳：《大数据背景下商科实验教学改革探索》，《实验室科学》2016 年第 3 期。

smart big-data teaching resource platform, a basic functional area covering human-machine games, and an open and shared big-data mobile cloud platform. In addition, creating an economic management experimental teaching operation mechanism in line with the human-machine game under Big Data is the core of the new experimental teaching model to improve students' comprehensive practical capacity.

Key words: Big Data; Management; Man-machine Game; Experimental Innovation Zone

基于学生视角的选课制度实证研究

钱淑萍　田　静　王　楠　柯彩华*

摘　要：本研究通过对上海财经大学405名本科生的问卷调查，从学生的视角出发，考察其选课偏好及对现行选课制度的评价，进而对学生选课的影响因素进行分析，并对现行选课制度提出改进建议。研究表明学生总体上对现行选课制度比较满意，选课制度发挥了学生的主观能动性，学生可根据个人偏好选课，并能合理安排学习时间。但由于受课程资源、选课系统及学生自主选课意识等因素的限制，现行选课制度还不能完全满足学生的需求，因此还需进一步完善。从选课影响因素来看，教师教学效果是学生选课的主要影响因素，因此，教师应重视教学质量，改进教学方法，提高教学水平。

关键词：选课制度；学生视角；选课偏好；选课制度评价；选课影响因素分析

一　导言

随着我国高等教育改革的不断深化，越来越多的高校采用了学分制教学管理模式。《国家中长期教育改革和发展规划纲要（2010—2020年）》中明确指出，应“关注学生的不同特点和个性差异，发展每一个学生的优势潜能。推进分层教学、学分制、导师制等教学管理制度改革”。其

* 作者简介：钱淑萍（1965—　），女，上海财经大学教务处副处长，副教授，博士；田静（1980—　），女，上海财经大学教务处科长，助理研究员，硕士；王楠（1991—　），女，上海财经大学教务处科员，硕士；柯彩华（1978—　），女，上海财经大学教务处助理研究员，硕士。

中，重点强调学分制在教学管理制度改革中的核心地位。[①] 学分制背景下的选课制基础是开设一定数量的课程供学生选择，让学生有充分的自主学习机会，可以在学校开设的课程中自主选课，并且自主安排学习进程。学分制背景下的选课制具有一定的优越性：首先，学生可根据自身的基础、兴趣、能力选择课程，倡导以生为本、因材施教，发挥学生的主观能动性；其次，让教师接受学生选择，能促使教师不断更新教学理念、完善教学内容、改进教学方法、注重过程评价，提升教师教育教学水平；最后，提供大量的课程让学生选择，有利于拓宽学生的知识面，注重全能型人才的培养，提高人才培养质量。[②]

选课制是学分制背景下高校教学运行管理的重要环节，也是学分制得以产生和发展的基础，是落实教学计划及专业培养方案、保证学校教学管理工作正常运转的核心。国外很早就开始研究学分制和选课制。选课制度最先出现于 19 世纪初的德国柏林大学，到了 19 世纪 20 年代中期，哈佛大学开始在高年级学生中实行选课制。经过近 200 年的发展，学分制已经逐步推广到世界各国，并得到世界广泛认可。我国高校学分制开始于 1919 年，蔡元培先生首先在北京大学尝试将学年制改为学分制。1985 年，中共中央颁布的《关于教育体制改革的决定》明确指出，高校要“减少必修课，增加选修课，实行学分制和双学位制”。[③] 经过数十年的发展，我国大部分高校均已经历学分制改革，但是我国很多高校本质上仍然实行的是“学年学分制”，真正实施了“完全学分制”的高校极少。

上海财经大学于 1995 年起在本科生中全面推行学分制和选课制度，学生开始在教学管理信息系统中进行选课。通过自由选课，学生可根据自己的实际情况安排每学期的学习任务，在学校规定的最长学习年限内，完成该专业培养方案中规定的全部课程及学分要求，至今我校学分制和选课制度已实施了 24 年。目前，上海财经大学的选课工作分四个轮次进行。

第一轮选课：所有学生必须参加选课，按照班级课表建议的课程和上课时间选择授课教师，通识类选修课程可以按照自己的学习进程和个人兴

---

① 娄雨：《高校学分制实践及其选课制度改革》，《中国电力教育》2011 年第 26 期。

② 吴莉：《学分制背景下选课制存在的问题及改革路径思考》，《科教文汇》2017 年第 30 期。

③ 同上。

趣任意选课。本轮选课不需要考虑教室容量和教学资源限制等问题，可以超过设定的教学班人数上限进行选课，以便教务处测算出学生对每门课程的需求量，并合理安排和调整教学资源。

第二轮选课：第一轮落选的学生，分年级按照班级课表建议的课程和上课时间进行选课。本轮选课只可选择还未达到人数上限的课程，且不能超过设定的教学班人数上限。

第三轮选课：分年级进行，此轮选课不按照班级建议课表选课，不限制选课范围，学生可以提前修读本专业在以后学期开设的课程，也可以修读其他专业开设的课程。

第四轮选课：于开学后第一周进行，主要是新生选课、学生试听一周后的补退选课以及重修选课。

在学分制实施过程中，完善的选课制会加快学分制改革的进程，因此，如何做好选课工作是高校教学管理研究的一个很有价值的课题。基于此，本文从学生的基本信息、学生的选课偏好以及对上海财经大学现行选课制度的评价三个维度来设计问卷，调查了解学生对选课制度的满意度，探索学校选课制度存在的问题，提出选课制度的改革建议。

二 描述性分析

本次问卷调查的对象为上海财经大学本科在校生，采用网络问卷的方式进行。问卷选择国内专业的在线问卷调查平台——“问卷星”（www.sojump.com）进行编辑，完成编辑后通过教务处企业微信号推送给全体在校本科生。该网络问卷既可以在电脑上访问，也可以在智能移动设备（如平板电脑、手机）上填写。本次调查共收到有效问卷405份。由于填写问卷的对象主要来源于我校各个学院的在校本科生，覆盖面较广，故这些数据具有一定的参考价值。

问卷主要分三个部分：第一部分是了解参与问卷的学生在学校的分布情况，是否涵盖了全校所有的学院，以说明数据的有效性；第二部分是学生的选课偏好（主要是选课学分、选课依据、选课影响因素等方面），以选课流程为基础，主要从选课学分上限承受力、选课前期准备、选课后课程调整情况三方面展开调查，研究学生在选课中的操作偏好；第三部分是对我校现行选课制度的评价（包括选课规则、选课系统等方面的优缺点评价)，主要包括选课办法的优缺点、选课考虑因素以及对选课系统的评价等，这部分是本次问卷调查的核心。

(一) 学生分布情况

从本次调查对象的统计结果来看，参与问卷调查的405名学生，覆盖我校全部11个有在读本科生的学院，其中人数最多的三个学院为会计学院（83人，占比20.49%）、公共经济与管理学院（56人，占比13.83%）及金融学院（56人，占比13.83%），参与问卷学生各学院占比与全校在读本科生中各学院占比相差不大，说明问卷调查结果基本上代表了各学院学生的意愿，调查数据有效。

(二) 学生选课偏好

我校学分制改革以来，面临的首要问题是学生每学期选课学分上限的设定，学分上限既要满足大部分学生选课的需求，又要保证学生能够顺利修完所选的课程。在综合研究近几年的选课情况和借鉴兄弟院校的经验后，我校自2014年起，将学生每学期选课上限设定为30学分。对于设定每学期选课上限多少学分最为合适的问题，有69.63%的学生选择30学分，有1.73%的学生选择29学分，有12.10%的学生选择28学分，有4.44%的学生选择27学分，有12.10%的学生选择26学分，这说明每学期30学分的选课上限得到了绝大多数学生的认可。

关于选课之前的准备工作，有72.35%的学生表示在选课前已查阅了学校发布的选课手册，有27.65%的学生表示选课前未查阅选课手册。关于对选课相关事项的了解程度，有47.44%的学生表示相当了解，有50.85%的学生表示大概了解但具体操作仍不太会，有1.71%的学生表示完全不熟悉，这表明绝大多数学生在选课前做了充分准备，对选课事项基本了解，但还有部分学生对选课操作系统不太熟悉，影响了选课的进度。

关于选课是否参考了班级建议课表和本科生的专业培养方案，有98.77%的学生表示已参考，有1.23%的学生表示未参考，这表明了班级课表和专业培养方案对学生选课具有重要的指导作用，在教学运行管理中占有重要地位。

对于学生是否因实习而调整过课表，有67.90%的学生表示没有，有32.10%的学生表示有，说明我校本科生参加实习对选课有一定的影响。

对于是否有选课系统关闭后申请退课的经历，有 17.78%的学生表示有，有 82.22%的学生表示没有。这表明，有一部分学生在选课时没有认真考虑自己的需求，盲目选课，出现选课后退课的现象，影响了教务管理工作的规范性。

（三）对现行选课制度的评价

关于我校选课办法具有哪些优点，有 72.59%的学生认为可以根据个人情况和计划更合理地安排时间，有 58.02%的学生认为可以选择自己感兴趣的课程，有 18.52%的学生认为转专业、提前毕业更容易实现，表明学生总体上对现行选课办法比较满意。

对于选课过程中最苦恼的事情，有 90.37%的学生表示由于时间冲突而无法选到需要的课程，有 53.58%的学生表示因网速慢抢不到喜欢的课程，有 51.85%的学生认为通识限选课程少，有 50.62%的学生表示选课系统有缺陷给选课造成不便。这就要求今后在排课过程中，要充分考虑学生需求，更加合理安排课程时间，让更多学生能够选到心仪的课程。

对于学生选课主要考虑的因素是本次调查研究的重点，问卷结果显示，有 84.69%的学生选择教师讲课效果好，有 42.72%的学生选择上课时间与实习不冲突，有 35.31%的学生选择作业量小，有 20.49%的学生选择上课不考勤，有 9.14%的学生选择更喜欢晚上课程，说明学生选课主要看教师的授课效果。

对我校选课系统的满意程度，有 1.48%的学生选择非常满意，有 27.90%的学生选择满意，有 55.56%的学生选择一般，有 10.62%的学生选择不满意，有 4.44%的学生选择非常不满意。

对于选课系统的改进建议，有 81.48%的学生希望筛选机制更加优化，有 76.54%的学生希望可以看到更多课程信息，有 72.84%的学生希望选课响应速度更快，有 16.3%的学生建议选课界面美观优化。由此说明，我校本科生更看重于选课系统的实用性。

对于我校选课是否能较好地体现学生的自主学习性，有 40.25%的学生认为能够较好地体现，有 9.38%的学生认为完全不能体现，有 50.37%的学生认为学生的自主学习性与选课制没有太大关系。说明我校选课制度在一定程度上发挥了学生的主观能动性，但还需要进一步提高学生的自主学习能力。

对于选课方面的改进建议，有 78. 77%的学生希望能开设更多的课程供选择，有 76. 79%的学生希望进一步提高选课自由度，有 76. 05%的学生希望受学生欢迎的老师能够实行大班上课，有 36. 54%的学生希望学院加强选课指导，有 28. 15%的学生希望延长选课开放时间。这说明我校选课制度还存在一些问题需要改进和完善。

三 选课影响因素分析

在调查问卷中，学生选课考虑的因素占比最高的是教师的讲课效果（占 84. 69%）和上课时间与实习不冲突（占 42. 72%），为了进一步研究这两方面因素对选课的影响，我们查阅了 2017—2018 学年我校本科生的选课数据，并与教师的评教情况和上课时间进行了对比分析。由于各年级、各专业的专业课程差异较大，因此，我们仅选择 200 门通识选修课程的数据进行了实验，研究授课教师评教情况（代表教师讲课效果）和上课时间对选课率（以教学班为单位，最终选课人数与教学班人数上限的比值）的影响。由于以上指标只能部分反映所代表的选课影响因素，故本部分的研究结果仅供参考。

首先，我们查阅了这 200 门课程的授课教师评教情况，授课教师评教占校内百分比数值越低，说明其在全校教学评教排序中越靠前，其所授的课程教学效果越好。表 1 为授课教师评教结果与选课率均值的对比情况。

表 1　　授课教师评教结果对应数值表　　（单位:%）

授课教师评教占校内百分比	课程门次数	选课率均值
0—10	11	64. 96
10（不含）—20	18	70. 13
20（不含）—30	24	76. 75
30（不含）—40	18	61. 71
40（不含）—50	32	72. 63
50（不含）—60	31	76. 97
60（不含）—70	20	66. 94
70（不含）—80	20	70. 81
80（不含）—90	20	72. 22

续表

授课教师评教 占校内百分比	课程门次数	选课率均值
90（不含）—100	6	75.01
总计	200	71.45

根据表1数据发现，选课率均值上下浮动较大，这可能是受到上课时间等其他因素的影响较大，无法明确表明授课教师评教情况与选课率之间的关系。故我们又选择了选课率为100%的课程，研究其授课教师评教情况。从评教结果来看，这7门课程的授课教师评教占全校教学效果的排序分别为4.90%、22.01%、23.17%、39.12%、41.90%、44.77%和83.10%。这7门课程除1门课程授课教师为外聘教师外，其他6门课程授课教师评教结果均在校内前50%以内，表明最受学生欢迎的课程教学效果相对较好，说明授课教师的讲课效果确实是学生选课时考虑的主要因素。

其次，我们研究了这200门课程的上课时间，在表2中，101—102表示上课时间为周一的第1—2小节，其他类似。为避免课程门次数在5门次及以下的数据对研究结果的干扰，我们在研究时剔除了课程门次数在5门次及以下的数据。可以看出，通识选修课排课较多的时间段为周三的8—9节（23门次）、周四的6—7节（16门次）及周四的8—9节（15门次）。周四的8—9节选课率均值最高（82.73%），周四的3—4节选课率均值最低（56.82%）。另外，每天的第3—4节课选课率均值均低于200门课程的总平均值（71.45%）。根据实际排课情况，由于我校专业课、必修课大多排在每天3—4节课，很多学生在这个时间段需要上专业课和必修课，故第3—4节课选修课的选课率较低，可见数据与实际情况基本相符。

表2　　上课时间对应数值表　　（单位:%）

上课时间	课程门次数	选课率均值	上课时间	课程门次数	选课率均值
101—102	1	70.00	311—312	11	79.73
103—104	3	86.33	401—402	6	75.17
106—107	14	66.79	403—404	11	56.82

续表

上课时间	课程门次数	选课率均值	上课时间	课程门次数	选课率均值
108—109	13	69.23	406—407	16	63.50
111—112	6	78.83	408—409	15	82.73
201—202	11	73.36	411—412	5	79.00
203—204	4	45.00	501—502	2	88.50
211—112	11	71.81	503—504	9	57.00
301—302	4	73.75	506—507	8	73.63
303—304	11	63.27	508—509	1	99.55
306—307	14	72.36	511—512	1	77.50
308—309	23	78.70	总计	200	71.45

研究结果表明，授课教师评教及上课时间是学生选课考虑的主要影响因素。当然，还有其他因素（如课程门次数、课程人数上限等因素）也会对学生的选课结果产生影响。但这些数据可以为以后排课工作起到辅助作用。因此，在综合考虑授课教师意愿、学校教室资源的基础上，要更加重视教师的教学质量，同时使排课能够更加合理优化，尽可能满足学生的需求。

四 现行选课制度存在的主要问题

上述研究表明目前学生总体上对学校选课制度比较满意。我校选课制度的实施发挥了学生的主观能动性，促进了教师教学能力的提升，提高了人才培养质量，但仍存在以下几个方面的问题。

（一）教学资源的短缺问题

一是教师资源问题。近年来我校个别学院教师流动性较大，随着学校本科教学改革的逐步深入，教师资源的补充未能跟上，致使部分课程教师短缺。同时由于基础课选修的学生较多，需求量较大，承担这些课程的教师需要增加很多的工作量，才能满足学生的需求。

二是课程资源问题。教师资源的不足必然导致课程资源紧缺，尤其是通识选修课的紧缺。由于承受着科研、职称等多方面的压力，以至于很多教师没有多余的时间和精力进行通识选修课程的设计和教学。另外，部分教师对通识选修课的重要性认识不到位，导致目前部分通识选修课程的深度、广度不能满足我校本科生的需求，无法达到通识选修课应有的质量。

三是场地资源问题。我校教室、实验室、体育场馆等资源目前比较紧张，导致课程资源紧张，也影响到选课制的实施。例如我校的计算机类课程，目前机房最大容量为 60 人，且机房数量较少，因此，虽然计算机类课程开设的教学班较多，但仍有很多学生反映无法选到课程，只能延迟到以后学期修读。

（二）选课系统的优化问题

大部分软件公司开发系统时追求的是系统的“可用性”，而没有更多地考虑系统的“实用性”。开发人员和用户的视角不同，即使开发人员能够提前做好调研工作，也无法完全满足用户的需求，系统在使用过程中仍然有很多需要改进的地方。

首先是选课系统的稳定性问题。由于一般是全校学生一同选课，所以将有大量学生在同一时间进行选课，这样就会出现网速慢、系统拥堵等问题，尤其是在选课系统刚刚开放和选课系统即将关闭的时候，甚至会出现选课系统崩溃的情况，为解决这类问题，我校暂实行分年级选课制度，旨在分流选课学生，然而这样毕竟治标不治本，选课系统的稳定性亟须提高。

其次是选课系统的智能化问题。由于我校近几年不断进行教学改革，培养计划每年都在完善，同时学生的需求也在变化，这就要求选课系统也要随之变化。例如我校在培养计划的修订过程中，部分课程的课程代码也会改变。这就可能会出现不同年级的同学在上同一门课程时，课程代码不一样的情况，对学生的毕业审核造成极大困扰。另外，对于转专业、退伍、留学回国等学籍异动的学生需要提前修读或补修课程，这对选课系统也提出了较大的挑战。

最后是系统兼容性的问题。教学管理系统是集学籍管理、教学运行等多方面业务于一体的庞大系统，往往需要多年连续运行。然而，现在是信息化时代，电脑的更新换代速度很快，这就导致部分学生电脑的系统、浏览器等会出现与教学管理系统不兼容的问题，从而影响到学生选课。例如我校学生选课仅可使用 Google（谷歌）或 Firefox（火狐）浏览器，给学生选课造成了很大的不便。同时，随着移动设备的不断普及，移动端选课系统的开发也是未来需要解决的问题之一。

（三）教学管理人员的管理理念问题

与学年制强调管理者和教师的主导作用不同的是，学分制管理模式比较强调学生的自主安排学业规划的意识，它强化了学生的主体作用，重视学生的个体差异，真正做到“以生为本”。但是，有些教学管理人员受传统观念的影响，会要求同一年级的学生选择同一门选修课，这样违背了学分制以生为本、强调个性化发展的宗旨。另外，有些教学管理人员工作多年，已形成固定的工作模式，无法紧跟教学改革的步伐，对选课制改革认识不清，缺乏指导学生选课的能力，导致学生漏选、错选等，进而影响学生的学习进程。因此，改变教学管理人员的工作模式，转变管理理念也是急需解决的问题之一。

（四）学生自主选课意识问题

学生在中小学时往往接受的是“填鸭式”“大一统”的应试教育，进入大学后，有部分学生缺乏学习的自主性，也不清楚自身的需求。同时，由于教学管理人员指导的不到位，很多学生对专业培养计划不甚理解，也无法明确自我的学业规划。比如：有的学生为了“凑学分”而盲目选课，导致多选了很多不属于培养计划内的课程，最终学习效果不理想，或是频繁退课影响了正常的教学秩序；有的学生仅仅因为某些课程学分多、老师考查不严格、比较容易通过等原因选课，没有真正学到自己感兴趣的知识；有的学生没有合理规划自己的学习进度，导致未能修满规定的学分而延期毕业。因此，学院应加强学生的选课辅导工作，引导学生的自主选课意识。

五　改进现行选课制度的建议

（一）完善专业培养方案

贯彻落实新时代全国高等学校本科教育工作会议精神，按照“厚基础、宽口径、重实践、高素质、强能力”的指导思想，不断完善专业培养方案，逐步形成以“立体课程、多元路径、个性体验”为特征的3+3卓越财经人才培养模式，着力培养具有全球视野和民族精神，富有创造力、决断力及组织力的卓越财经人才。

（二）优化教学资源配置

一是制订合理的师资引进计划，做好青年教师的培训和发展工作，注重教学型教师的培养，提高教师的教学能力和水平；二是加大硬件设施（教室、图书馆、实验室及实验设备等）的建设，建设智慧教室，整合优化教育教学资源，提高教学资源的利用率；三是充分调动教师的教学积极性，鼓励教师开设数量充足、结构合理、内容丰富的课程，打造“金课”，激发学生的学习动力和专业志趣，以满足学生自主选课的需要，加强精品课程和在线开放课程建设，引进优质在线开放课程，通过“外引内建”，稳步增加课程数量。

（三）加大教学管理系统信息化建设

首先，选课系统是否完善很大程度上影响选课的效率，因此，我校应根据需求对教学管理系统不断优化。其次，随着手机在学生生活中所占的比例不断提高，我校可以考虑开发教学管理系统的手机端，提高选课系统的快捷性。最后，学校可以进一步加大校园网络建设，选择运行速度更快的网络，全面支持学生自主式、个性化学习，实现人才培养的信息化全过程管理。

（四）培养一支专业化的教学管理队伍

教学管理人员是保证学校教学运行活动正常开展的中坚力量。为了更加顺利地开展包括选课在内的各项教学活动，一支专业化的教学管理队伍必不可少。具体从以下两方面着手。

首先，我校可以定期组织教学管理人员进行培训、交流，使教学管理人员可以紧跟学校教学改革的步伐。在选课前期，尤其是新生入学第一次选课前期，教学管理人员可以对学生做出准确指导，让学生对培养计划加深了解，以便更好地规划自主选课方案。在选课期间，教学管理人员更应该时刻掌握学生选课情况，并做出调整，确保学生及时按照培养方案选课。

其次，应增强我校教学管理人员的服务意识。教学管理人员在提升自我专业修养的同时，还要注重自身服务意识的养成。教学管理工作大多是繁杂而琐碎的，却是不能出任何差错，这就要求教学管理人员每天都要以饱满的热情投入到工作中，积极主动地为广大师生服务。当前，我校本科教学改革不断深入，各类改革方案逐步实施，教学管理人员只有不断增强服务意识，才能不断探索新的教学管理模式，提高教学管理水平。

（五）注重学生主体意识的培养

学分制背景下的选课制主要考虑学生的个体差异，每个学生的兴趣、潜能不同，对课程的需求也不同。这就要求教师及教学管理人员注重培养学生的主体意识，让学生了解自身的需求，根据自己的兴趣和能力更好地做出学业规划，完成学分要求的同时真正做到学有所成，使学生的潜能得到更好地发挥。

Empirical Research on the Course Registration System from College Students' Perspectives

Qian Shuping, Tian Jing, Wang Nan, Ke Caihua

Abstract: Through analyzing questionnaires from 405 college students at Shanghai University of Finance and Economics, this study explores students' preferences of course selection and attitude towards current course registration system, analyses factors that impact college students' course selection, and provides implications for the improvement of current course registration system. This study shows that students are satisfied with the existing course registration system overall, which inspire them to play subjective initiative, and select courses based on their preferences and arrange their schedule properly. But limited by curricular resources, course selection system, students' awareness of self-selection and so on, the existing course registration system can not completely satisfy all students' needs, that's why it should be refined constantly. As to the impact factors of course selection, this study shows that teaching effect is one of the main inpact factors, so faculty should pay more attention to improving teaching methods and teaching quality.

Key words: Course Registration System; College Students' Perspectives; Preferences of Course Selection; the Impact Factors of Course Selection

“三个课堂”教学探索的实践与启示

张　熠　周静琪*

摘　要：立德树人是教育的根本任务。上海财经大学公共经济与管理学院在实践中积极探索，不断总结，形成了自己的办学特色，即牢牢把握“三个课堂”：第一课堂瞄准教室，改革教学管理方法，提高课堂教学质量；第二课堂跨越校园，培养学生知行合一，促进学生多元发展；第三课堂面向社会，传承人文精神，树立社会责任感。

关键词：“三个课堂”；人才培养；办学实践

“培养什么样的人、怎样培养人、为谁培养人”是高等教育面临的根本性问题。近年来，上海财经大学公共经济与管理学院以“立德树人、建设国内先进、国际知名的具有鲜明财经特色的卓越公共管理人才培养基地”为办学宗旨与定位，明确了“培养具有公共服务意识、具有社会责任感、具有国际视野的卓越型公共管理人才”的培养目标与方向。

为了践行学院的办学宗旨，实现人才培养目标，学院在办学过程中不断总结经验，形成了自己的办学特色，概括起来就是牢牢把握“三个课堂”，从“三个课堂”中实现人才培养的理念、宗旨和定位。

一　“三个课堂”的含义

第一课堂瞄准教室。学院通过优化课程体系，创新课堂教学手段，探索实施各种提升课堂教学质量的制度和措施，激发教师自我提升和发展，努力改善本科教学质量，使同学们具备扎实的知识基础和理论功底。

第二课堂跨越校园。学院借鉴开放式办学理念，拓展教育的边界，整

---

* 作者简介：张熠（1983—　），男，上海财经大学公共经济与管理学院副教授；周静琪（1995—　），上海财经大学公共经济与管理学院研究生。

合校内校外的各种教育资源，形成了一大批品牌活动。通过强化创新创业训练，组建专业学术团体，开展各类实践活动，建设和丰富了校园文化和校园生活，促进学生个性化成长与发展。通过这些活动，校外导师走进了课堂，而学生走出了校门。

第三课堂面向社会。公共经济与管理学院以“公共”为名，虽然旗下学科差异较大，但因共同的目标和责任凝聚在一起。学院教师秉承“厚德博学，经济匡时”的校训，在资政启民和学术报国方面涌现出许多优秀典型，通过弘扬和传承学院的公共意识，带动学生投身公益事业，培养学生的社会责任感。教师们言传身教，学生们耳濡目染，学院的人文精神得以薪火相传。

三个课堂相辅相成，贯穿了“教室—校园—社会”，构成了学院人才培养的中轴线。第一课堂瞄准教室，用公共领域的知识武装学生的头脑；第二课堂跨越校园，将校园变成无边界的开放场所，鼓励学生将理论知识与中国现实和动手实践相结合，武装学生的双手；第三课堂面向社会，用以公共意识和社会责任感为核心的学院人文精神武装学生的灵魂。学院立足“三个课堂”，结合自身的学科特点和专业设置，进行了一系列积极的尝试和创新。

二　第一课堂创新教学管理方法

学院将课堂教学质量视为本科人才培养的生命线，将教学管理改革作为教学质量提升的驱动器，酝酿和出台了许多新的教学管理制度和措施。这些制度和措施体现了学院“激励—约束—帮助”三位一体的教学管理理念。

（一）建立教学绩效奖励机制，调动教师投入本科教学的积极性

为了激励教师专注于本科教学，不断改进教学方法和提升教学效果，2018 年学院制定了《本科教学绩效奖励暂行办法》（以下简称《办法》），打破过去教学课酬讲好讲坏一个样的平均主义倾向。《办法》不仅对教师取得的各项教学成果加大了奖励力度，还充分利用学校的教学评教信息，将教师绩效工资与教师授课效果直接挂钩。《办法》的出台彰显

了学院“向教学要绩效，向课堂要成效”的理念，有助于促使优质的教师和教学资源进一步向本科教学倾斜，提升教师从事和做好本科教学工作的热情。

（二）设置事后评估环节，及时解决教学中存在的问题

在对课程评教信息深入研究的基础上，学院发现，过于频繁地调整课程计划以及不断更换授课教师不利于教师的教学发展和课程的长期建设。为了鼓励教师上好一门课、建好一门课，学院从2016年开始推行课程AB角制度，要求每门课由两位老师负责，正常情况下由A角负责课程的主要建设和讲授，遇到特殊情况如教师出国、休产假时由B角承担授课任务。两位老师形成教学团队，相互配合，共同建设好课程。在每个学期结束后，根据课程评教信息，分管教学的副院长会约谈课程评教较差的教师，一起分析和探讨如何提高上课质量，及时解决教学过程中存在的问题。

（三）加大力度鼓励教师发展，帮助教师提高教学质量

相对于其他两个方面，学院在帮助教师提高教学质量方面考虑最多。2017年年初，学院组建了本科教学评估小组并制定了相应的《工作章程》。《工作章程》中明确教学评估小组的总体职责为协助教师提升教学质量、规范教学过程、开展教学研究以及为教学交流牵线搭桥，具体职责则包括：协助改进教学课件、开展现场听课、观摩教学录像、听取学生反馈、协调集体备课、进行个别指导、组织教学交流，等等。教学评估小组正式运作后，成为了学院各项教学改革的智囊团，在历次教学改革中扮演了重要的角色。

在第一次工作会议上，教学评估小组发起了设立“教学工作坊”的倡议，旨在邀请授课效果好的老师和教学方面的专家分享教学心得，传授先进的教学经验，以及介绍最新的教育理念和教育发展趋势，推动教学层面的研讨和交流。迄今为止，教学工作坊已经办过七期活动，其中两期以“教学经验分享”为主题，三期以“本科课程建设”（内容涵盖高年级研讨课、在线课程以及思政课程）为主题，一期以“本科教学规范”为主题，一期以“青教赛视频分析”为主题。教学工作坊活动极大促进了学院教师之间的教学交流，使广大教师意识到教学工作与科研工作一样，是

一个技术技巧要求高、需要不断探索创新、需要精心准备和仔细研究的工作，也充分体现了学院教学和科研平衡发展的理念和决心。

青年教师是课堂教学的主力军。为了鼓励青年教师发展，学院特意设立了青年教师发展基金，支持教师出版教材，改进教学方法，建设精品课程。针对年轻教师教学经验不足的问题，在 2018 年 9 月，学院制定了《教师导师制实施办法》，在原有的教师相互听课制度基础上，鼓励新老教师帮传带教，由经验丰富的老教师帮助新进教师尽快适应教学工作，熟悉本科教学规章制度，传授教学规范和授课技巧。

三　第二课堂鼓励学生多元发展

校园有界，知识无疆。校园不应是一个封闭的地理和文化环境，而应当是一个开放的系统。公共经济与管理学院不仅鼓励学生要读万卷书，学好理论知识，更要跨越校园的有形边界，行万里路，在实践中开阔视野，提升自身的能力。根据学校创业型、拔尖型、卓越型三型人才培养的理念，学院分别采取了一些措施来鼓励学生多元发展。

（一）重视创新创业，实现学生个性培养

对于创新创业型人才，学院整合校内外的各类资源，助力学生参与各类创业创新活动。德勤税务精英挑战赛是一项吸引了众多高校学生参与的专业化税务专项比赛，对学生团队合作、创新意识和专业水平都有极高的要求。学院从 2004 年赛事创办之初就积极参与，通过多年的积累，已经形成良好的运行机制。学院每年从有志于参与比赛的学生中选拔优秀学生组成训练队伍，提供专门的学习培训场所，并邀请优秀教师和业内专业人士对学生进行专业指导。在学院的大力支持和学生的辛勤投入下，学院在该项赛事中取得了优异的成绩，保持着夺冠次数最多的纪录。学院还以此为基础，拓展延伸到其他的专业竞赛中去，例如，学院连续两年参加资诚国际租税杯个案分析竞赛，分别获得冠军和季军的优秀成绩。

在挑战杯竞赛方面，学院在制度、组织、经费等方面给予支持。学院通过将挑战杯等创新创业比赛纳入奖学金评定，划拨创新创业专项经费支持学生创新项目研究，积极组织学生参加校内外各项创新创业项目申报立项等一系列措施，为挑战杯项目的培育孵化创造了良好的条件。自 2013

年以来，在这项权威创新创业赛事中，学院学生多次获得全国和上海市各级奖励，展示了上财学子的风采。

（二）加强学术研讨，营造浓厚求知氛围

学院鼓励公共经济学会和房地产协会等学生学术团体建设，营造良好的学术氛围，培养学术拔尖型人才。依托两个学会，学院举办了公共经济名家讲坛、科学人文大讲堂、公管学术月等形式多样的学术活动，内容涵盖经济、人文和科学等领域，主题丰富，系列分明，提升了学生专业素养和科学研究能力。这些活动已连续举办多年，形成了品牌，在学生中具有广泛影响力。

（三）对接现实热点，培养社会责任意识

卓越人才是学院人才培养的主体。学院坚持扎根中国大地办学的理念，开展丰富多彩的第二课堂活动，目的是让青年学生能够关注自己、关注现实、关注社会、关注国家。以大学生“视角关注周”这一活动为例。从2004年创办以来，“视角关注周”活动一直秉承指引大学生树立正确的人生观、价值观、世界观的理念，围绕我国社会主义现代化建设进程中所面临的经济、社会、文化方面的问题，积极引导青年学生正确看待当下的社会热点问题。“视角关注周”活动的项目主题，从首届的“关心自己，关爱他人”到“低碳世博”再到“中国印象”，都紧跟校园乃至社会的时代特点。可以说，“视角关注周”主题的演变与发展也是大学生对社会关注的镜头记录。在原有传承的基础上，经过不断创新，“视角关注周”取得了良好的校园反响，吸引了越来越多的学生参与进来，并多次荣获我校优秀学生活动表彰。该项目在获得校内认可的同时，取得了教育部高校校园文化建设优秀成果二等奖和上海市校园文化2011年优秀项目荣誉。

（四）拓展导师资源，完善实践基地建设

在延聘校外导师和建设实践基地方面，学院也不遗余力。例如，学院与上海唯家房地产咨询有限公司开展深度合作，该公司人力资源总监汤争艳女士来我院作《企业用人放大镜》讲座，学院学生则受邀进行了“万科·热带雨林之旅”考察参访，一路参观和了解了多个万科项目建设、

运作和管理的全过程。实践类讲座弥补了校内课堂教学的不足，拉近了校园和职场的距离，参访活动则为学院房地产专业学生提供了最生动、最接地气的第二课堂。通过引入校外导师、建设实践基地，学院拓展了教学资源，实现了校内教学课堂和校外实践基地的双向互动。

四　第三课堂传承学院人文精神

“大道之行也，天下为公”，公共经济与管理学院以“公共”为名，也在漫长的发展历史中形成了心系家国、服务社会的公共意识与人文精神。这种精神代代薪火相传，成为了学院宝贵的无形财富。

走进公共经济与管理学院凤凰楼，大厅上方二楼悬挂着学院历年来为中国经济学与财政学发展做出突出贡献的前辈学者的油画肖像。慎终追远，在历史的长河中，他们就好像一颗颗永不坠落的启明星，指引着后人前进的方向。

在新的时代，学院又不断涌现出一批批具有公共意识和社会责任感，积极参政议政、资政启民的优秀学者，使学院的人文精神历久弥新。学院财政系黄天华教授皓首穷经，总结中国财政制度历史，甘于贫寒，矢志报国，默默笔耕三十余年，在没有任何科研经费资助的情况下独自完成了500万字的皇皇巨著《中国财政制度史》。黄天华老师“一生无华、学术报国”的感人事迹被《光明日报》[①]《文汇报》[②] 等媒体广泛报道后，受到了全国关注，成为“2017 上海教育年度新闻人物”。在参政议政方面，全国政协第十一届委员会委员、学院财政系教授蒋洪老师被媒体誉为“麻辣委员”，多年来为“阳光财政”鼓与呼，为推动我国财政公开透明做出了重要的贡献。[③] 全国人大代表、学院刘小兵教授与蒋洪教授以及学院其他多名财政学者共同主持的《财政透明度报告》，从 2009 年发布至今，客观与全面地揭示和评价了中国财政信息公开的状况，直接推进了我

① 曹继军、颜维琦：《一个人一辈子一部书——记黄天华和〈中国财政制度史〉》，《光明日报》2017 年 5 月 17 日。

② 黄春宇：《他用 31 年兑现诺言诠释信仰》，《文汇报》2017 年 5 月 16 日。

③ 戴洪英、蒋洪：《“麻辣委员”的鼓与呼》，《中国政协》2013 年第 22 期。

国信息公开工作的进程。[①] 在2018年全国"两会"上，刘小兵教授的《财政法》提案又获得社会巨大关注，为学院师生树立了关心时政、学术报国的典范。

一代代具有公共意识和社会责任感的教师奠定了学院的人文精神，而这种人文精神又在学生的心中萌芽开花。在学校举办的各种社会服务工作中，公共经济与管理学院的学子始终是最积极的参与者。自2013年在财大校园内由公管学生首创"翻滚的彩鸡蛋"公益长跑活动，已经连续举办5次，吸引了上海财经大学、复旦大学、同济大学大批学子参加，每次活动募集善款数千元，捐赠给偏远地区和上海联劝"一个鸡蛋的力量"公益项目，并获得上海财经大学2016年五四优秀公益项目三等奖。学院"青城倾愿"志愿者团队连续三年到青海省西宁市湟源县和平乡和平村开展支教活动。2016年，学院暑期社会实践团队到内蒙古自治区鄂尔多斯市白泥井镇敖包梁小学开展暑期支教，得到鄂尔多斯市广播电视台、达拉特旗电视台以及鄂尔多斯市《小主人报》等多家媒体的采访报道，产生了积极的社会影响。

公共经济与管理学院一直秉持"厚德博学，经济匡时"校训，培养的一批批学生在社会实践中扎根基层，用温暖人心的力量践行和传递学院倡导的人文精神和家国责任。学院2011级学生朱一琳和丁海丹参加学校研究生支教团赴贵州省遵义市道真县进行支教服务，他们在认真传授知识的同时，积极联系社会资源为支教地点的"爱心书屋"筹集了价值2万元的各类图书，并与上海财经大学志愿者总队一起合作组织"温暖小脚丫"棉袜捐赠专项活动，筹得善款一万三千余元。她们的行动感染和带动了更多的人参与支教和扶贫工作。学院2012级投资班学生朱莹莹的父亲罹患疾病，得到校内外各界好心人的积极援助，朱莹莹同学将社会各界的剩余捐赠款根据信息逐笔退款，共2000多笔约20万元，并且将剩余的无法获得捐赠人信息的款项130311元捐赠给上海财经大学基金会。最终这笔资金成立了"汇爱大病重病救助基金"，专门用于帮助遭遇大病重病的家庭经济困难的财大学生，将爱心永远地传递了下去。

---

① 赵昭：《依法公开财政信息是各地政府执政水平的体现——〈2016中国财政透明度报告〉》，人民论坛，2016年12月28日（2018年4月10日），http：//www.rmlt.com.cn/2016/1128/448928.shtml。

学院培养的学生走向社会后，不忘初心，积极参与公益捐赠，反哺母校。2017 年，学院校友在学校校友会、基金会、校董会三方面都做出了突出贡献。学院校友积极担任各地方校友会要职，开展对广大校友的系列服务工作，积极联系各届各领域校友，组织各类校友活动，增进校友之间的友谊。学院校友积极参与公益捐赠，贯彻落实“校友反哺母校，校友服务校友”宗旨。2017 年学院校友的捐赠贡献排名全校第一，捐赠金额高达 942. 1 万元。除此之外，学院校友在社会各行各业也取得了一番成就。在上海财经大学第二届校董名单中，学院校友便占 8 席，他们在现代化人才培养、师资队伍建设、校园文化建设等多个方面为学校发展做出了突出贡献。

五 结语

从 1952 年上海财政经济学院成立财金系时期开始，五十载栉风沐雨，五十载薪火相传，五十载春华秋实，上海财经大学公共经济与管理学院立足“三个课堂”，探索着走出了自身的办学特色：在第一课堂，坚持教育改革创新，坚持教师队伍建设，改革教学管理方法，促进教师发展；在第二课堂，坚持扎根中国大地办教育，鼓励学生创新创业，在各种实践活动中了解社会、了解国情、了解民情，增长见识，培养动手实践能力；在第三课堂，坚持立德树人，坚持以人民为中心发展教育，用学院的人文精神教育感染学生，培养学生服务社会的公共意识和社会责任感。

回首过去，学院在人才培养中取得的成绩有目共睹。学院培养了一届届知行合一、热心公益的在校学生，他们身在校园努力学习、夯实理论，深入社会则走千村，入万户，扎根祖国大地调查实践；学院培养了一代代具有公共服务意识、创新精神和良好专业素质的优秀毕业生，他们爱岗敬业，不忘初心，反哺母校，情深意长。

面向未来，公共经济与管理学院将继续提升人才培养理念，优化学科结构，强化师资力量，建设一流专业；不断完善人才培养方案，优化课程体系，创新教学手段，实现理论知识与实践活动的结合；不断传承学院公共意识和人文精神，培养更多的具有良好的职业道德、创新精神和人文社会科学素养的卓越型公共管理人才。面对新时代新挑战，学院仍将紧紧围绕“三个课堂”，用自己的行动为“培养什么样的人、怎样培养人、为谁培养人”这一高等教育的根本问题交上自己的答卷。

The Practice and Enlightenment from the Teaching Exploration of “Three Classrooms”

Zhang Yi, Zhou Jingqi

Abstract: Strengthening morality and fostering talents are the fundamental tasks of education. School of Public Economics and Management at Shanghai University of Finance and Economics has formed its unique school running characteristics in practice, which can be summarized as follows: 1) Innovating teaching administration to improve the quality of class teaching; 2) Motivating students to develop in multiple ways through practice-based learning; 3) Promoting public awareness and cultivating their social responsibilities.

Key words: Three Aspects of Education; Talent Training; Teaching Practice

管理心理学课程思政中德育因素的挖掘与渗透研究*

洪　明**

摘　要：管理心理学是研究管理过程中人的心理和行为活动规律的一门学科。该课程的德育目标是把专业课程的内容体系和社会主义核心价值观有机地结合起来，通过挖掘与渗透专业课程中的德育因素，着力培育大学生健康良好的职业心理素质，使大学生认识到敬业、诚信、友善、爱国的工作态度，自由、平等、公正、法治的人格精神，富强、民主、文明、和谐的价值追求是优秀的职业素质，从而使大学生在不知不觉中接纳社会主义核心价值观，把社会主义核心价值观和职业素质统一起来，内化为心智成长。本研究立足于管理心理学课程的德育教学实践，通过教学团队的梳理对课程的德育因素进行了充分挖掘，共涉及十一章的专业教学内容，与社会主义核心价值观的内涵要素进行了紧密融合。在把德育因素付诸教学实践的渗透过程中，教学团队集思广益，探索和形成了德育渗透的三个关键途径，即教师自身的德育引导、课堂教学的德育过程和专业内容的德育因素。

关键词：管理心理学；课程思政；隐性德育

在党中央要求把思想政治工作贯穿高校教育教学全过程的指示精神下，我校积极组织落实习近平总书记的讲话精神，把思政工作贯穿到各学院专业课程的具体教学实践中，但是这项工作需要学校和二级学院共同开

---

* 基金项目：上海立信会计金融学院党建研究会 2017 年课题“专业课程中德育因素的挖掘与渗透研究——以管理心理学为例”，2017 年度上海立信会计金融学院“‘课程思政教学改革’试点课程建设项目——管理心理学”。

** 作者简介：洪明（1973—　），男，上海立信会计金融学院工商管理学院市场营销系副主任，博士。

展相关组织工作，挖掘好各专业课程的德育因素，只有这样才能在教学过程中行之有效地进行社会主义核心价值观的隐性德育工作。本文以工商管理学院的管理心理学课程思政建设为例，通过挖掘该课程的德育因素，探讨如何在教学实践过程中把课程专业知识和社会主义核心价值观有效融合起来，应用于日常专业课程教学的大学生德育之中，达到全员、全过程、全方位的育人效果。

一　管理心理学课程的德育目标

管理心理学课程是上海立信会计金融学院工商管理学院市场营销系较早开设的专业课程之一，是研究管理过程中人的心理和行为活动规律的一门学科。该课程主要围绕个体心理、群体心理和领导心理等内容，来学习对员工激励、团队创新、组织建设等工作的有效管理。

在没有开展管理心理学课程德育因素的挖掘和渗透工作之前，本课程的德育以教材内容的自发影响和日常教学熏陶为主，教学内容中虽然包括与德育相关的自我效能感、情商、胜任力等，但是并没有与社会主义核心价值观的敬业、诚信、友善、平等、公正等内容进行有意识地对接，德育的整体效果并不突出，有待加强。

因此，本课程的德育目标是把社会主义核心价值观和管理心理学课程的内容体系有机地结合起来，通过挖掘与渗透专业课程中的德育因素，着力培育大学生养成健康良好的职业心理素质，使大学生认识到敬业、诚信、友善、爱国的工作态度，自由、平等、公正、法治的人格精神，富强、民主、文明、和谐的价值追求是优秀的职业素质，意识到社会主义核心价值观不只是思想政治教育课程的内容，也是管理心理学专业课的主要内容之一，从而使大学生在不知不觉中接纳社会主义核心价值观，把社会主义核心价值观和职业素质统一起来，内化为心智成长。同时，运用本课程心理学的相关知识和方法把社会主义核心价值观融入管理行为的思维和意识中，提升学生的职业心智模式，提高工作效率和管理效能，使大学生积极投身到中国特色社会主义建设事业中去，从而培养出我国社会主义事业的合格建设者和可靠接班人。

为了实现本课程的德育目标，教学团队首先对课程的德育因素进行了充分的挖掘，其次在教学过程中对德育因素进行了有效渗透的探讨和操作，经过一年多来的教学育人实践，取得了较好的课程思政育人效果。

二 对管理心理学课程德育因素的挖掘

管理心理学课程的专业知识内容十分丰富，大部分章节内容都与社会主义核心价值观有着紧密的联系，这为实现课程的德育目标提供了较为有利的基础条件。通过教学团队的讨论和梳理，对课程主要章节教学内容中的德育因素进行了挖掘和提炼。

第一章“管理心理学的心理基础”的德育因素。其中，在学科研究的基本原则方面，坚持马克思主义的历史唯物主义和辩证唯物主义，这为学科研究提供了正确的世界观和方法论，即坚持社会存在决定社会意识、社会意识又可以塑造与改变社会存在的观点，理解生产力决定生产关系、经济基础决定上层建筑及其相互之间的反作用关系，掌握“物质是第一性的，意识是第二性的，意识是高度发展的物质——人脑的机能，是客观物质世界在人脑中的反映”等思想，为心理学在管理实际中的运用奠定了坚实的理论基础。

本学科研究的具体原则表现为客观研究与理论指导相结合、科际整合与系统探讨相结合、继承引进与改造创新相结合的三大原则，这充分体现了实事求是、坚持实践第一的观点，要积极投身实践，在实践中检验和发展认识；还要重视认识的反作用，坚持理论和实践相结合的原则；要认识到真理是具体的、有条件的，任何真理都有自己适用的条件和范围，任何真理都是相对于特定的过程来说的，都是主观与客观、理论与实践的具体的历史的统一。

第二章“管理心理学的历程和理论成就”的德育因素。该章包括我国传统管理心理思想的主要特征，具体内容是以人为本、以德为先、中庸之道、无为而治、以和为贵五方面，这涉及科学发展观、和谐社会等社会主义核心价值体系的内容，同时与“五位一体”的内容存在着大范围的交叉和紧密的关系。其中，以人为本体现了科学发展观的核心内容，即“坚持以人为本，树立全面、协调、可持续的发展观，促进经济社会和人的全面发展”。以德为先、以和为贵与和谐社会的“民主法治、公平正义、诚信友爱、充满活力、安定有序、人与自然和谐相处的总要求”相一致，而中庸之道、无为而治与十八大报告的“全面落实经济建设、政治建设、文化建设、社会建设、生态文明建设五位一体总体布局”相吻合。

在西方管理心理学的发展成就中，针对其中的科学管理、组织人本主义、权变管理等理论，从马克思主义的立场去批判地吸收其合理成分，如泰勒的科学管理原则，大大提高了生产效率，成为现代管理的基本思想。

第三章“个体发展和差异”的德育因素。该章重点讲述人生的心理发展阶段特点、职业规划、人格及个性差异、自我、情商、乐观主义、胜任力等内容。显然，本章内容中的人格、自我、情商、乐观主义、胜任力等内容都可以引入社会主义核心价值观的要素，其中敬业、诚信、友善、爱国、自由、平等、公正、法治等要素可以与管理者和员工的人格、情商、胜任力紧密联系起来，这些内容存在着相互交叉、紧密融合、互不排斥的特点。例如，在我国企业的管理实践中，优秀管理者和员工个体的人格通常表现为很高的诚信精神、爱国精神、自由平等精神，高情商、胜任力又表现为高度的友善精神、敬业精神和公正法治精神等。

第四章“知觉与态度”的德育因素。该章重点讲述知觉过程、行为归因、态度等内容，其中知觉过程和自我认知与“四个自信”内容联系紧密。“四个自信”是习近平总书记在庆祝中国共产党成立 95 周年大会上提出的“中国特色社会主义道路自信、理论自信、制度自信、文化自信”，是对十八大报告提出的中国特色社会主义“三个自信”的创造性拓展和完善。“四个自信”来源于对中国国情的客观合理的知觉过程，不是盲目自信，而是对我国社会的自我准确认知，是在对我国国情和发展历史进行客观把握的基础上得出来的自信，这种自信会使我们在社会主义现代化建设事业中做到既不自卑，也不自负。在管理实践中，“四个自信”对管理层特别是国企的管理层具有积极的引导意义，对于我们做好企业管理、打造中国企业的国际品牌具有极大的信心支持。

第五章“工作激励”的德育因素。精神激励是一项深入细致、复杂多变、应用广泛、影响深远的工作，是工作激励的重要组成部分，而社会主义核心价值观是精神激励的重要来源。精神激励是精神方面的无形激励和内在激励，包括关心员工的精神生活、心理健康和价值观念，提高员工的情绪控制力和心理调节力，努力营造一种相互信任、相互关心、相互体谅、相互支持、互敬互爱、团结融洽的工作氛围。精神激励还具体包括向员工授权、对他们工作绩效的认可、公平公开的晋升制度、灵活多样的弹性工作时间制度、提供学习和发展的职业机会以及制定适合每个人特点的职业生涯发展道路等，这都充分体现了社会主义核心价值观的“诚信、友善、平等、公正、文明、和谐”等价值取向。精神激励需要管理者用思想教育的手段来调动员工积极性、主动性和创造性，它的思想教育与社会主义核心价值观紧密相关。

第六章“紧张情绪”的德育因素。个人的紧张倾向与认知方式紧密相关，教材中介绍的属于A型认知方式的个体容易产生紧张情绪，他们除了具有时间紧迫感和竞争驱动力外，通常表现为“制订不现实的计划，很少切合实际地计划时间；需要来自比自己强的人而不是同等的人的评价；认为成功的数量是自我价值的标准；喜欢在物质利益方面出风头，物质的获得是证明成就的大小”等特点，这些特点都与缺乏“四个自信”有关。如果在企业的管理实践中，管理层做好“四个自信”的深度理解并且向全体员工进行思想教育，可以有效地降低个人工作和企业发展的浮躁心态，更加有条不紊地做好“五位一体”的建设工作。

第七章“沟通”的德育因素。该章主要讲人际沟通，探讨人与人之间的信息交流过程。在这个过程中，人们采用言语、表情、通信、书信等方式彼此进行事实、思想、意见、情感等方面的交流，以达到人与人之间对信息的共同理解和认识，取得相互之间的了解、信任，形成良好的人际关系，从而实现对行为的调节。人际沟通的心理基础是建立在沟通双方保持诚信、友善、自由、平等、公正、文明、和谐等基本要求上，符合这些要求的沟通容易达成有效的结果。显然，人际沟通的心理基础与社会主义核心价值观的内容是一脉相承的。

第八章“团队建设”的德育因素。团队建设的心理基础体现了社会心理效应，包括共生效应、情绪认同、心理相容、社会表现、参与心理等，意味着团队成员之间相互依存、相互激励、相互理解、相互认同、相互容纳和协调、具有共同信仰或观念的关系，从而在认知上形成一种强烈的、积极的归属感和集体感，这就要求团队成员具有敬业、诚信、友善、自由、平等、公正、法治等职业个性特点，这同样是与社会主义核心价值观的内容相一致的。

第九、十章“企业家心理与领导行为”的德育因素。领导的个性包括强烈的管理欲望，他们一般都热爱管理工作，个性中有较强的支配欲，喜欢影响和领导他人；有责任感，表现为工作认真，努力勤奋，在完成上级指示和工作任务时尽心尽力，不逃避责任；诚实正直，表现为值得信任，在人际交往中诚实、坚持真理、坚持公平和正义、行为符合道德伦理标准；情绪成熟，体现了管理者坚定、稳健、自信、冷静、热情大方的特点；有移情性，表现为善于察觉和理解他人的情绪情感，明白对方的价值判断和心理需求的能力；心智优秀，表现为具有较好的逻辑思维能力、较快的反应力、丰富的经验和想象力等。显然，领导心理不仅包括敬业、诚信、友善、自由、平等、公正、法治等个性特点，还包括爱国、富强、民主、文明、和谐的更高价值追求，同样与社会主义核心价值观的内容并行不悖。

第十一章“企业文化与管理”的德育因素。创建卓越的企业文化离不开我国优秀的传统文化和当代的社会主义核心价值观，儒家思想、“四个自信”与社会主义核心价值观都为我国优秀企业文化的创立注入了深刻的内涵，奠定了良好的基础。

三 管理心理学课程德育因素的渗透途径

在充分挖掘管理心理学课程德育因素的基础上，还需要较好地对这些德育因素进行渗透操作，以期达到本课程的德育目标。在教学实践中，通过教学团队的探索和观察调研，认为教师自身的德育引导、课堂教学的德育过程、专业内容的德育因素是进行德育渗透的关键途径，而且要充分发挥好三者的相互作用和综合作用，该模型如图 1 所示。

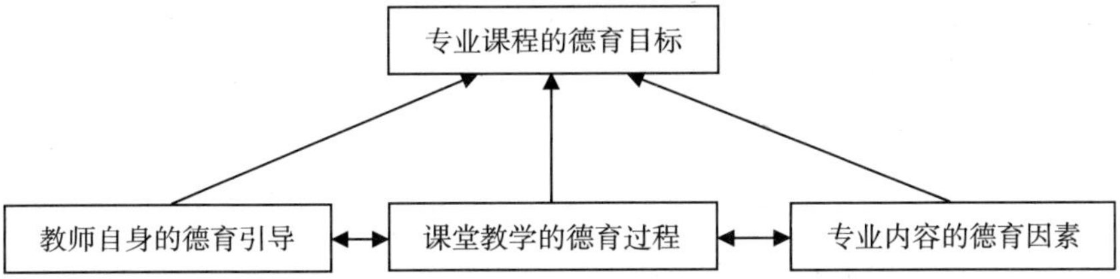

图 1 管理心理学课程德育因素的渗透途径模型

（一）通过专业教师自身的引导作用进行德育渗透

在管理心理学的课程讲授中，教师的言行举止都会传递出教师对本课程专业知识的态度、对目前社会中企业领导层的管理行为的观点，正面积极的、言行一致的态度和观点会进一步加强大学生对管理工作的热爱，也进一步体会到优秀企业家身上所展现出的符合社会主义核心价值观的精神特质。因此，授课教师应规范自身的言行举止，使之与社会主义核心价值观的内涵保持高度一致。

首先，专业教师应具有强烈的课程德育意识，要意识到“学校工作，育人为先，高校的每一位教职工都担负着对学生进行思想政治教育的责任，其一言一行对学生都是一种教育，会直接影响学校的育人环境和育人质量”①。要充分利用专业课程的教学机会，在专业知识的教授过程中有机地进行隐性德育，将社会主义核心价值观无形地融入课程教学活动中，让学生自然而然地接受，做到教书育人两不误。

其次，专业教师应熟练掌握管理心理学课程的各个德育因素，知晓专业课程的具体章节内容对应社会主义核心价值观的哪些要素，要善于结合专业课程教学内容，选好德育因素知识点，做到二者的自然融合。例如，在本课程“企业家心理与领导行为”的章节教学中，教师选用我国著名上市公司福耀玻璃董事长曹德旺的爱国精神作为德育因素切入点，与企业社会责任的专业知识教学实现了紧密结合，这样既让学生掌握了专业知识，又受到了爱国精神的教育。

再次，专业教师除了在专业知识的教学过程中进行德育因素的无缝有机对接外，还要自身引导学生去发现我国优秀企业家和管理者的伟大人格，让学生观察和体验到企业家身上闪耀的社会主义核心价值观的要素。如让学生观看格力电器董事长董明珠女士亲口所述艰苦奋斗人生的视频，在教师引导下进行课堂讨论并进行点评，使学生深刻体会董明珠女士从基层业务员起步做到公司董事长的每一步工作所展示出来的敬业精神。

最后，作为一名大学专业教师所应该具备的共同职业品格，专业教师自身应在教学活动中处处体现出“以学生为本”、爱岗敬业的工作态度。教师应注重言传身教，事事以身作则，不仅要有现代化的专业教学素养，如先进的教学思想和教育理念、渊博的知识、行之有效的教学方法和技巧

① 李丽君：《大学外语教学与渗透式德育契合性现状分析》，《太原大学教育学院学报》2009年第4期。

等，而且更要具备良好的道德素养，即思想素质和修养①，既能让学生感受到教师专业知识的魅力，又能受到教师充满正能量的人生观与价值观的感染。此外，在工作行为上，教师通过日常的认真备课、仔细批改作业、及时深入地给学生答疑解惑、引导学生不断取得进步，以自己的工作行为来示范敬业精神，从而对学生的思想、品德和行为起到潜移默化的德育作用。

（二）通过课堂教学进行德育渗透

课堂教学是德育渗透的主战场，是大学育人的重要阵地。教师要把握好课堂，融思想教育与知识技能教育于一体，多角度进行德育渗透，让学生在不知不觉中接受社会主义核心价值观的教育。

第一，教师应创设和谐和相对宽松的课堂教学气氛，调节学生学习的心理状态。专业知识的学习和掌握有一定的难度，容易引起部分学生的紧张情绪，这时候教师要善于观察，可以适当列举生动案例，或者寓教于乐，或者与学生进行平等真诚的对话和沟通，关心学生的学习困难，引导学生进行适度的放松，调动学生的积极性。在精神放松的状态下，学生的思维会更加活跃，这既有利于学生掌握专业知识，也有利于学生更容易接受德育因素的渗透，让学生的主观意识在自然而然的状态下接纳德育因素。

第二，在不同的教学环节设立不同的德育目标。本专业课程的教学强调理论联系实践，提高学生的职业心理素质，在教学过程中既要发挥教师的主导作用，又要突出学生的主体地位，让学生在各个教学环节的亲自参与中经历思想和道德火花的碰撞。如教师在讲解专业理论之前先提出课程思政问题，引起学生的思考，这些问题事先进行设计，可以选用现实性强且对学生有教育意义的管理困惑。例如在沟通章节中先提出“领导讲话就是假大空吗”的问题，让学生通过对话和讨论，逐渐引出课堂主题。在主题的理论讲解环节，教师不仅讲解和分析知识点，同时要注重倡导相应德育因素的内容关键点或闪光点，并联系管理实践加以扩展，顺势引导学生的思想，从而接受社会主义核心价值观的教育。在教学评价环节，教师要注意客观、公正、热情诚恳，使学生体验到评价的深入性，以评促

① 张小红：《大学英语教学中德育渗透具体策略和途径研究》，《景德镇高专学报》2013年第4期。

学，并了解到管理实践的现实性，还要注意维护学生的自信，以鼓励为主，尤其要充分肯定学生的创新思维。课程小论文的写作教学环节也是进行思想教育难得的良机，课程小论文的写作主题大都贴近管理现实生活，紧扣时代的道德脉搏，这有助于学生在思考和写作中更加深入地分析管理实践，逐步学会从正确的立场观点出发来认识和评论管理现象，从而在无形中不断提高和深化思想认识①。

第三，在教学手段上应充分发挥现代计算机网络技术和多媒体教学的德育优势。图像视频教学的生动性容易吸引学生的注意力，来自管理实践一线的企业家的言行举止又有很强的冲击力和感染力，颇受学生的欢迎。企业家的奋斗经历多姿多彩，能快速把学生带到特定的情境之中，有效激发出学生的情感共鸣，产生情感体验，促进道德情感的形成。例如，通过播放央视《开讲啦》第四十九课格力电器董明珠董事长的节目视频，学生看到董明珠的演讲内容都是她自己的亲身经历，觉得可信度高，故事性强，情节引人入胜，相对老师纯粹的理论说教，有更好的隐性德育的教学效果。该视频充分展示了董明珠的敬业精神，通过她自己非常接地气的言传身教，使学生内心受到极大震撼，突破了不少学生纯粹以功利为目的的低层次敬业观，而认识到了董明珠董事长这样发自内心的、把职业当作事业来对待的高层次敬业精神，从而达到了敬业精神教育的一个新高度。

第四，在课堂教学方法上，要紧密围绕课程思政的德育点采取询问法、讨论法、任务型教学法、案例分析法、角色扮演法、多媒体视频教学等多种方式，启发学生，培养学生的管理思维和创新能力，既巩固专业知识和技能，又培养职业情操和工作态度。例如，在观看上述董明珠董事长的视频之前，通过询问法，引导学生对敬业精神进行思考。在观看结束之后，再通过讨论法，让大学生说出自己对董明珠董事长演讲的感想和体会，更容易引起班级里其他同学的共鸣。在任务型教学中，以主题讨论为特色的小组活动能促进学生的积极思维，帮助学生在团队互动中明了事理，体会团队合作的心理基础，培养互助友善、精诚合作的精神，使学生逐渐认识到团结协作的重要性，这对以后的学习和工作都将产生良好的影

① 罗凌志：《文道结合，育人育心——大学英语教学中的德育渗透》，《中国校外教育》2011年第12期。

响。在案例分析法中，培养大学生的思维能力和领导精神。在角色扮演中，通过丰富学生的情感情绪体验，提高大学生的情商和胜任力等职业素质。

（三）通过专业课程内容的德育因素进行德育渗透

专业课程内容包含的德育因素越丰富，越容易对学生进行德育渗透。因此，需要对专业课程的德育因素进行充分的挖掘。在管理心理学的课程内容中，员工、管理者的职业素养、价值观、自我认知、工作动机、工作态度、人际关系、情商、乐观主义、效能感、胜任力、组织承诺等知识点都与敬业、诚信、友善、爱国等社会主义核心价值观有着较高程度的交叉和融合关系，特别是在个性心理方面有较多交集，主要分布在课程的第三章到第十章的内容中，随着课程专业知识的讲授，这些德育因素也同步得到了相应的渗透和吸纳。

但是，德育渗透并不是简单地宣讲相关的德育因素，而是要把专业教学内容与社会主义核心价值观做到较好的融合，做到框架清晰、逻辑合理。例如，学习本课程的大学生，已经有了基本的社会阅历，平时通过实习和耳濡目染也对公司的管理者有了一定的了解。在讲解管理者的个性特征的课程内容时，由于教学内容相对较多，包括六个方面的管理者个性，如果只是泛泛而谈，浮于表面，会让学生抓不住重点，觉得课堂内容平凡和枯燥，更谈不上德育的效果。因此，需要找到一条教学主线将这六个方面的专业知识内容串联成为一个有机的整体，既有助于学生掌握管理者个性特征方面的知识体系，又能够实现德育的教学目标。通过教学团队的课程设计，这条教学主线就是社会主义核心价值观中的“敬业精神”。敬业精神是人们基于对职业的热爱而产生的一种全身心投入的精神，是社会对人们工作态度的一种道德要求，它的核心是无私的奉献意识。具备了敬业精神这条主线，再讲授管理者的个性特征的其他内容，加上董明珠董事长的亲身说法视频案例，就会显得条理清晰、通俗易懂，在有限的时间内给学生讲出了新意并留下深刻的学习印象。

四　结语

本研究立足于管理心理学课程的德育教学实践，通过教学团队的梳理，对课程的德育因素进行了充分挖掘，共涉及十一章的专业教学内容，与社会主义核心价值观的内涵要素进行了紧密的融合。在把德育因素付诸教学实践的渗透过程中，教学团队集思广益，探索和形成了德育渗透的三个关键途径，即教师自身的德育引导、课堂教学的德育过程和专业内容的德育因素。教学实践证明，在管理心理学课程教学过程中渗透德育，不仅没有削弱教学效果，反而更容易激发学生对管理心理学课程的强烈兴趣，较好地实现了专业课程的德育目标。

Study on the Extraction and Infiltration of Moral Factors in Ideological and Political Education of the Management Psychology Course

Hong Ming

Abstract: The course of management psychology is a subject which studies the law of human's psychological and behavioral activities in the process of management. The moral education goal of this course is to organically combine the content system of professional courses with the core socialist values to cultivate healthy and good professional psychological traits of college students. It also makes college students realize that the working attitude towards dedication, integrity, friendship and patriotism; the personality spirit of freedom, equality, justice and the rule of law; and the value pursuit of prosperity, democracy, civility and harmony are the excellent professional traits through the extraction and infiltration of the moral factors in the professional course content. The course will help college students unconsciously accept and internalize the core socialist values and unify socialist core values with their professional traits into the goal of mental growth. This study is based on the course teaching practice of moral education and fully extracts the moral factors of the course through the teamwork. It involves 11 chapters of professional course content and closely integrates with the connotation elements of core socialist values. In the infiltration process of moral teaching practice, the teaching team develops and forms the three key ways of moral infiltration model, which are the moral guidance by teachers themselves, the moral education process in classroom teaching, and the moral factors of professional course content.

Key words: Management Psychology; Ideological and Political Education of Courses; Implicit Moral Education

财经学人

刘絜敖教授生平及对货币金融理论的贡献

陈利平*

摘　要：刘絜敖教授是中国著名经济学家、货币金融理论家，年轻时曾先后赴日本早稻田大学、德国莱比锡大学和柏林大学学习经济学理论，回国后除在金融部门工作一段时间外，主要在大学从事教学和研究工作。刘絜敖教授的重要著作包括《经济学方法论》《国外货币金融学说》等，后者是中国第一部系统阐述西方货币金融理论的名著。

关键词：刘絜敖教授；货币金融学；经济学家

刘絜敖（1908—1995），原名刘有道，曾用名刘杰敖，四川大邑人，我国著名经济学家、货币金融理论家。1928 年，刘絜敖先生东渡扶桑，在早稻田大学政治经济系求学；1932 年，又赴德国莱比锡大学和柏林大学研习经济学理论。1935 年被暨南大学聘为教授，年仅 27 岁，嗣后又曾任复旦大学、交通大学、光华大学、上海财经学院教授，撰写了《经济学方法论》《国外货币金融学说》等名著及数十篇经济、金融方面的学术论文。

一　逢乱世，求学之路坎坷

1908 年 11 月 24 日，刘絜敖出生于四川大邑县金井村大石桥一个地主家庭。刘絜敖有兄弟 7 人，因父亲常年在县城担任公职，他并没有太早接受系统教育。8 岁时，刘絜敖进入小学，但因家庭缘故辗转于县立第二小学、邛崃县上智小学，学业时断时续，直到 1920 年川军二十三军军长刘禹九在新津县城创办私立培英中学，刘絜敖转入该校小学部，才开始了比较正常的求学生涯。1923 年，刘絜敖以优异成绩毕业后考入成都高师

* 作者简介：陈利平（1967—　），男，上海财经大学金融学院副教授。

附属中学，他非常喜欢中国古典文学，阅读十分广泛，考试成绩每次都名列前茅。当时，中国社会关于国家主义与全球主义的争论非常激烈，他看到报上有关于国家主义的经济学，就向文章的作者、著名历史学家李璜去信求教，得到李璜的鼓励后更加发奋。1927 年毕业时，刘絜敖以全校第 2 名的成绩，获优等生资格免试直升四川师范大学历史系。

1928 年，刘絜敖怀着“振兴祖国”的强烈愿望，只身东渡，进入日本早稻田大学政治经济系求学。1929 年，在父亲的要求下，由二十四军资助，他转入日本陆军士官学校炮兵科学习，但因对军事并无兴趣，闲暇时间继续研读政治学和经济学并着手翻译一些政治学的书籍，完成《美国之产业合理化运动》一文，发表于《东方杂志》，并以《时事月报》东京特约评论员的身份，在该刊发表了《俄化了的外蒙》一文。在日期间，刘絜敖经李璜推介加入国家主义青年团，该组织以“国家主义之精神、外抗强权、内除国贼，建设全民福利的国家”为宗旨。在该组织与国民党的一次斗争中，双方以铁条相殴，刘絜敖头部受伤，从此对政治逐渐失去兴趣。1931 年 7 月，刘絜敖毕业回国，回国后任二十四军军部训练处中校参谋，在新武器训练班教授射击。1932 年 9 月，因不愿涉足军阀战争，经二十四军军长刘文辉资送，赴德国留学，先就读于莱比锡大学，学习经济学理论，后转至柏林大学经济系，师从著名经济学家 Werner Sombart，研习经济学分析方法。1935 年学成回国。

二　勤笔耕，学术影响初显

刘絜敖在日期间，为学习政治学的需要翻译了《比例代表法概论》《现代政治科学之观察》《妇女参政运动》三部政治学著作。正值历史学家何炳松任商务印书馆编译所所长，筹划翻译一批社会科学丛书，正缺少有关政治学方面的选题。刘絜敖以上三部译著，恰好弥补了这个问题，因而得以在商务印书馆陆续出版，并与何炳松先生结下了深厚的友谊。嗣后，在刘絜敖留德期间，国内文化界关于中国本位与全盘西化的争论非常激烈，他应何炳松之邀，撰写了《中国本位意识与中国本位文化》一文，主张在建设“中国本位文化”之前要先建设“中国本位意识”[①]。1935 年

① 刘絜敖：《中国本位意识与中国本位文化》，《文化建设》1935 年第 9 期。

7月，何炳松受聘担任国立暨南大学校长。1935年8月，刘絜敖从德国学成回国，即接受何炳松的邀请，任暨南大学商学院教授，时年仅27岁。

刘絜敖先生才思敏捷，笔耕不辍。1935年回国当年，他即撰写完成《营业预算论》，作为商学教材由商务印书馆出版发行。至1937年，在不到两年的时间里，刘絜敖公开发表学术论文二十余篇，显示了其深厚的学术底蕴和出众的研究能力。在《经营经济学之成立与其发展》一文中，刘絜敖描述了随着产业革命的兴起，原来的商业经济学已不能满足需要，逐步为产业经济学所取代的过程，阐明了产业经济学与国民经济学的区别与联系，指出产业经济学同样应该属于理论科学，也应适合于指导中国的商业实践①；在《静态经济学与动态经济学》一文中，他在国内首次引入了动态经济学的概念，指出静态与动态经济学适合于从不同的侧面分析经济现象，区分二者有利于更好地理解经济运行的规律②；在《经济学的理论方法与历史方法》一文中，他描述了理论与历史的对立，及在经济学研究中理论方法与历史方法之“交替与代起”的现象，指出理论方法与历史方法实有调和的必要③。20世纪30年代，正是经济学在中国刚刚开始传播的时代，各种流派、理论、观点层出不穷，刘絜敖先生对经济学理论的各个方面加以深入探讨，为中国知识界深入理解现代经济学起到了积极的推动作用。

1937年，刘絜敖先生的成名作《经济学方法论》完稿，马寅初先生审阅了该书，认为是一本“功力甚深，造诣颇高的佳作”④，遂推荐给商务印书馆列入《大学丛书》出版⑤。刘絜敖凭此著作迅速获得了全国性的声誉，成了知名的经济理论专家。刘絜敖认为，中国经济学之所以没有取得十分明显的进展，原因在于一般经济学者重视经济问题的研究，而忽略经济理论的探讨。⑥ 刘絜敖写作《经济学方法论》前后历时6年，他在日本之时就感到方法论之重要性，萌生了撰写相关著作的想法，但因有关方法论的重要典籍均为德文所撰，所以他一边自学德语，一边争取赴德留学

① 刘絜敖：《经营经济学之成立与其发展》，《暨南学报》1931年第1期。

② 刘絜敖：《静态经济学与动态经济学》，《民族》1936年第9期。

③ 刘絜敖：《经济学的理论方法与历史方法》，《暨南学报》1936年第1期。

④ 殷盛：《走学者之路 尽导师之责——记刘絜敖教授》，《财经研究》1986年第1期。

⑤ 刘絜敖：《经济学方法论》，商务印书馆1937年版。

⑥ 孙大权：《中国经济学社研究（1923—1953）》，博士学位论文，四川大学，2005年。

的机会。留德期间，为搜集相关文献，耗费甚巨。执教暨南大学后，刘絜敖即开始撰写此书，并先后将各章发表于《暨南学报》《民族杂志》《经济学季刊》等，以收集学界的反馈意见。在《经济学方法论》序言中，刘絜敖先生说"予恬淡寡欲，志趣单纯，因性喜研究理论，故即欲以此终其生，方法论之探讨，不过为予研究理论之开始"。在《经济学方法论》出版之后，刘絜敖打算用较长时间深入研究价值、价格、货币、信用、利息、工资及经济变动的学说，并将研究成果写成专著。然而，在那风雨飘摇的岁月里，纵有满腹经纶，先生的愿望却成了泡影，继续著书立说的夙愿也因社会动荡而未能实现。

三 入商界，金融人生跌宕

1937年8月，刘絜敖的教师生涯刚满两年，抗日战争全面爆发，暨南大学停办。刘絜敖的岳父陈清华先生时任中国农民银行总稽核，经他推荐，刘絜敖于1937年10月进入中国农民银行汉口分行任襄理，12月又调为重庆分行专员。因刘絜敖对金融活动有较深入的理解，遂在银行积极开展国债投资业务，业绩突出，于次年4月升为重庆分行副理。时值中国农民银行上海分行业务出现大幅下滑，为了振兴上海分行的业务，1938年8月，刘絜敖又被派往上海分行任副理。在沪期间，刘絜敖积极推动各项业务开展，但1941年12月8日上海沦陷，上海分行也落入日军手中。经总行安排，刘絜敖先生乔装经汉口迁往后方，1942年10月抵达成都，担任中国农民银行成都分行副理。

1942年，二十四军军长刘文辉创办汇通银行，托总经理杨茂如力邀刘絜敖加盟，聘为汇通银行协理及重庆分行经理。当时重庆分行尚未开业，由刘絜敖负责筹建工作，经过半年的准备，重庆分行顺利开业，开业后刘絜敖悉心规划，锐意经营，数月就声誉鹊起，与聚兴诚、和成、永利等老牌川帮银行并称为"四川四行"。刘絜敖曾构想以汇通银行为中心，举办多种实业，形成财团，在此基础上兼并其他中小银行，举办国际贸易公司，但因种种原因，他的构想并未被采纳。随着业务的扩大，汇通银行拟在上海筹设分行，遂于1946年3月委任刘絜敖为上海分行经理。刘絜敖到上海后，发现财政部开办分行的批文迟迟未下达，所筹开办经费尚需支付较高资金成本，遂与同事讨论，将筹办资金投资股市，以获得巨额利润。1947 年 2 月，股市暴跌，汇通银行投资出现亏损。刘絜敖主动承担一切责任，前往四川总部陈述详细经过，并汇报恢复损失之方法。未料到，刘文辉听到损失后大怒，将刘絜敖囚禁于雅安监狱，一年多之后才释放出来。一场未曾料想的牢狱之灾，给刘絜敖带来了巨大的精神打击，他逐渐发下了不再涉足商业金融活动，终生从事学术研究的宏愿。

刘絜敖从小喜好读书，投身金融市场后，每日能够用于读书的时间锐减，他便利用到各地开展业务的机会，收集各类图书。受其岳父大藏书家陈清华的影响，他在辨识各种古籍方面尤为擅长，几年下来，本来不低的薪酬在购书之后，居然所剩无几。据著名版本目录学家、上海图书馆特藏部主任沈津回忆，“文化大革命”期间，为避免刘絜敖所藏之书落入红卫兵手中，上海图书馆党支部组织人员接收了一部分珍贵图书，仅制作清单就花了整整一个通宵。1980 年，刘絜敖将上海藏书 676 部捐献给上海图书馆收藏，其中包括宋本 15 种、元本 11 种、钞校稿本 130 种，国家一级文物 59 种、二级文物 60 种。因对中国古典文学的热爱，至 20 世纪 40 年代末，刘絜敖已详细阅读中国古典文学作品千余种。除研究经济理论外，刘絜敖还计划做古诗词的研究，拟花 12 年时间撰写《中国诗词批评史》《词学通论》《东坡诗词综论》三本书，每本书打算写 20 万字，并拟定了详细的写作计划，但因为种种原因，他的这个愿望一直没有实现。

四　育英才，孜孜不倦无悔

1948 年 8 月，刘絜敖先生出狱后，谢绝了金融机构的高薪聘请，应李炳焕先生之请到复旦大学商学院任教授，从此终身从事教育工作。又因维持生计需要，他还常常到上海交通大学和法政学院兼课。1952 年，全国高校院系调整，复旦大学财经学院并入上海财政经济学院，刘絜敖随调入上海财政经济学院，任财政信贷系教授；1958 年，上海财政经济学院并入上海社会科学院，刘絜敖任该院教授；1960 年，上海财经学院重建，他又调回上海财经学院，任财务会计系教授；1972 年，学校撤销，刘絜敖调入复旦大学经济研究所任教授；1978 年，上海财经学院复校，他又调回学校任财政金融系教授，直至 1987 年 2 月退休。

教书育人是刘絜敖先生最感心情愉快的工作。自 20 世纪 30 年代回国后，他先后在多所高校讲授《国民经济学》《政治经济学》《货币银行学》《资产阶级经济学说》《财政与信用》《国民经济计划》等十几门课程。他对待教学工作一直严格认真，哪怕是已经教了几十遍的课，即使在一学期同时开四、五门不同的课程的情况下，他都坚持在讲课前花几个小时仔细斟酌教案，以致能完全脱开讲稿，侃侃而谈。① 他花费数年时间翻译出版了门格尔的《国民经济学原理》，给学生们作为课外阅读的参考资料。对于新开的课程，他总是全力钻研，并写出组织严密、条理一贯的讲稿然后以极负责的态度讲授于学生，得到同学热烈欢迎，每班听课学生超过二百余人。他看到学生们喜欢他的课程，“心情在感觉温暖愉快之余，更加用心备课，终日手不释卷”。因此，他的课堂不但座无虚席，而且学生来源极为多样，四川、新疆、云南、安徽、武汉、厦门等地财经院校的教师和研究生也都纷纷慕名而来听课。

1979 年，上海财经学院开始招收研究生，刘絜敖先生根据国家人才培养的需要，主持开辟了货币银行学专业硕士点，先后培养了数十名研究生。在研究生教学中，他注重启发式和讨论式教学，强调师生交流，发表各自见解，在这些不拘形式的漫谈式教学中，将对学生思路的启迪、意志的砥砺、知识的传授、能力的培养融于一体。他鼓励和引导学生多看书、多研究、写作论文。② 学生的论文，不管是几千字的短文，还是几万字的长篇，他都非常重视，不仅给出全面评价和分析，帮助作者修改，甚至逐字逐句地加以润饰。他指导过的学生，现在许多已成为业界、学界著名人士。刘絜敖先生对后学青年的扶植不厌其烦，不遗余力。在长达半个多世纪的教学经历中，刘絜敖先生数十年如一日，呕心沥血，为我国经济金融人才的培养做出了巨大贡献。

五　探学海，金融理论功成

20 世纪 30 年代，刘絜敖先生出版《经济学方法论》，乃是希望以此为先导，进而研究价值与价格、货币与信用、利润工资与地租、经济周期与波动等问题。进入金融界从事金融业务实践后，刘絜敖开始关注货币银

---

① 殷盛：《走学者之路 尽导师之责——记刘絜敖教授》，《财经研究》1986 年第 1 期。

② 同上。

行理论，分别于1940年和1941年发表了论文《货币商品说评论》[①]《论平定物价之根本政策》[②]，对货币是一种商品的观点进行了批评，并提出一揽子抑制通货膨胀的政策建议。

20世纪50年代开始，因教学需要和个人兴趣，刘絜敖先生逐渐侧重于西方货币金融学说的研究。货币金融学说是整个经济学说的有机组成部分，随着货币金融体系的日趋复杂和庞大，以及货币政策在调节国民经济中发挥着越来越大的作用，货币金融学说成为西方经济学说中最重要、最丰富、最复杂的部分。[③] 由于当时国内经济学说史一般只叙述价值、价格、分配和经济危机等理论，很少涉及货币金融学说。有鉴于此，刘絜敖先生决心撰写一部系统论述国外货币金融学说的专著。西方货币金融学说散见于众多经济学家的著作中，有关文献汗牛充栋。面对如此艰巨的任务，他矢志研习，选择了一条荆棘丛生的道路。[④] 同当今信息时代不同，当时做国外问题研究的学者常感到资料不足，有关理论的、历史的资料尤其难觅，刘先生也常感叹"巧妇难为无米之炊"。为此，许多大专院校、科研机关和市级图书馆都留下了先生频繁往返的足迹。有些必读的原著国内一时找不到，他就拜托亲朋好友不惜重金去国外购买。20世纪60年代初，《国外货币金融学说》一书基本成型，先被作为校内教材使用，眼看出版在即，"文化大革命"却使这朵含苞欲放的蓓蕾迟开了10年。70年代末，国外有关最新资料也陆续到达，刘先生在前稿基础上又撰述了若干新章节。1983年一部全面系统地阐述自重商主义直至当代各派和各家的货币金融学说的专著出版了[⑤]。著名经济学家陈翰笙先生专门为此书写了序言，他说："这是我国第一部系统论述西方货币金融学说的专书"。中国人民银行总行将该书推荐给各分行及有关院校，"赞同此书作为财经院校和银行业务骨干培训的参考用书，并可供处级以上领导干部参阅"。此书的出版在经济理论界和实务部门引起了很大的反响，曾获国家教委优秀著作奖、财政部优秀著作奖、中国人民银行优秀著作奖、上海市社联优秀

① 刘絜敖：《货币商品说评论》，《学林》1940年第5期。

② 刘絜敖：《论平定物价之根本政策》，《财政评论》1941年第2期。

③ 盛松成：《一部隽永常新的货币金融学说传世之作——写在〈国外货币金融学说〉再版之际》，《中国金融》2010年第17期。

④ 殷盛：《走学者之路 尽导师之责——记刘絜敖教授》，《财经研究》1986年第1期。

⑤ 刘絜敖：《国外货币金融学说》，中国展望出版社1989年版。

著作奖等诸多荣誉。《国外货币金融学说》出版之后，刘絜敖先生感觉原书对各时期各学者的利率学说有所忽视而应加以弥补，遂于 1984 年开始着手撰写，增加了四章内容，1989 年趁该书再版之际，将其一并补入，使之更加完备，是时刘先生已经年过八旬了。

《国外货币金融学说》一书分析了西方五百多年以来的货币金融理论，如银行主义、金属主义、名目主义、货币数量说、通货主义、信用媒介论、信用创造论和桑顿、魏克赛尔、霍曲莱、哈耶克、凯恩斯和弗里德曼等人的货币金融学说，以及通货膨胀学说、IS—LM 分析、信用利用可能性学说、金融中介机能学说、利率学说、资产选择理论等，并加以扼要的评论。尤为重要的是，该书把西方货币金融理论的全部发展过程作为一个整体来考察，注意分析其理论上的继承和发展，以及各种学说相互间的联系和影响。该书论述严密，行文简洁，堪称我国老一辈学者严谨治学的典范之作。该书自发行以来，屡屡售罄，润泽了数代金融学人。① 1983 年，《国民经济学讲义》出版，这是刘絜敖先生翻译的瑞典学派创始人魏克赛尔的代表作。

刘絜敖先生体弱多病，患有冠心病、铁粒幼红细胞性贫血、萎缩性胃炎和严重的眼疾，但他仍刻苦钻研，孜孜不倦。刘絜敖先生退休时已八十高龄，但他还计划退休后翻译庞巴维克的著作《经济财货价值的基础理论》，计划撰写的著作有《奥国学派评论》《经济学说史》等三部。刘絜敖先生毕生致力于学术研究和教育事业，其不朽之精神，永远值得后学敬仰和追思。

Professor Jieao Liu's Lifetime and Contribution on Monetary and Financial Theory

Chen Liping

Abstract: Professor Jieao Liu is a famous economist on monetary and financial theories in China. When he was young, he studied economics theory at Waseda University in Japan, and Leipzig University and Berlin University in Germany. After returning home, he had worked in the

① 《〈国外货币金融学说〉即将出版》,《外国经济参考资料》1983 年第 Z1 期。

financial department for a period of time. Later, he engaged in teaching and research work in university. Professor Liu's important works includes "Economics Methodology", "Foreign Monetary and Financial Theory" and so on. The latter one is the first book which systematically expounds western monetary and financial theories in China.

Key words: Professor Jieao Liu; Monetary and Financial Economics; E-conomist

商学教育

民国时期商务印书馆业务讲习班的教育及启示

吴　涛*

摘　要：20世纪30年代，商务印书馆基于自身发展需要，创设业务讲习班，培养事业发展所需人才。业务讲习班以“学识与经验相辅”“总馆与分馆并重”“眼下与未来兼顾”为原则，以提升职工营业能力、促进企业内部交流、养成职工学习习惯为目的，注重学员选派的公平性和合理性、规则制定的严格性和严肃性、课程设置的综合性和发展性，以及教师选任的骨干性和专家性。不仅为商务印书馆自身发展积蓄了后备力量，也为其他出版企业提供了人才培养模式，更为当代企业内教育的发展提供可资借鉴的重要经验。

关键词：商务印书馆；企业内部教育；业务讲习班

民国以降，我国民族工商业渐次崛起，各企业为了在行业竞争中立于不败之地，纷纷加强对自身职工的教育和培养；政府亦出台《工厂法》《劳工教育实施办法大纲》等，规定达到一定规模的企业必须设立职工教育机构。在内外两股动力的共同驱使下，各工商企业开展企业内教育一时蔚然成风。所谓企业内教育，是“企业为了提高经营效率，对职工进行各种教育训练的总称”①，主要指在企业内部开展的职工教育。20世纪30年代，商务印书馆基于自身发展的需要，先后举办工厂管理员训练班（1931年）、营业员讲习班（1932年）、文具仪器训练班（1934年）、业务讲习班（1934、1936年）等企业内教育机构。其中，尤以庄俞提议、王云五批准设立的业务讲习班影响最大、成效最著。该班前后两届，办学

---

* 作者简介：吴涛（1982—　），男，辽宁师范大学教育学院讲师。

① 教育大辞典编纂委员会编：《教育大辞典（增订合卷本下）》，上海教育出版社1998年版，第2840页。

目的明确，课程体系完备，师资条件优越，为商务印书馆培养了一批事业发展所需人才。可以说，商务印书馆在民国时期成就和地位的取得，与其适时创设业务讲习班等企业内教育机构分不开。然而，纵览现有的相关文献，却未曾得见论及民国时期商务印书馆企业内教育及其机构的研究成果。基于此，本文拟以业务讲习班为个案，详细考察和分析商务印书馆民国时期的企业内教育，并揭示其历史意义及现实启示，以期为新时期企业内教育的改革和发展提供些许助益。

一　业务讲习班的原则和目的

商务印书馆作为以营利为直接目的的出版企业，却能与北京大学同被誉为“中国近代文化的双子星”，个中原因主要有两点：一是目标高远，二是重视人才。所谓目标高远，是指商务印书馆从创立之初，便“以扶助教育为己任”[①]，而非单纯追求经济利润；在重视人才方面，张元济早在为商务印书馆制订的“永久之根本计划”中，便提出了应不断“培植新来有用之人”的主张[②]。诚如费孝通所说，它“既是一个印书馆，也是一个育才馆”。[③] 在商务印书馆举办的企业内教育机构中，工厂管理员训练班办学成绩较好，在近五个月的时间里培养了百余名基层管理者。[④] 但其所重限于工厂管理方面，而且接受培训的工厂职工也“多因一二・八事变而星散”。[⑤] 营业员讲习班、文具仪器训练班旨在提升企业职工的营业能力，但两次培训的时间和参加培训的学员均十分有限。在时间上，长者不过两月，短者仅为三周，且每晨讲学仅一小时[⑥]；在学员上，二者都只面向总馆职工，并未惠及各地分馆，因此培训的内容较为简略，所得成

① 张元济：《张元济全集（第4卷）・诗文》，商务印书馆2008年版，第392页。

② 张元济：《张元济全集（第3卷）・书信》，商务印书馆2007年版，第113页。

③ 费孝通：《费孝通全集（第9卷）・1981—1982》，内蒙古人民出版社2009年版，第193页。

④ 庄俞：《三十五年来之商务印书馆》，商务印书馆编：《商务印书馆九十五年・我和商务印书馆：1897—1992》，商务印书馆1992年版，第734页。

⑤ 《王总经理对第一届业务讲习班学员的训辞》，《商务印书馆通信录》1934年第404期。

⑥ 《商务印书馆人事管理概况》，汪耀华选编：《民国书业经营规章》，上海书店出版社2006年版，第192页。

效并不显著。与前三种企业内教育机构相比，为进一步“增进总分馆职员业务知能”而设立的业务讲习班①，有三点不同之处：其一是全面提升业务水平尤其是营业方面；其二是希望各分馆同人也能得训练之利益；其三是注重培训的短期功效和长期导向。这三点正体现了商务印书馆举办业务讲习班所秉持的原则和欲达到的目的。

（一）学识与经验相辅，提升职工营业能力

对于经历“一二·八”事变后艰难复业的商务印书馆而言，改善企业管理固然重要，但提升企业职工的营业能力更为关键。在复业之初，商务印书馆总经理王云五便提出了“为国难而牺牲，为文化而奋斗”的口号，并进一步强调“要积极推广营业”“营业愈推广，愈有益于社会”“营业到达的地方，便是文化所及的地方。”② 对于如何提升企业职工的营业能力，王云五有着较为深刻的认识。在他看来，单凭经验远远不够，空有学识也无法胜任，而最应遵循的原则是学识与经验相辅而行。由于参加业务讲习班的学员已有几年工作经验，所欠缺的只是学识方面，因此，王云五更为注重学员学识的增进。对于这一观点背后的深层原因，协理何炳松在对学员发表的训辞中做了进一步解释：从积极方面来说，“要谋个人的或团体的成功，就非有丰富的学识不能有望”；从消极方面来说，“如果没有学识的研究，尤难应付现代教育界学术界思潮日趋新异的环境”，“如果只以通常所云做生意为最大目的，纵可获得一时的成功，终不易于持久”。③ 当然，企业职工的经验也需要通过不断的参观实习来积累更新，否则，脱离经验的学识也很可能变得不切实际。总之，欲求商务印书馆的进一步复兴和发展，必须以企业职工的学识经验齐头并进、业务能力切实增强为前提，而这也正是商务印书馆举办业务讲习班的首要目的。

（二）总馆与分馆并重，促进企业内部交流

商务印书馆作为民国出版界之“翘楚”，其事业范围遍布全国各地，欲求企业整体发展，势必需要联络总馆与各地分馆，使之沟通了解、同心

① 《举办第一届业务讲习班》，《商务印书馆通信录》1934 年第 403 期。

② 王云五：《王云五全集（15）·八十自述（上）》，九州出版社 2013 年版，第 191 页。

③ 《第一届业务讲习班开讲仪式》，《同舟》1934 年第 3 期。

协力。商务印书馆举办业务讲习班的另一重要目的，就是使各地分馆选派的学员齐聚总馆，在与总馆学员一起进行学习、实践的同时，就各地之情形互相报告讨论，就营业之心得彼此交换意见。对于这种交流形式，何炳松认为，一方面可以使各地职工详细察看总馆各部分的内容和办事的情形，以增进对于公司的总体认识；另一方面可以全面地展现各地之人情风俗以及人民之需要，以增广见闻并用作营业参考。协理潘公迴则在对学员发表的训辞中，就何炳松的观点作了进一步补充。他认为，令各地职工代表共赴闸北参加业务讲习班的学习和交流，使其亲眼看到总厂被毁后的残景，还可以激发职工为企业复兴而奋起努力的热情，增进职工对于企业的向心力和凝聚力，为商务印书馆复业后宏伟目标的顺利实现平添助力。

（三）眼下与未来兼顾，养成职工学习习惯

商务印书馆举办业务讲习班前后只有两届，每届不过两三个月的时间，但其着眼点却绝不只是企业短时期的利益与发展，而是同时关注长远未来，用意深远。复业后的商务印书馆历经企业改革、部门重组，急需中级及以上层次人才，又因早年培养的都已升了上去，而后继无人，因此办班培养此类人才。然而，作为商务印书馆掌舵人的王云五，却并非如此目光浅近。他不仅要求各位参加业务讲习班的学员借此增进学识、积累经验，迅速成长为企业骨干，更希望他们乃至全体职工都能多多读书并养成良好的读书习惯。在他看来，只有企业职工热爱读书，把所有本馆出版各书的提要都了然于胸，进而劝说他人读书，指导他人读书，才有商务印书馆图书出版事业的未来，才能引领全体国人为文化振兴而奋斗。同时，就职工的未来发展而言，王云五也希望他们在结束业务讲习班的学习后能继续自修下去，每天都要抽一部分时间出来读书，专心一意地研究学问。王云五的上述观点得到了业务讲习班创办者、第一届业务讲习班主任庄俞的认同。庄俞同样指出："公司之业务讲习班，尤为救济吾辈之良好方法"，"然而讲习之期甚短"，"不过发其绪，启其端，定其方针，导其途径而已。如不循其指示，更求精进，则亦戛然而止途而废之类耳，不亦徒劳往返乎?"① 由此可见，举办业务讲习班的最终目的，是引导职工养成读书学习的良好习惯，切实提升企业职工的文化素养，以确保商务印书馆作为

① 庄俞：《第二届业务讲习班毕业赠言》，《同舟》1936 年第 9 期。

一家高品位文化企业的长远发展。

二　业务讲习班的学员和规则

业务讲习班的举办完全基于商务印书馆业务提升和企业发展的需要，参加培训的学员也全部来自企业内部。商务印书馆十分重视业务讲习班学员的选派，不仅从总体上进行把握和权衡，更从细处制定了明确的规则。学员选派上的宏观布局和精心安排，为业务讲习班最终收获成效奠定了基础。

（一）学员选派兼具公平性和合理性

为了提升企业职工的整体业务水平，商务印书馆一改此前偏重总馆的做法，而将学员遴选的范围扩大到各地分馆，尽量使总馆与分馆职工均有机会参加业务讲习班的学习交流。根据商务印书馆最初的计划，两届业务讲习班预计选派学员 65 名，第一届 30 名，总馆 10 名、各地分馆 20 名[①]；第二届 35 名，总馆 10 名、各地分馆 25 名。[②] 在后来的实际运作中原计划略有改变，第一届加派总馆学员 4 名，学员总数增至 34 名；第二届再次做出调整，实际选派总馆学员 5 名、各地分馆学员 30 名。

表 1　　业务讲习班学员一览表

姓名	部门	姓名	部门	姓名	部门	姓名	部门
陈龙章	总馆发行所	潘德沂	长沙分馆	杨丕绩	西安分馆	朱在勤*	南昌分馆
叶友梅	总馆发行所	李少田*	长沙分馆	章兆年*	西安分馆	喻迪吉*	南昌分馆
林毅民	总馆发行所	叶耐寒*	长沙分馆	刘应藜	西安分馆	徐礼川	梧州分馆
王志鸿	总馆发行所	朱瑞生*	长沙分馆	高用梗	福州分馆	周孝和	梧州分馆
陈守勤	总馆发行所	刘瑞泉*	长沙分馆	金德源	福州分馆	王仲则	杭州分馆
张畏三	总馆发行所	王光业*	汉口分馆	戴耀平	福州分馆	周文德*	杭州分馆
汪鑑全	总馆发行所	周之新*	汉口分馆	曾宪学*	安庆分馆	沈东壁	湖州分馆
章世俊	总馆栈务科	吴寄生	汉口分馆	王志达	安庆分馆	吴学潼	湖州分馆

① 《第一届业务讲习班规则》，《商务印书馆通信录》1934 年第 403 期。

② 《第二届业务讲习班规则》，《商务印书馆通信录》1936 年第 418 期。

续表

姓名	部门	姓名	部门	姓名	部门	姓名	部门
郦锡祥	总馆栈务科	张文豹	汉口分馆	富炳生	安庆分馆	王寿洪	金华分馆
张自明	总馆栈务科	章征祥	广州分馆	穆振河	太原分馆	翁圣锬*	厦门分馆
黄维汉	总馆稽核科	杨肇唐	广州分馆	沈晋生	太原分馆	刘云航	天津分馆
何海筹	总馆稽核科	周篡宝*	广州分馆	袁恩杰	太原分馆	李静安	云南分馆
穆示泰	总馆检查科	张绍翰	广州分馆	黄俊基	香港分馆		
李儒修	总馆分庄科	王孝椿*	南京分馆	沈永椿	香港分馆		
曹剑初	总馆会计科	胡壮荣	南京分馆	朱道利*	香港分馆		
吴文甫	总馆推广科	陈岫龙	南京分馆	赵连壁*	济南分馆		
廖尔宜	总馆主计部	黄秉恒*	重庆分馆	朱振华	济南分馆		
朱慧仲	总馆出版科	刘仰之	重庆分馆	黄幼卿	成都分馆		
庄通三	总馆人事科	熊官成	重庆分馆	李鸿钧	成都分馆		

注：表中加*号的学员在各分馆担任营业主任或副主任。

资料来源：《第一届业务讲习班举行开班仪式（附第一届业务讲习班学员一览表）》，《商务印书馆通信录》1934年第404期；《筹办第二届业务讲习班总分馆听讲人员已派定》，《商务印书馆通信录》1936年第419期。

如表1所示，在实际选派的69名学员中，来自上海总馆的有19名，约占总人数的三分之一。余者皆来自各地分馆，其中尤以长沙、汉口、广州等分馆学员居多。由此可见，商务印书馆对业务讲习班学员的选派，总体上遵循了“总馆与分馆并重”的原则，但也并非简单、机械地采取“平均主义”，而是根据实际工作所需有所侧重、有所差别。

就各地分馆而言，“汉口、广州、南昌等处均为平时营业较盛之区”①，而长沙分馆在20世纪20年代初，便可独立担负同在湖南的宝庆支店的所有盈亏②，后因其厂馆在抗日战争中被焚，又使商务印书馆受损尤巨。凭此两点足以说明，长沙分馆的营业情况即便不在汉、广两馆之上，亦当不落其后。对于这些创造出领先业绩的分馆，商务印书馆自然给予重视，尽量多选派些学员以进一步提升其营业水平。

① 张元济：《张元济全集（第10卷）·古籍研究著作》，商务印书馆2010年版，第451页。

② 《商务印书馆董事会议录（二）》，周武主编：《上海学（第2辑）》，上海人民出版社2015年版，第318页。

总馆方面也是如此。在派定的19名学员中，有9人来自于隶属营业部、专门负责出版物营销的发行所、推广科和分庄科，另外，还有4人来自于分属供应部和审核部、主要负责图书文仪的供给、运输和检查的栈务科和检查科。尽管在总馆“四所”中，发行所并不处于最为核心的地位，在总管理处各科中，推广、分庄、栈务、检查四科的重要程度也并不高于人事、会计、出版等科，但它们却是与商务印书馆图书文仪营销最直接相关的部门。这些部门的职工最需要提升自身的营业能力，多从这些部门中选派学员参加业务讲习班学习，同样是十分合理的选择。

(二) 规则制定体现严格性和严肃性

除了从总体上考虑学员遴选的公平性和合理性以外，商务印书馆还详细制定了《业务讲习班规则》。从规则中可以看出，业务讲习班不仅名额有限、机会难得，而且有较高的学员资格条件、多重的学员遴选程序，以及学员学习方面的具体要求，可以说处处体现着严格性和严肃性。

首先，在学员资格上，主要有三个条件：一是任职3年以上且表现称职；二是有初级中学以上学历；三是不能超过规定的年龄。对任职年限和工作表现方面的限定，是为了保证学员有相对丰富的工作经验和良好的工作业绩。在两届共50名分馆学员中，担任营业主任或副主任者有17名，占三分之一以上，由此可见业务讲习班对学员经验和业绩的重视。而对学历水平和年龄范围的强调，一方面是为了保证学员有一定的学识基础和学习能力，另一方面则是为了保证学员有较高的培养价值和努力晋升的空间。只有选派这些工作称职、较有学识且年富力强的职工参加培训，进一步增加其营业经验并着重提升其学识素养，才能为商务印书馆培养出新的一批业务骨干，使其事业发展后继有人。

其次，在遴选程序上，包括预选、审查和复核三个环节。总馆学员的预选由发行所及总管理处各科主管人员负责；分馆方面先由总管理处分庄科指定，再由被指定分馆的经理负责预选。总馆、分馆的预选结果统一交到总管理处人事科审查，人事科给出初审意见后，再转交业务讲习班主任复核并最终选定。经过如此权责分明、层层把关的筛选程序，能够进入业务讲习班学习的各部门职工，可以说既十分幸运，也当之无愧。

最后，在学习要求上，听讲和实习（或参观）二者不可或缺。听各科讲师讲授业务知识是业务讲习班学员的主要任务，与此同时，各学员还必须轮流到总馆各营业部门进行一般事务的实习或参观，并接受各部门主管人员的指导。这种与听讲同步、颇有针对性的实习和参观，对于学员增进业务经验、深入理解所学业务知识十分有帮助。此外，所有学员还需将听讲实习及参观之所得，各自编作笔记，每周周一呈送业务讲习班主任核阅，每月月底汇送总经理核阅。这样的考核方式，一方面可以督促学员认真学习、深入思考；另一方面可以使业务讲习班主任及总经理随时掌握学员学习情况并做出相应调整，使整个业务培训过程更为务实、有效。

三 业务讲习班的课程和师资

与学员遴选、规则制定相比，业务讲习班的课程编排和讲师选任实是更为核心的环节。没有具备一定体系结构、足以确保目的达成的课程，以及能够承担相应课程教学的师资条件作为支撑，其他一切都将成为空谈。

（一）课程设置具有综合性和发展性

作为一家执着于文教事业的出版企业，商务印书馆的主营商品包括图书教材、文具仪器和教学设备三个方面，对这些商品的经营主要采取门市零售、大宗批发和通信现购三种方式。据此推断，以提升营业水平为主要目的的业务讲习班，其课程内容应该是与主营商品和经营方式相关的知识和经验，然而，实际的课程内容范围却远超于此。虽然商务印书馆每次开展企业内教育都有特定的目的，如工厂管理员训练班旨在推广工厂管理知识并为推行科学管理法做准备、业务讲习班旨在提升职工的营业能力并借此加强企业内部交流，但皆非“头痛医头，脚痛医脚”之举，而是有着更为深层的目标，即培养能因事业发展所需而被随时随处调用的骨干人才，为商务印书馆的长远发展储备人才。因此，在课程设置上体现出一定的综合性，既注重业务知识的传授，又同时设置其他相关课程，半日听讲、半日实习，力图实现学员业务素养的综合发展。统观两届业务讲习班的课程体系，除了在总馆各科、股、厂、馆及学校里进行的“实习”和“参观”，以及总经理、协理发表的“训话”外，主要有三类“讲授”课程：

第一，基本学识类课程，包括“民国学制”和“图书馆学”。商务印书馆在事业起步和发展壮大过程中，最为倚重各级各类教科书。无论教科书的编写、出版，还是发行、销售，都与民国教育密切相关。通过“民国学制”课程，可以晓得各种学制、教学法、教育思潮及其趋势等，也是出版营业上所不可缺少的知识。只有对学制、教学法及教育思潮的内容及发展变化有所了解，才能够在教科书方面做到随时调整、不断更新、有的放矢、占尽先机。此外，图书分类法、图书馆组织与需求等相关知识，同样是作为文化出版企业的商务印书馆对自身业务骨干在学识方面的基本要求。王云五曾经指出，对于学术的分类法等必须能知其大意，然后对于出版事业才能了解；对图书馆学有所了解，然后对各地方图书馆应行购备的图书才能随时进行指导，而这对于社会、对于公司也都是有益的。因此说，为业务讲习班学员开设民国学制及图书馆学相关课程，使其洞悉民国教育的实际情形，明了图书分类及各地图书馆的图书需求，可以为商务印书馆的业务开展和营业提升创造有利条件，具有“锦上添花”之功效。

第二，核心业务类课程，包括“营业概要”“本版图书概要”和“一般售品概要”。所谓“营业”绝非单纯指销售图书文仪这样简单的过程，而是同时包括管理分支店面、应对行业竞争、市场调查宣传、运输商品货物等多个方面的复杂活动。任何一个方面出现问题，都会对营业造成不良影响。同时，业务讲习班所欲培养的是商务印书馆事业发展所需的业务骨干，为此也有必要使学员了解营业活动的所有方面。基于上述两点原因，业务讲习班学员除了学习“零售管理”“批发管理”及“通讯现购”等课程外，还要学习“门市管理”“应付同行”“调查交际”“广告新闻使用法”“传单招贴使用法”“目录样本使用法”“备货标准”和“运输纲要”等课程，以便熟悉、掌握与营业相关的各种有用知识，为日后适应多种岗位、有效开展工作创造条件。

同时，商务印书馆各部门职工还必须对主营商品有全面的了解和清晰的认识。为此，业务讲习班开设讲解本馆图书及一般售品的课程，为各个部门尤其是各地分馆学员，提供了从整体上明确商务印书馆主营商品范围、特点及优势的机会。这样的机会即便在商务印书馆这样的出版企业中也是非常难得的。[①] 通过对学员进行此类课程的培训，一方面可以在统一认识的基础上，强化各部门、各分馆在营业方面的沟通和联络；另一方面也可以增进各门店与顾客之间的交流，有利于对主营商品的宣传和推广。

---

① 《第一届业务讲习班结束时主任庄俞君演辞》，《商务印书馆通信录》1935 年第 407 期。

第三，相关常识类课程，包括“印刷常识”和“法律常识”。尽管业务讲习班学员来自总馆各科（所）和各地分馆，负责的具体工作也不尽相同，但一定的印刷和法律常识，却是这些商务印书馆未来业务骨干所需具备和知晓的。具备一定程度的印刷常识，则可以与印刷厂工人、其他相关部门职工及顾客进行更好的沟通，提高效率，促进营业。知晓一定的法律常识同样十分必要，不但出版发行各类图书教材、协调企业内部各种关系需要以法律为依据，而且在与同行竞争、与其他机构开展业务往来的过程中，商务印书馆的自身利益也需要有法律来保障。

除了综合性外，业务讲习班的课程设置还具有一定的发展性。这种发展性体现在两个方面：

其一是课程内容有所增加。从整个课程体系来看，第二届业务讲习班相比第一届增设了“公司概况”“本公司营业概况”“人事管理”“文书管理”以及教习太极拳术、强健职工身体的“国术”等，课程结构更加合理，体系更加完备。从具体课程内容来看，第一届业务讲习班的“本版图书概要”课程包括 6 项内容，主要从商务印书馆已出版的各级教科书、儿童用书、大部参考书及杂书杂志四个方面向学员作介绍；第二届业务讲习班的“本版图书概要”课程包括 7 项内容，其中，不仅有对已出版各类图书、教材和杂志的介绍，而且增加“本馆出版物之沿革”和“本馆教科书之沿革”两部分，为学员更加系统地讲述商务印书馆图书教材的出版历程。

其二是课程理论性有所增强。以“营业概要”为例，第一届业务讲习班时，该门课程中有“应付同行”“讲演式练习”“营业部分与会计方面之关系”“广告新闻使用法”“传单招贴使用法”和“目录样本使用法”等传授相关经验和方法的内容；第二届业务讲习班对“营业概要”课程做出了较大的调整，其中“应付同行”被置换成“售货学大纲”和“商业心理”，“讲演式练习”被置换成“演讲学”，“营业部分与会计方面之关系”被置换成“会计常识与公司会计”“广告新闻使用法”“传单招贴使用法”“目录样本使用法”被置换成“应用广告学”，此外，还专门为学员增设了“应用统计学”和“人事管理学”。[①]

综上可见，两届业务讲习班不仅课程内容较为健全，涉及与商务印书

① 《第二届业务讲习班举行开讲仪式》，《商务印书馆通信录》1936 年第 420 期。

馆营业直接或间接相关的各个方面，而且课程体系并非一成不变，一方面，两届相比内容范围不断拓展，“学识类”课程、“业务类”课程和“常识类”课程均被扩充；另一方面，前后对照知识程度有所加深，“经验型”课程、“方法型”课程向“理论型”课程逐步过渡。

（二）教师选任体现骨干性和专家性

在业务讲习班讲师选聘方面，商务印书馆充分发挥了自身强大的人才优势，延请各部门“对于各科富有学识和经验的同事在短期内将他们许多极有价值的知识和经验贡献出来”，使参加的学员可以从此得到以前所未有的或虽已有而尚不完备的知识。从数量来看，两届业务讲习班共聘讲师 42 名，第一届 30 名、第二届 39 名；若将正、副主任及不定期发表“训话”的总经理、协理一并囊括在内，其师生比则在 1∶1 以上，平均每人有一位讲师，可谓师资充足。从资质来看，两届业务讲习班的讲师均为公司的重要职员，在商务印书馆服务多年，有着十分丰富的工作经验。其中，既有经理、协理、各部部长及首席秘书等高层主管，如何炳松、李伯嘉、潘光迥、蔡公椿、庄俞等；又有在公司享有较高地位的编审员和编译员，如周昌寿、韦捧丹、徐百齐、黄绍绪、沈百英、徐应昶、周建人、谭勤余、黄觉民等；余者皆为各科科长、各厂厂长、各股股长及秘书处秘书等中层主管，包括生产部出版科科长邹尚熊，平版印刷厂厂长兼人事科科长史久芸，副厂长丁英桂，厂长助理兼彩印股股长糜文溶，（凸版）印刷厂厂长助理兼凸版股股长陆懋功，供应部进货科书籍股股长周伯伊，栈务科纸张股股长穆华生，营业部专员吴渔荃，分庄科副科长韦傅卿、徐琢如，推广科宣传股股长戴孝侯，发行所所长孔士谔，副所长曹冰严，批发股股长唐文光，通信现购股股长许季芸，承印股股长张勤川，文仪柜主任张子宏，主计部会计科科长宋以忠，总账股股长赵叔诚，稽核科轧销股股长周承苐，秘书处秘书黄仲明，旧厂股股长王雨楼，编审部事务股股长徐能庸，图书室主任董元芳等。笔者根据《总公司各部分主管人员录》进行统计，30 年代中期商务印书馆总馆的中高层主管有 145 名。[①] 由此可知，为了通过业务讲习班培养骨干人才、提升业务水平，商务印书馆动员了“六部一处”中近三分之一的“骨干力量”，利用现有“骨干”来培

① 商务印书馆编：《商务印书馆规则汇编》，商务印书馆 1935 年版，第 1—15 页。

养未来“骨干”，是商务印书馆业务讲习班的重要特色。

表 2　　业务讲习班课程与讲师一览表

课程名称	讲师	课程名称	讲师	课程名称	讲师
现行学制	黄觉民	文书管理*	曹冰严	杂书杂志	周莲轩
图书馆组织	董元芳	应用文*	黄仲明	教科书沿革*	沈百英
图书分类法	徐能庸	应用统计学*	宋以忠	出版物沿革*	李伯嘉
凸版印刷	陆懋功	备货标准	韦傅卿	物理学用品	张家昌
凹版印刷	糜文溶	轧销纲要	宋以忠	化学用品	谭勤余
古书印刷	丁英桂	—	周承茀	生物学用品	周建人
讲演练习	潘光迥	运输纲要	穆华生	推销文具	张子宏
演讲学*	韦捧丹	栈房管理及运输*	穆华生	推销铅件	王雨楼
法律常识	徐百齐	广告新闻使用法	戴孝侯	推销西书	周伯伊
公司营业*	徐琢如	传单招贴使用法	戴孝侯	公司组织*	史久芸
应付同行**	唐文光	目录样本使用法	戴孝侯	公司近况*	史久芸
售货学*	蔡公椿	应用广告学*	戴孝侯	国术*	韦朗轩
商业心理*	韦捧丹	营业与会计之关系	赵叔诚		
门市管理	孔士谔	会计常识与公司会计*	宋以忠		
零售管理*	孔士谔	初级学校科目及教科书	沈百英		
批发管理	唐文光	小学科目及教科书*	沈百英		
通讯现购	许季芸	中级学校科目及教科书	黄绍绪		
承接印件*	张勤川	中学科目及教科书*	黄绍绪		
	吴渔荃	高级学校科目及教科书	何炳松		
调查交际	朱慰元	大学科目及教科书*	周昌寿		
调查与推广*	朱慰元	儿童用书**	徐应昶		
人事管理*	顾炳元	大部参考书	邹尚熊		

注：表中加*号的课程为第二届业务讲习班新增或改设的课程，加**号的课程为第一届业务讲习班独有的课程，没加符号的是两届业务讲习班共有的课程。

资料来源：《举办第一届业务讲习班》，《商务印书馆通信录》1934 年第 403 期；《第二届业务讲习班举行开讲仪式》，《商务印书馆通信录》1936 年第 420 期。

更应提及的是，业务讲习班的讲师不仅是商务印书馆的中高层主管，而且有不少还是当时学界颇有影响的学术专家。例如，继陆费逵、李石岑、唐钺、何炳松之后担任《教育杂志》主编的黄觉民为教育专家①；接替郑振铎担任中国第一本儿童文学杂志《儿童世界》主编的徐应昶为儿童文学专家②；从创刊到停刊始终担任商务印书馆“十大期刊”之一的《自然界》主编的周建人为生物专家③；撰写初步奠定我国商贸理论框架体系的《商业学概论》的孔士谔为商贸专家④；兼任中国人事管理学会理事并编纂《人事管理纲要》教材的顾炳元为管理专家⑤；兼任大厦大学教授并编写大学《普通物理学》教材的周昌寿为物理专家；主编《实用法律丛书》的徐百齐和主编《复兴教科书》的沈百英分别为法律专家和小学教育及教材专家。此外，还有版面和装帧设计专家周莲轩、古书鉴别和影印专家丁英桂⑥、彩印和晒版工艺专家糜文溶⑦，等等。正是由于这些专家的担纲领衔和齐心协力，业务讲习班才得以取得成效，为商务印书馆的未来发展提供助力。

四　业务讲习班的贡献及启示

商务印书馆创办业务讲习班，以培养企业各个部门未来发展所需骨干人才为根本目的，并通过精挑学员、严定学规、明定课程、优选讲师来实现之，整个过程时时处处体现着组织者的精心设计和严密规划。诚如沈百英所说：“在当时一个公司能够如此重视职工补习教育，提高服务质量，

---

① 陈应年：《商务印书馆百年回眸》，《商务印书馆一百年：1897—1997》，商务印书馆1998年版，第590页。

② 熊月之主编：《上海名人名事名物大观》，上海人民出版社2005年版，第393页。

③ 陈江：《周建人与〈自然界〉》，《商务印书馆一百年：1897—1997》，商务印书馆1998年版，第58页。

④ 宋涛主编：《20世纪中国学术大典·经济学（上）》，福建教育出版社2005年版，第368页。

⑤ 蔡鸿源、徐友春编：《民国会社党派大辞典》，黄山书社2012年版，第97页。

⑥ 邹尚熊：《我与商务印书馆》，商务印书馆编：《商务印书馆九十五年·我和商务印书馆：1897—1992》，商务印书馆1992年版，第319—320页。

⑦ 重庆市新闻出版局编：《重庆市志·出版志：1840—1987》，重庆出版社2007年版，第596页。

办法是想得很周到的。”[①] 正因如此，业务讲习班才成为商务印书馆所有企业内教育中最为成功的一次，为商务印书馆自身乃至整个民国出版业的发展做出了重要贡献。

(一) 为商务印书馆的发展积蓄后备力量

商务印书馆对人才培养工作的一贯重视，是其能够成为行业“翘楚”的重要原因之一。早在 1909 年，蒋维乔、张元济、庄俞等人便组织设立商业补习学校，该校虽名为“商业”，却为商务印书馆输送了不少编辑、出版和发行方面的专业人员。[②] 30 年代的各地分馆经理、总馆各科科长很多是出身于此，各股股长也几乎全部由该校毕业学员担任。业务讲习班虽然不像商业补习学校那样连续举办 7 届、时间长达 14 年，但同样为民国时期的商务印书馆培养不少事业骨干，也为当代企业内教育发展提供些许启示。

经过业务讲习班培训后的职工，不仅可以根据商务印书馆事业发展需要而随时随处调用，或从总馆调到各地分馆，或由各地分馆调回总馆，而且在职位调动过程中，绝大多数毕业职工得到公司重用，调任职位也比原来有所提升。例如，原总馆发行所批发股职工叶友梅，毕业后升任福州分馆营业主任；原总馆稽核科职工何海筹，毕业后升任天津分馆会计主任；原长沙分馆北区现批处主任叶耐寒，毕业后升任康定分馆经理；原任长沙分馆核账员的潘德沂，毕业后升任芜湖分馆司账；原梧州分馆职工徐礼川，毕业后升任桂林分馆经理；原汉口分馆文仪柜员张文豹，毕业后先被调回总馆分庄科，后来升任济南分馆经理。还有部分学员被多次调用，在多个部门主持工作。如香港分馆定书批发员沈永椿，毕业后不久即升任总馆发行所定书柜主任，1936 年又被调往广西，抗战时期先后担任梧州分馆事务主任和柳州支馆主任，为商务印书馆在广西的业务开展做出了重要贡献。

至于那些毕业后暂时没有被调用的职工，则回归原部随时待命，若干年后也多被重用。例如，原长沙分馆营业主任李少田，毕业后仍留原馆，

① 李家驹：《商务印书馆与近代知识文化的传播》，商务印书馆 2005 年版，第 102 页。

② 赵而昌：《商务印书馆为我国文化事业输送人才》，顾国华编《文坛杂忆（全编三）》，上海书店出版社 2015 年版，第 19 页。

并继金松龄、韦兰生之后升任经理；原汉口分馆营业主任王光业，毕业后同样回到原馆，后来被调往四川万县，升任支馆经理；原九江支馆主任喻迪吉和南昌分馆营业主任朱在勤，毕业后也都各司原职，后来先后升任吉安分馆经理。

虽然两届业务讲习班的毕业职工大多获得升迁、受到重用，但任何职工的任何一次职位调动，都是在充分考虑其原任职务及工作表现的基础上进行的，绝不允许有不经考虑的轻易之举。这种做法，不仅可以使职工不断累积在不同职位上获得的经验，而且可以使职工的业务能力与所任职位之间彼此相称，因此，十分有利于他们成长为独当一面的业务骨干，为商务印书馆的未来发展积蓄后备力量。对于业务讲习班的职工培养成效，总经理王云五曾满怀希望地认为，在不远的将来便能看到业务讲习班出身者的成绩。

（二）为其他出版企业提供人才培养模式

诚如叶圣陶在《我和商务印书馆》一文中所言："商务为我国的出版企业也作出了楷模"，"培养了大批编辑、出版、发行的从业人员……中华书局是我国近代第二家大出版企业，它的规模跟商务差不多，编辑、印刷、发行的骨干，大都是从商务出来的；后来成立的世界书局、大东书局、开明书店，情形也大体如此。"① 例如，陆费逵从商务印书馆离开以后，便创立了中华书局。诚然，像业务讲习班这样培养营业职工的企业内教育机构，只是商务印书馆创办的诸多教育机构中，水平层次相对偏低的一种，不太可能培养出像陆费逵这样的行业领军人物，但它也为民国出版业培养了一些优秀人才，如前文提及的第一届业务讲习班毕业生沈永椿，1946 年走出商务印书馆，转任广州兴文书店经理，为该书店的发展做出了一定贡献。

不过，商务印书馆业务讲习班为民国出版行业提供人才支持，并非通过培养人才转任别家的方式实现，而是基于其办学模式、培养方式的推广。众所周知，商务印书馆在民国期间的任何一次较大"举动"，都会受到其他出版企业的争相"模仿"。在出版中小学教科书、大学用书方面是

① 叶圣陶：《我和商务印书馆》，《商务印书馆九十年·我和商务印书馆：1897—1987》，商务印书馆 1987 年版，第 302 页。

如此，在出版大型辞书、各种丛书方面是如此，在创设函授学校、企业内教育机构方面亦是如此。以中华书局为例，在商务印书馆第二届业务讲习班尚未结束之时，中华书局发行所曾发布布告："查职业标准，知识与技能并重。本所生员两者兼具者固不在少，而知识稍缺者亦不乏人，不有补充，何以增进服务能力？爰与第二中华职业实习学校商妥与本所合作办法：凡本所员生前往补习中英文及簿记者，均按照程度，于工作完毕后加入补习，所有学费概由本所负担。兹经规定，所有练习生均须加入训练班，其他职员自由决定参加与否。"① 发行所职工补习办法提出后，中华书局其他部门职工也随之享受同等的待遇。

与此同时，中华书局还创办职员训练所，对新进职工进行短期培训，然后分配至各部门工作，同时抽调部分入职多年的职工旁听。中华书局总经理陆费逵聘请原国立中央大学教授武堉干为中华书局理事，并担任训练所所长，目的在于通过办训练所培养一批企业骨干。训练所学员半年学习、半年实习，课程包括教育学、政治经济、会计以及各项业务等，同时还要作调查、写论文、搜集材料。训练所的讲师也不乏江问渔、潘仰尧、周宪文、江亢虎等社会名流。另外，武堉干还专门为学员请来教打太极拳的师傅，想把训练所办成"学府"，以促进学员"德智体"全面发展。这样的目标，与其他理事办理"学徒"式训练所、养成学员驯顺品性和业务能力的目标相左，因此在重重压力下，职员训练所只办了七八个月便结束了。

综上可见，中华书局职员训练所的办学模式，与商务印书馆业务讲习班几近相同。如果再从中华书局与商务印书馆"亦步亦趋"的一贯表现来看，中华书局职员训练所必是受了商务印书馆业务讲习班的影响，反之亦可说，民国时期商务印书馆为中华书局的企业人才培养提供了模式参照。

（三）为当代企业内教育的发展提供借鉴

当代企业只有高度重视职工教育，积极主动地开展职工教育培训工作，才能拥有更多精英人才，促进企业整体发展。企业应承担职工的教育

---

① 陆嘉亮：《怀念与思考——回忆几位老前辈和值得思考的二三事》，中华书局编辑部编：《回忆中华书局》，中华书局2001年版，第68页。

职责，并非单纯基于自身不断向前的发展需要，更主要原因是它们在职工教育培训上占有优势。诚如日本学者细谷俊夫所言："我们历来都是只从教育制度化的学校教育这一面来看企业内教育，往往会轻视与这种教育制度化不同类型的教育培训，如果改变一下看法的话，这种在企业内展开的、以生产为目的的教育和训练，有时会远远地比在大学里所进行的教育有力得多。""像技工教育之类，如果不同工作场所有密切合作的话，是无法获得成功的。"① 因此，当代企业应杜绝"培训无用论""浪费金钱论"等观念，积极发挥自身优势，大力开展企业内教育。在开展企业内教育方面，民国时期商务印书馆创办业务讲习班的成功经验，可以为当代企业提供一定的参照和借鉴。

其一，应明定培训目的和原则。商务印书馆在创办业务讲习班，对员工进行教育培训的过程中，首先是明确提出了培训的目的和原则体系。这不仅能够有针对性地提升职工的营业素质，还可以确保教育培训的方向性，并增进职工对企业的认同感。然而，当前我国企业在对职工开展企业内教育时，普遍缺乏培训目标和培训计划，更遑论一定的培训原则。绝大多数企业在开展职工教育培训工作时，表现出较大的随意性和随机性，这种现状显然需要改变。企业内教育不但要有目的、原则，而且还应具体、明确，最好形成一定的体系。目的越具体，对职工的教育便越有针对性；原则越明确，就越能保证特定培训目的的实现。更重要的是，只有在明确了目的和原则后，企业内教育的学员选拔、课程设置和讲师聘用等工作，才能够有的放矢、按部就班地开展。

其二，要保障学员选拔的公平性。《论语·季氏》有云："不患寡而患不均，不患贫而患不安。"意思是说，不必着急财富不多，只需着急财富不均；不必着急人民太少，只需着急境内不安。企业内教育的开展同样需要注意其公平性，只有公平性才能保证安定性。企业内人心安定，则内才不流而外才来投，企业的营业提升和长远发展才有保障。商务印书馆业务讲习班所追求的便是总馆分馆职工的齐头并进和共同发展，进而增进企业的向心力和凝聚力。这是当代企业所应借鉴的。同时，我们还要懂得，企业内教育公平性的实现，不能靠个人英明决断，而应以企业严定规则为

① 细谷俊夫：《技术教育概论》，江临丽译，华东师范大学教育科学研究所 1983 年版，第 7、279 页。

保障。学员选拔规则本身要合理，应充分体现公平性，既不要私心偏向，也不搞“平均主义”，并且规则一经制定后便要始终贯彻执行。只有这样，才能使企业内教育的积极影响，扩散到企业的每个角落。

其三，应精选培训的课程和讲师。在充分体现公平性基础上，当代企业还应全力保证职工教育培训的有效性，使企业内教育能够切实提升职工的综合素质和营业能力。商务印书馆业务讲习班通过精选培训课程和任课讲师来确保其有效性，这一点十分值得当代企业学习参照。当前，大部分企业每年的职工教育培训内容无甚变化，毫无新意，不注重教材选用，甚至没有教材，因此，职工参加培训学习的积极性不高。另外，还有部分企业照搬学校教育模式，企业内教育不根据自身实际情况设置课程，这正是导致“培训无用论”“浪费金钱论”的原因。因此，企业内教育的课程设置既应全面，兼顾学识和经验，又应创新，不断根据企业发展实际增加新的内容。在师资方面，由本企业管理者和业务骨干充任培训讲师的做法十分值得提倡，但若仅仅如此，恐不能确保企业内教育的持续有序开展。更为合理的做法是组建负责企业内教育的专任讲师队伍，并不定期聘请行业专家助阵，这样才能确保专业师资与精选课程相结合，真正有效地推动企业不断向前发展。

Enlightenment and the Education of the Commercial Press's Business Workshop in the Republic of China

Wu Tao

Abstract: In the 1930s, based on its own developmental needs, the Commercial press created business workshops to train experts needed for career development. The business workshops were based on the principles of “knowledge and experience complement each other”, “equal attention to the headquarters and divisions” and “consideration for the present and the future”. These workshops were aimed to improve staff's business capacity, promoting intra-enterprise communication and fostering the habits of learning among staff. They emphasized the fairness and rationality of trainee selection, the strictness and seriousness of rule-making, the comprehensiveness and expansibility of course offered, and the elitism and profes-

sionism of teacher selection. Business workshops not only accumulated reserve power for the self-development of the Commercial Press, providing talents training mode for other publishing enterprises, but also provided insights for the development of contemporary business vocational education.
Key words: the Commercial Press; Business Vocational Education; Business Workshops

再探近代中国高等教育与社会流动
——基于南京高等师范学校商科的个案考察

罗　盘*

摘　要：南京高等师范学校是近代中国高等教育发展的早期代表之一，其于1917年开设并招生的商业专修科是中国商科高等教育的重要起源之一。而商科作为中国教育体系中的新兴学科，响应了中国经济的现代化需求。通过对商业专修科招生和就业等资料的个案分析展示学生籍贯来源、家庭背景、就业发展等情况，这项微观研究或可以从一个侧面反映新式教育发展和民国社会阶层流动之间的关系。

关键词：商科教育；招生；就业；阶层流动

关于高等教育与社会流动这一话题，国内外学术界已经有大量研究①，但是针对20世纪早期中国高等教育与社会流动历程的研究尚不多见②。另外，关于民国时期大学招生生源或学生就业数据的整体分析或是对某所大学的个案研究也不多见③，更遑论针对某一学科与社会流动、社

---

* 作者简介：罗盘（1989—　），男，上海财经大学档案馆。

① 可以参阅王晨、张贤斌《大学：社会分层与社会流动》，北京师范大学出版社2007年版，第232—271页；陈新忠、董泽芳《高等教育分流与社会分层流动研究回溯和展望》，《华中师范大学学报（人文社会科学版）》2010年第3期，其中对相关议题有学术史总结，本文在此不再赘述。

② 代表者有梁晨、任韵竹、王雨前、李中清《江山代有才人出——中国教育精英的来源与转变（1865—2014）》，《社会学研究》2017年第3期；王晨、张贤斌《大学：社会分层与社会流动》，北京师范大学出版社2007年版，第1—51页。

③ 梁晨、李中清等人主导的对京沪等地各大学学籍卡的整理、研究取得了显著进展，已经形成包括24所大学8.5万名学生信息的“民国大学生学籍数据库”（CUSD-ROC）。参见梁晨、任韵竹、王雨前、李中清《民国上海地区高校生源量化刍议》，《历史研究》2017年第3期；梁晨《从教育选拔到教育分层：民国大学院校的招生与门槛》，《近代史研究》2018年第6期。

会转型的研究。

针对此，本文依靠目前发掘到的相关档案史料①对南京高等师范学校商业专修科三届毕业学生的籍贯、受教育经历、就业去向等基本信息做一个初步整理与分析，针对什么样的学生从何处来、毕业后的职业发展两个问题做一次微观的个案讨论，以此管窥。

本次研究涉及的档案资料来源较为复杂，笔者经过反复登记、比对原始数据，最终形成的数据表中所含信息是“姓名、年龄、籍贯、受教育经历、个人经历、通信地址、就业去向”，其中商业专修科第一班学生的年龄信息和受教育经历暂无信息。

一　南京高等师范学校商业专修科的招生

作为中国高等教育发展初期的重要代表，南京高等师范学校系民国初年组建的六大国立高师之一，建校即成为东南地区唯一公立高等学府②，其于 1917 年设立的商业专修科成为当时中国为数不多的，也是中国高等教育机构中最早一批设立的商学系科③。南高师设立商业专修科目标是“以应社会需求为根本，培植商业专门师资充实中等学校之用”④。其实更反映了当时中国社会“实业救国”的思潮和工商专业人才的缺乏。

据档案资料，商业专修科共招生三届，招生 93 人，毕业 82 人⑤，其中没有一名女生。本次统计包含 84 人的基本信息，包括全部毕业生和部分当时在读学生。首先看学生籍贯，录入有效信息 84 条，具体信息见表 1。

---

① 本文所涉档案资料包括：《各科毕业生一览》，中央大学全宗・档号六四八，案卷号 70；《上海商科大学学生履历调查表及毕业生一览表》，中央大学全宗・档号六四八，案卷号 408；《国立东南大学一览》，民国十二年四月；《国立东南大学毕业名册》，民国十四年七月；《国立南高、东大、中大毕业同学录》，民国二十二年十二月；《国立南高、东大商科、中大、上海商学院校友录》，民国三十五年九月。其他个人传记资料不再赘述。

② 王德滋：《南京大学百年史》，南京大学出版社 2002 年版。

③ 同期复旦大学 1917 年在上海开设大学商科，第一批学生 15 人于 1921 年毕业。参见《复旦大学百年志》编纂委员会《复旦大学百年志（1905—2005）》，复旦大学出版社 2005 年版。

④ 郭秉文：《添设农工商各专修科报告书》，《教育与职业》1918 年第 4 期。

⑤ 朱蜚：《东南大学史（第一卷）》，东南大学出版社 2012 年版。

表 1 南高师商业专修科学生籍贯来源

籍贯	人数
江苏（上海）	49
浙江	13
安徽	10
江西	4
湖北	3
湖南	2
山西	1
河南	1
贵州	1

从入读学生籍贯看来，江苏（包含上海）籍学生占绝对优势，总计49人，占58.3%，浙江籍学生占15.5%，安徽籍学生占11.9%，三省合计72人，占85.7%。出现江浙沪皖省份学生占绝对多数局面其实正常，一方面，根据教育部对国立高等师范学校的招生的规定，招生采取名额分配制，即“每次学额四分之三为各省选送之额，四分之一为各校直接招考之额”，而各省学额分配又根据其与该高师的距离，自身省份大小等标准制定①，接近南京的江浙沪皖考生自然占有先天优势；另一方面，南高师名为国立，当由北京政府拨款支持，现实中却几乎全仰望江苏一省财政，不论是经费还是人力，多受当地军阀政权、江苏省教育会操控②，倾斜本省学子，实属正常。更关键因素则在于明清以来，江南地区的经济、文化及教育长期保持在当时中国的前列，即便科举停废、新式教育兴起，江南地区学子在教育竞争中依然保持强势。

---

① 上海财经大学校史研究室：《国立上海商学院史料选辑》，上海财经大学出版社2012年版，第16—18页。

② 该会成立于1906年，由江苏当地士绅商教各界头面人物构成，系江苏地区教育发展背后最大推手，同时积极鼓吹职业教育，南京高师设立商业专修科亦受到其影响。参见谷秀清《清末民初江苏省教育会研究》，广西师范大学出版社2009年版。

再看入读时学生年龄，录入有效信息 57 条，其中入学时年龄最小者 17 岁，年龄最大者 26 岁。入学时各年龄段统计：17—19 岁（12 人）、20—22 岁（38 人）、23—26 岁（7 人），平均入学年龄约为 20.26 岁。入学年纪最长者出生于 1892 年（清光绪十八年），入学时年纪最小者系著名物理学家严济慈和著名会计学家戴靖[①]。商业专修科学生当时平均入学年龄超过一般正常入读大学的年龄。以平均年龄 20.26 岁看来，1905 年清廷宣布科举停废时这三班学生应在 2—13 岁，有的人还未开蒙，年纪较长者已经完成了初等教育，不过所有学生几乎在清朝末年已经开始自己的教育经历，大多经历过私塾或各种新式学校并存等学制混乱的局面。如年轻者戴靖的初等教育全靠私塾和补习老师完成，而严济慈完全没有接受过初等教育。再如年长者许祖烈（1894 年生）初进私塾，又入吴江木渎高小（1911 年 17 岁小学才毕业），18 岁再入吴江县立中学，毕业后又充任小学教员数年才来投考。同时，笔者参阅档案发现入学者的过去经历中有充任小学教员之类经历者不在少数，甚至有学生高振雯曾经充任小学教员 8 年之久，入读商业专修科时已经 24 岁。因为政局更替和学制混乱以至于不少学生的教育经历复杂或者曾经有过就业经历，使得入读年龄差距加大变得可以解释。

再看个人教育经历，录入有效信息 56 条，其中从名称上看可以分为三类，分别是普通中学毕业 41 人、师范学校毕业 8 人、中等商科学校毕业 7 人，大部分学生都从普通中学升学进入南京高等师范学校。参阅郭秉文 1918 年所作报告，可见商业专修科的学生情况[②]基本符合南京高等师范学校全校学生情况特征。另据郭文可知当时在校学生 357 人的家庭背景，其中 57%来自学界，28%来自商界，9%来自农界，3%来自政界，剩下来自工商业，医界家庭的学生数都是个位数，占比极少[③]。目前笔者没

① 严济慈，1901 年生，1918 年夏考入南京高等师范学校商业专修科第二班，后因兴趣转移，转学文理科。参见金涛《严济慈先生访谈录》，《中国科技史料》1999 年第 3 期；戴靖，又名戴铭巽，1903 年生，1920 年夏考入南京高等师范学校商业专修科第三班，参见《铭巽自述》（油印稿）。

② 1918 年当年南高师各科直接招生 35 人，投考者约 250 人，几乎是 1∶7 的录取比例，而且以考商业专修科者为最多，《申报》1918 年 7 月 25 日。

③ 上海财经大学校史研究室：《国立上海商学院史料选辑》，上海财经大学出版社 2012 年版，第 22—31 页。

有发现南高师商科学生的详细家庭背景资料，但是日后名显的商科学生严济慈、陈庆瑜、戴靖、许祖烈四人倒是留下了自己的家世背景资料①。四人分别属于当时常见的农村自耕农、小城镇商人以及富裕地主家庭：

“我家世代务农……我家六口人共分得37秤地，16秤等于一亩地，才两亩多地。另外只有一间房，全家人挤在一间房里。”（严济慈）

“先生讳庆瑜，字瑾功，江苏省常熟人……耕读传家，其祖友梅公改业商；父石洲公承其业，誉闻商场。”（陈庆瑜）

“余生于优裕富厚之家……余父伉爽豪迈，不事生产。”（戴靖）

“世代耕读。”（许祖烈）

应该说，当时南京高等师范学校的收费已属于高等学校中低廉者，一般来说不收学费和膳食费用，但是需要缴纳保证金20元，另有各科不同的第一学年制服费及课业用品等费②（商业专修科30元最低），着实不低。对于严济慈这样的农村子弟而言，入读大学已经是举全家之力供应，“河海工程学校食宿要自己花钱，所以我选择了南京高等师范。为了我上大学，叔祖父卖掉祖产，为我筹措川资，同窗好友也解囊相助，使我如愿上了大学。”③ 当时正常情况下一名民国大学生的花费包括学费、住宿费、膳食费、图书费、服装费、交通、娱乐等杂费，当时最著名的北京大学1917年仅学费一项就需要60元④。再加上前期完成初、中等教育的花费和作为家庭劳动力的缺失⑤，这种高昂的经济成本也成为一道隐形门槛，足以将没有足够经济条件家庭的学子排除出外⑥。显然，培养一个学生到

---

① 分别参见金涛《严济慈先生访谈录》，《中国科技史料》1999年第3期；《陈庆瑜先生行述》，《江苏文献》1982年第21期；《铭巽自述》（油印稿）；《三余丛稿》（油印本）。

② 上海财经大学校史研究室：《国立上海商学院史料选辑》，上海财经大学出版社2012年版，第16—18页。

③ 金涛：《严济慈先生访谈录》，《中国科技史料》1999年第3期。

④ 叶文心：《民国时期大学校园文化（1919—1937）》，冯夏根、胡少诚等译，中国人民大学出版社2012年版。

⑤ 对于民国建立前后初中等教育的入学难、学费筹措等的个人回忆可以参阅：刘训华《困厄的美丽：大转局中的近代学生生活（1901—1949）》，华中科技大学出版社2014年版。

⑥ 梁晨、任韵竹、王雨前、李中清：《民国上海地区高校生源量化刍议》，《历史研究》2017年第3期。

大学，再加上大学几年的花费，绝不是普通农家所能承担[①]，1918 年南高师全校在校生 357 人只有 31 人来自农民家庭，仅占 9%的比例。

二　南京高等师范学校商业专修科的就业

让我们再来看看商业专修科学生的日后就业情况，根据 1923 年、1925 年、1933 年、1946 年四次校友（同学）录等档案看来，82 名毕业生中 11 人毫无就业信息，71 人有单次或多次就业有效信息。只是尚未发现每班毕业时就业信息，1923 年的统计距离第一班毕业已经 3 年，第二班毕业已经 2 年，不过档案保存有两班所有学生毕业初期的职业资料。从现有档案看来，曾在各级教育系统充任教员者多达 42 人，而其中 41 人毕业后 2—3 年间的职业为教员，占到全部学生的 57.7%。充任教员的毕业生中于各类实业、商业学校教员者为 18 人，普通中学教员为 17 人，于师范学校教书者 3 人，于大学教书者 4 人。由此可见，绝大多数学生毕业初期的出路还是担任教员，与当时学校规定和设科宗旨相吻合——根据 1916 年教育部关于师范毕业生的服务任用办法："高等师范毕业者，由部按等第及学力所长，列为一表，通告各省长官。如中等学校需用教员，应按序聘充。"[②] 毕业后 2—3 年能在企业立足者 12 人，能在银行等金融机关任职者有 8 人，在公职机关就业有 4 人。

等到 1933 年再次统计时，有效信息为 35 人（其中 29 人有前序就业记录），35 人中，在教育界工作者 9 人，在工商业工作者 6 人，在各种公职机关就业者达到 20 人。与 1923 或 1925 年毕业初期就业情况相比，29 名学生中仅有 6 人充任中等教育阶段教员，大部分在职业发展上都出现从教师行业进入公职机关工作的转向或者说提升[③]。考虑到民国时期中学教师待遇和政府等公职机关待遇的较大差异，不得不说这是一种提升。根据 1927 年的"上海特别市市政府暂行职员俸给等级表"规定：一名办事员

① 关于近代江南地区中国农民家庭收入，可以参考关永强《安徽史学》2009 年第 4 期；曹幸穗《旧中国苏南农家经济研究》，中央编译出版社 1996 年版；周中建《二三十年代苏南农家收支状况研究》，《中国农史》1999 年第 4 期。

② 《教育周报》（No. 122），1916 年 4 月 8 日。

③ 连连：《萌生：1949 年前的上海中产阶级》，中国大百科全书出版社 2009 年版。

都可以拿到40—80元的月工资，科员可以拿到100—180元的月工资；而1929年上海市中学教师月薪平均43.03元；1927年“大学教员薪俸表”显示讲师就可以拿到160—260元的月薪，仅工资差距就不可谓不大，更不要提社会地位和职业发展的前途①。另外值得一提的特征是不少学生亦官亦学、亦商亦学，在商科研究方面颇有专长。他们或是取得会计师等执业许可证或是在做官同时从事学术研究或教学，这方面以邹增侯、许祖烈、朱祖晦三人最典型，一方面他们是国民政府中层会计、审计、统计类技术官员，一方面在学术机关兼职，上课、写作专门学术文章、著作。

有9名商业专修科毕业生在三次就业统计中都提供了职业信息，显示出完整的就业链，直观显示大学生职业发展与社会阶层的提升。其中6人在政府任职，2人在政府主导的研究机构任职，只有1人在大学执教。9人中社会地位最高者系陈庆瑜，通过多年在政府机构的累迁，官至省财政厅厅长一职，陈庆瑜也是所有现存就业资料或生平简介的学生中社会地位最高者，极大提升了自己的社会阶层。其他7人也基本都成为当时社会中层②。作为中国最早的一批大学毕业生，他们逐步利用文凭优势和所学专业知识和技能成为当时社会短缺的专业人才。顺应中国经济和社会的现代化之路，逐步从大学毕业生成长为管理阶层最终稳固为新中产阶级③甚至文化、经济精英，是商科毕业生人生发展的清晰之路。

表2　　商业专修科毕业生连续就业情况表

姓名	1923—1925年就业情况	1933年就业情况	1946年就业情况
王锡焕	江苏南通滨海实业银行	南京中央研究院	国民政府经济部
袁锡瑀	上海xx甲种商业学校	国民政府实业部商业司	中央农业实验所

① 具体差距参见陈育红《战前中国教师、公务员、工人工资薪俸之比较》，《民国档案》2010年第4期。

② 1927年资料显示，上海一个典型市民五口之家的生活水平，以每月200元为中上等之分界线，每月100—200元为中等生活，每月66元为一般市民阶级状况，每月30元为贫民的下等生活分界线。据此看来，66元月收入的上海市民家庭在上海工人中只占约4%，而商业专修科毕业生从事的工作，月工资远远大于此，生活可以相当轻松。参见陈明远《文化人的经济生活》，文汇出版社2005年版。

③ 一般而言，职员、科层制管理人员、政府公务员、知识分子等被称为新中产阶级。参见C. 赖特·米尔斯《白领：美国的中产阶级》，周晓虹译，南京大学出版社2016年版。

续表

姓名	1923—1925 年就业情况	1933 年就业情况	1946 年就业情况
叶华	上海美华利总号	国民政府建设委员会	国民政府粮食部
郭庆林	河南信阳第三师范学校	南京中央研究院社会研究所	南京中央研究院社会研究所
潘伦	江苏苏州女子职业学校	国民政府立法院财政委员会	国民政府军政部设计委员会
陈庆瑜	福建厦门集美师范学校商科教员	国民政府财政部整理地方税捐委员会	陕西省政府财政厅厅长
朱祖晦	山东东昌第二中学	国民政府主计处	中央银行
戴靖	上海商务印书馆总馆会计科职员	武汉大学会计学教授	武汉大学会计学教授
许祖烈	江苏吴江中学商科教员兼主任	国民政府审计院核计员	安徽省审计处处长

三　余论

1905 年科举停废以后，伴随着现代学校体系和文凭制度在中国的扩展和被广泛认可，现代的学校体系逐渐取代传统官学书院系统，成为中国社会精英生长和社会流动的主要渠道①。20 世纪上半叶的中国经济与社会都在急速走向现代化，新的社会职业出现和社会阶层分化加速，原来的文化精英“士”演变成“新知识人”这一新角色，并成为新的社会中坚甚至部分跻身精英阶层。通过教育实现阶层流动的可能性一直存在，但前提是必须先接受一定程度的教育，但是近代各级学校的办学费用不断攀升，学子读书的成本不断增加，使得受教育的可能性和程度与家庭财富多寡紧密联系，也就是让现代教育更加成为中国社会分层的重要手段之一。从南高师这所江南地区高等学府的学生出身看来，原始家庭的经济与文化积累或许才是对他们能否接受足够的教育起决定性作用的。夏丏尊就在 1930 年撰文指出：“至于入大学，费用更巨，年须三四百元以上，故做大学生的大概是富家儿，即使偶有中产者的子弟蛰居其间，不是少数的工读生，即是少数的叫父母流泪典质了田地不惜为求

① 关晓红：《科举停废与近代中国社会》，社会科学文献出版社 2013 年版。

学而破家的好学的别致朋友罢了。”①

通过对南京高等师范学校的延续——国立上海商学院1921—1945年的1691张学生学籍卡的分析，学者发现学生家长主要职业构成如下：商人：48.05%、专业技术人员：26.93%、官员：18.18%、农民：4.94%、军人：0.78%、工人：0.52%。而同时期上海其他大学学生家长职业中占比最高的都是商，这个商包括了大商人、经理人，也包括基层的商店店员、小店主，其次是专业技术人员、官员②。通过对1917年到1949年的数据观察与分析，我们或许可以得出一个结论：民国时代大学教育绝非普通人成功的阶梯，而能够完成大学教育者，通过成为有知识的新职业者，才有极大的可能增加个人财富、提升社会地位。

Rethinking the Higher Education and Social Mobility in Modern China: A Case Study of Department of Commence of Nanjing Higher Normal School

Luo Pan

Abstract: As pioneer of the Chinese higher education in early stage, Nanjing Higher Normal School set up the commercial education in 1917, which is the starting point of higher commercial education in China. As a new discipline at university, the commercial education meets the need of the process of Chinese economic modernization. The analysis of historical data of enrollment and employment draws a picture of students' social background, family background, and career development. This case study presents the relationship between development of modern education and social mobility in the Republic of China.

Key words: Commercial Education; Enrollment; Employment; Social Mobility

① 刘训华：《困厄的美丽：大转局中的近代学生生活（1901—1949）》，华中科技大学出版社2014年版。

② 梁晨、任韵竹、王雨前、李中清：《民国上海地区高校生源量化刍议》，《历史研究》2017年第3期。

比较研究

中美学生学习《微积分》课程状况对比研究

——以上海立信会计金融学院为例

张楚晗　Jess Ellis Hagman　孙　涛*

摘　要： 本文基于对上海立信会计金融学院（以下简称立信学院）学习《微积分》课程的部分大一学生进行的调查，通过数据分析，阐述了学生学习微积分的情况。然后结合美国数学协会关于大学微积分成功因素的研究项目，对立信学院学生和美国学生学习《微积分》课程情况进行了对比。调查主要从学生父母的教育背景、学生日常的时间规划以及对于数学学习的认识三个方面出发，一则对比分析立信学院学生和美国学生学习《微积分》课程的不同，二则对比双方学生在《微积分》课程学习中因性别不同而产生的差异。本研究表明，中美学生的学习状况在以上三方面均呈现显著差异。最后，文章进行了总结并给出了一些建设性意见。

关键词：《微积分》课程；微积分教学；数学教育

一　研究背景

无论是在中国还是在美国，大学公共数学课程——《微积分》对于经济、金融、工程等大多数专业的学生而言都是非常重要的基础必修课程之一。本文针对立信学院 2017 级部分大一学生，在 2018 年 3 月进行的问卷调查及其结果分析得到的数据，同时对比了美国数学协会关于大学微积分成功因素研究项目提供的相关数据。从学生父母的教育背景、学生日常

---

* 作者简介：张楚晗（1990—　），女，首都师范大学数学科学学院在读博士研究生；Jess Ellis Hagman（1984—　），女，美国科罗拉多州立大学数学系助理教授；通讯作者：孙涛（1980—　），男，上海立信会计金融学院统计与数学学院副教授。

的时间规划以及对于数学学习的认识三个方面阐释了当前学生学习《微积分》课程的现状，相信这项研究结果有助于立信学院更好地开展《微积分》课程教学。

二　研究方法

本研究通过调查报告和统计分析的方法，对比了相关数据。统计方法主要运用单样本 T 检验、卡方分析和独立样本检验等方法，对数据结果进行描述性分析。统计工具应用 IBM SPSS Statistics 20 统计软件。

立信学院的数据来自于 2017—2018 学年第二学期期初进行的问卷调查，共有 547 名学生参与该项问卷调查，调查问卷以“问卷星”网上调查的方式进行，调查对象为修读该学期《高等数学-微积分（二）》课程的学生。

美国的调查数据来源于美国数学协会关于大学微积分的研究项目 [Characteristics of Successful Programs in College Calculus（CSPCC）of the Mathematical Association of America（MAA），David Bressoud，PI.]①，这个项目的调查对象包括美国 127 所大学和学院，共有 2562 名学生和 327 名教师参与。这项研究起于 2010 年秋季学期，分别于学期始和学期末进行了两次不同的调查。调查问卷以网上调查的方式被随机发送给 Calculus I 的学生、任课教师及数学系院长。

由于中美微积分课程教学背景不同，调查问卷的全部题目并不完全一致。但本文研究中所对比的问题，在这两份问卷里是一致的。

三　研究结果

（一）学生父母教育背景对比分析

在两份调查中，学生父母（或监护人）教育背景的数据分别按照“高中以下（Did not finish high school）”“高中（High school）”“专科

① Bressoud，D.，Mesa，V.，Rasmussen，C.，“Insights from the MAA National Study of College Calculus”，*The Mathematics Teacher*，2015，109（3）：178-185.

(Some college)”“本科(Four years of college)”“研究生及以上(Graduate school)”共5个水平进行分类。通过单样本T检验对比两份数据的均值，卡方检验分析其显著性(见表1)。分别对两份数据进行独立样本t检验分析中美男女生的均值和显著性(见表2)。

从表1来看，美国学生父亲及母亲受教育程度均高于立信学院学生父亲和母亲的水平，并且均呈现出0.01水平显著差异($P=0.00<0.01$)。横向对比，美国学生父亲受教育水平的均值比立信学院学生父亲高出0.28，美国学生母亲受教育水平的均值比立信学院学生母亲受教育水平高出0.54。可见两方父亲受教育水平差距较小，而母亲受教育水平差距较大。纵向对比，美国学生父亲受教育水平比母亲高出0.09，立信学院学生父亲受教育水平比母亲受教育水平高出0.35。可见立信学院学生父母受教育水平与美国学生父母受教育水平差距较大。

根据陈仲常、谢曼等人的研究可知①，我国在20世纪90年代，两性在初等和中等教育中的人口比重与女性相应年龄段人口比重相当，中国女性受教育程度不断提高，但是在高等教育阶段，受高层次教育的女性比例仍明显低于男性。且学历越高，女性比例越小。这与本文的数据结果吻合，也说明了立信学院学生父亲受教育水平比母亲受教育水平高的历史原因。造成这一情况的原因包括以下几个方面：重男轻女的思想、支付教育成本的能力、婚姻与生育的影响、用人单位的性别歧视以及女性的自我选择等。随着教育制度和法律的不断完善和经济的逐步发展，婚姻观念的转变，以及女权主义的兴起，相信女性受教育的机会将逐渐增多。这意味着，未来我国学生父母受教育程度的差距会越来越小。

从表2来看，美国方面，不同性别学生父亲和母亲受教育程度均呈现出0.01水平的显著差异($P=0.00<0.01$)。立信学院方面，对于不同性别的学生，父亲的受教育程度未呈现明显差异，而母亲的受教育程度呈现出0.05水平的显著差异($P=0.025<0.05$)。通过均值比较，两方男生的父亲受教育水平均比女生的高，两方女生的母亲受教育水平均比男生的高。由这个数据，我们可以推测，如果家庭中母亲受教育层次高，会支持女儿获得更高层次教育的机会；如果家庭中父亲受教育层次高，会支持儿

① 陈仲常、谢曼、张薇：《我国教育机会性别均等与教育结果性别差异分析》，《高等工程教育研究》2003年第2期。

子获得更高层次教育的机会。但这仅仅是我们的推测，是否真正如此尚需更多研究加以验证。

表 1　　中美学生父母教育背景均值对比

	美国-均值（人数=10003）	立信学院-均值（人数=336）	P
父亲	3. 68	3. 40	0. 000 **
母亲	3. 59	3. 05	0. 000 **

注：* p<0. 05，** p<0. 01。

表 2　　中美男女生父母教育背景均值对比

	美国			立信学院		
	均值-女生（人数=4367）	均值-男生（人数=5636）	P	均值-女生（人数=242）	均值-男生（人数=94）	P
父亲	3. 67	3. 69	0. 001 **	3. 37	3. 47	0. 365
母亲	3. 62	3. 57	0. 000 **	3. 05	3. 04	0. 025 *

注：* p<0. 05，** p<0. 01。

（二）学生对于时间分配规划的对比分析

在两份调查中，关于本学期“兼职工作”“课外活动”“学习准备”三个方面的时间规划的题目中，共设置了 7 个水平，分别是“0”“1—5”“6—10”“11—15”“16—20”“21—30”“超过 30”小时。首先通过单样本 T 检验对比两份数据的均值，卡方检验分析其显著性得到表 3。然后对两份数据分别进行独立样本 t 检验分析两方男女生的均值和显著性，得到表 4。

从表 3 来看，美国学生在“兼职工作”“课外活动”“学习准备”三个方面规划的时间安排均高于立信学院学生，并且均呈现出 0. 01 水平显著差异（P=0. 00<0. 01）。美国学生在此三方面的均值分别高于立信学院学生对应的指标值“0. 46”“0. 17”“0. 64”，可见两方学生在课外活动上规划时间相差不大，而美国学生会投入更多时间用在兼职工作和学习准备上。

兼职工作和学习准备这两个活动，反映了学生生活能力、独立性和勤奋度。通过表 1 和表 2 的数据分析可知，立信学院学生父母的教育背景和美国学生的父母相比差距较大，通过表 3 可知，立信学院的学生在兼职工作和学习准备上规划的时间均值较低。根据李峰亮、侯龙龙、文东茅的研究可知①，父母的教育背景对其子女在高校中的英语过级及担任学生干部方面有正向促进作用，并将其归因于高教育程度的家长从小就注重其子女性格和心理素质的培养以及在高等教育阶段家庭与学校联合产生的结果。结合表 1 至表 3 的结果，说明在子女教育问题上，美国父母更注重生活能力、独立性和勤奋度的培养。

表 3　中美学生时间规划均值对比

	美国–均值（人数=9951）	立信学院–均值（人数=547）	P
兼职工作	2.31	1.85	0.000**
课外活动	2.95	2.78	0.000**
学习准备	4.87	4.23	0.000**

注：* $p<0.05$，** $p<0.01$。

表 4　中美男女生时间规划均值对比

	美国			立信学院		
	均值–女生（人数=4347）	均值–男生（人数=5604）	P	均值–女生（人数=402）	均值–男生（人数=145）	P
兼职工作	2.27	2.34	0.07	1.87	1.81	0.579
课外活动	2.90	2.98	0.000**	2.72	2.96	0.000**
学习准备	4.99	4.77	0.000**	4.32	3.99	0.038*

注：* $p<0.05$，** $p<0.01$。

从表 4 来看，不同性别的学生在“兼职工作”方面，立信学院学生与美国学生均呈现出显著差异。从均值来看，立信学院是女生兼职工作时间比男生兼职工作时间略高，美国是男生兼职工作时间比女生兼职工作时间略高。且美国男生分配兼职工作时间最多，立信学院男生分配兼职工作时间最少。在某种程度上，这表明立信学院的男生需要加强生活能力的锻

① 李锋亮、侯龙龙、文东茅：《父母教育背景对子女在高校中学习与社会活动的影响》，《社会》2006 年第 1 期。

炼。事实上，培养一个人独立和勤奋的能力，是有助于明确人生规划和树立学习目标的。

在“课外活动”方面，无论是立信学院学生还是美国学生，不同性别之间均呈现出 0.01 水平的显著差异（$P=0.00<0.01$）。两份数据都是男生的均值比女生的高，同时美国男生在这方面计划分配时间最多，立信学院男生的均值只比美国男生少 0.02，差距不大。美国女生的均值只比男生少 0.08，而立信学院女生的均值比男生少 0.24。可以推断，与女生相比，男生更乐于参加集体活动、娱乐活动和社交活动等。同时，立信学院女生的性格偏内敛一些，美国女生性格偏活泼一些，这与两国文化有很大关系，也与女性受到的家庭教育和在社会中的定位有很大关系。

在“学习准备”方面，不同性别之间，美国呈现出 0.01 水平的显著差异（$P=0.00<0.01$），立信学院男女生间呈现出 0.05 水平的显著差异（$P=0.03<0.05$）。对比均值，两份数据都表明，和男生相比，女生会规划更多的时间在学习准备上。且美国女生在这方面计划的时间分配最多，立信学院男生学习准备时间分配最少，两者均值差距为 1。

结合前面的分析，可以总结，在这个年级阶段，立信学院女生会规划较多的时间放在“学习准备”上，且规划一定量时间花在“课外活动上”，并抽出一些时间用来做“兼职工作”。立信学院男生在“学习准备”上规划的时间比女生少一些，而“课外活动”上的时间多一些，“兼职工作”的时间比女生少一些。从分析数据可以看出，立信学院女生在生活和学习上较努力也更勤奋。

（三）学生在数学学习上的自我评价对比分析

关于学生在数学学习上的自我评价方面，设置了四个题目陈述，分别是“我相信我所具备的知识和能力，可以使我成功把这门课学好”“我对自己的数学能力有信心”“我理解我所学过的数学知识”“我享受数学的学习”。对于每个题目的陈述，设置了 6 个不同水平选项，分别是“非常不同意”“不同意”“轻微不同意”“轻微同意”“同意”“非常同意”。通过单样本 T 检验对比两份数据的均值，卡方检验分析其显著性，得到表 5。分别对两份数据进行独立样本 t 检验分析两方不同性别之间的均值和显著性，得到表 6。

从表 5 来看，在题目中陈述的四个方面，立信学院学生与美国学生间均存在显著差异。对于自己已经具备的数学知识，美国学生更加认为其有助于自己学好数学；对于自己的数学能力，美国学生较立信学院学生更自信；对于所学过的数学知识的理解程度，美国学生对自己的认可度更高；美国学生也更加享受数学的学习。

从表 6 来看，美国男生在以上四项中的均值都是最高的，立信学院女生的均值都是最低的。美国方面，对于以上四项陈述，不同性别间均存在 0.01 水平的显著差异（$P=0.00<0.01$）。

而立信学院方面，在“我相信我所具备的知识和能力，可以使我成功地把这门课学好”这个题目陈述上，不同性别间呈现出 0.01 水平的显著差异（$P=0.00<0.01$），而在“我理解我所学过的数学知识”这个题目陈述上，不同性别间呈现出 0.05 水平的显著差异（$P=0.03<0.05$），在“我享受数学的学习”这个题目陈述上，不同性别间也呈现出 0.05 水平的显著差异（$P=0.03<0.05$）。但是在“我对自己的数学能力有信心”这个题目陈述上，不同性别间呈现出不明显的显著差异（$P=0.06>0.05$）。

通过均值的对比，可以发现，美国男生在以上四项中的均值都是最高的，立信学院女生的均值都是最低的。

这项调查是关于学生在数学学习上对于自我的认知和评价的。根据桑娜·埃罗宁（S. Eronen）的研究，成功策略有五种类型：乐观型、防御型、消极型、冲动型和自我设限型。乐观型策略与学业满意度相关，而防御型策略与学业成绩相关。反过来，自我设限策略与学业不满有关。研究还发现，学业成绩的满意度也能预测防御性悲观和自我设限策略使用的变化①。那这就意味着，对于自己在数学学习上评价较高的学生而言，会有助于学习成就的取得，而如果学生对于在数学学习上的自我评价较低，这些学生也倾向于获得较少的数学学习机会。所以，在同一个班级中，不同的学生，会有不同的学习体验，那些对于自我评价较高的学生，取得数学成就的可能性更大。所以，从本次调查结果来看，相比较于立信学院女学生，美国男学生取得数学成就的可能性更大。

① Eronen, S., Nurmi, J. E., Salmelaaro, K., “Optimistic, Defensive-pessimistic, Impulsive and Self-handicapping Strategies in University Environments”, *Learning & Instruction*, 1998, 8 (2): 159-177.

表 5　　中美学生对数学学习认识均值对比

	美国-均值（人数=9951）	立信学院-均值（人数=547）	P
具备的知识能力	4. 08	3. 54	0. 000 **
数学能力的信心	3. 85	3. 40	0. 000 **
数学知识的理解	3. 92	3. 27	0. 000 **
享受数学的学习	3. 58	3. 02	0. 000 **

注：* p<0. 05，** p<0. 01。

表 6　　中美男女生对数学学习认识均值对比

	美国			立信学院		
	均值-女生（人数=4346）	均值-男生（人数=5605）	P	均值-女生（人数=402）	均值-男生（人数=145）	P
具备的知识能力	3. 96	4. 17	0. 000 **	3. 47	3. 72	0. 002 **
数学能力的信心	3. 65	4. 00	0. 000 **	3. 33	3. 60	0. 061
数学知识的理解	3. 82	4. 00	0. 000 **	3. 20	3. 46	0. 038 *
享受数学的学习	3. 53	3. 62	0. 000 **	2. 99	3. 10	0. 030 *

注：* p<0. 05，** p<0. 01。

前文的数据已经表明，立信学院女生在“学习准备”上较男生更勤奋，但是表 5 和表 6 的数据却表明立信学院女生对于自己的知识储备、数学能力信心不足，对于数学学习的兴趣也较低。而立信学院男生在没有比女生更勤奋的情况下，信心和兴趣却更高一些。这说明，立信学院女生需要建立对于数学学习的自信心。

在长期的教育过程中，尤其是中小学阶段，广泛流传一种说法，男生在理科学习方面更聪明。这似乎形成了一种共识，也造成了一种心理暗示，女生会认为自己学不好数学，在遇到学习上的困难时，容易把大部分原因归结为智力因素。但是美国芝加哥医学院的神经科学教授莉斯·埃利奥特（L. Eliot）在近期提出，男性和女性大脑之间并没有可以分辨出的差异，男性和女性之间的行为差异是后天教育造就的结果，并非来源于先天条件①。所以，女生在遇到数学学习的障碍时，不要将其简单地归结为

① Lorenz，T.，Are Male and Female Brains Biologically Different?，https：//www.theatlantic.com/science/archive/2018/06/male-female-brains-biologically-different/563702/.

智力因素而对数学学习失去信心。根据杰西卡·埃利斯·哈格曼(J. E. Hagman)等人的研究可知①，学生的自信心对于学生抓住学习机会的能力具有正向并且显著的影响。当学生数学学习的自信心不足时，就更难以在课堂上和课后学习中抓住学习机会。可见，建立学生数学学习的自信心是一件非常重要的事情，尤其是对于女生而言。

四　总结与建议

通过以上分析可知，美国学生父母受教育程度的平均水平较立信学院学生父母的高，这对于学生性格和心理素质的塑造会有影响，这是既成事实的背景。

在学生时间分配的规划上，可以看出，美国学生用在学习和兼职工作的时间比立信学院学生的要多，但是课外活动时间相差不大。对比中国，美国大学的学费较为昂贵，同时美国社会的兼职工作环境较为良好，这都促使了学生花费较多时间用在兼职工作赚取学费以及生活费，这也提升了生活能力和独立性。在对数学学习的认识上，美国男生呈现出更多的自信，也更享受数学的学习。立信学院女生的自信心和兴趣最弱。同时，立信学院女生在比男生更勤奋的情况下，仍体现出更低的对于数学学习的自信心和兴趣。

根据以上总结，对立信学院《微积分》课程课堂教学，有以下几点参考建议：

（一）在教学中，平等看待男生和女生

教师本身要摒弃“女生不适合学习数学”“女生没有男生聪明”等类似的观点。教师对待学生的看法，会影响教学的行为。如果教师本人认为女生是学不好数学的，那么在教学中，会把这种想法直接或者间接地传递给学生，造成学生自己也认为自己学不好数学。这势必会导致女生在学习数学的过程中还没有尝试就开始打退堂鼓的心态。

① Hagman, J. E., Johnson, E., and Fosdick, B. K., “Factors Contributing to Students and Instructors Experiencing a Lack of Time in College Calculus”, *International Journal of STEM Education*, 2017, 4 (1).

（二）帮助学生建立数学学习的自信心

本质上来说，建立自信心是一个心理学问题，并不是数学问题，但是在数学教学中，却是无法回避的问题。根据康布斯的学习理论，要想改变一个人的行为，不能只从行为表现上去加以矫正，而必须着手设法改变他们的知觉或信念[①]。建立学生对数学学习的自信可以帮助学生提高抓住学习机会的能力。如何建立这种自信涉及很多民族文化、家庭教育和社会因素等。从实际教学角度来讲，如果有条件，可以按照数学基础划分教学班，基础在同一水平的学生分在同一班级。根据学生的基础水平，决定教学的内容和课后习题；基础薄弱的班级，从稍简单的内容和题目起步；基础扎实的班级，从有些难度的内容和题目起步。分层教学、因材施教，使每一位学生都能看到自己的进步，这有助于学生自信心的提升。

（三）采用小班教学，控制教学时间

在课堂中，学生的参与度越高，学习效率也就越高，这利于学生自信心的培养。在小班教学（30—40 人）中，学生可与教师互动的平均机会更多，学生的课堂参与度会提高。同时，每次教学时长不宜超过 40 分钟。根据江虹的调查，在 50 分钟的课堂中，学生注意力和记忆力在课堂的前 10 分钟最佳，在课堂的中期注意力状况有波动，记忆质量有所下降，但两者基本状况尚属良好。在课堂的后 10 分钟，学生整体的注意力和记忆力状况较差[②]。因此，与其填鸭式教学，不如在学生注意力集中的时间内完成教学内容。

---

① 陈琦、刘儒德：《教育心理学》，高等教育出版社 2011 年版。

② 江虹：《学生课堂学习注意力和记忆力调查分析及教学讨论》，《贵州教育学院学报》（社会科学）2005 年第 3 期。

Comparisons on the Learning Situation between Chinese and American Students in College Calculus: A Case Study of Shanghai Lixin University of Accounting and Finance

Zhang Chuhan, Jess Ellis Hagman, Sun Tao

Abstract: Based on the investigation of some freshmen who were learning College Calculus at Shanghai Lixin University of Accounting and Finance (SLUAF), this paper explores these students' learning situation in College Calculus through data analysis. Combining with the research project of Characteristics of Successful Programs in College Calculus (CSPCC) of the Mathematical Association of America (MAA), this study compares learning situation differences between Chinese and American college students from three aspects: educational backgrounds of students' parents, students' daily time planning, and their self-awareness on mathematics learning. This research analyzes the differences between Chinese students at SLUAF and American college students and demonstrates the effects of gender on their learning situation. Significant differences have been found on learning situations of the students from both countries in all three aspects. And some conclusions and constructive suggestions are proposed.

Key words: College Calculus; College Calculus Teaching; Mathematics Education

美国 STEM 博士生教育：挑战、应对与启示

徐　贞*

摘　要：本文以美国 STEM 博士生教育面临的挑战为出发点，探寻其应对策略，进而提出对我国博士生培养的启示。美国 STEM 博士生教育面临入学率及完成率对国际学生依赖程度较高、获得学位的年限长且伴随较高的流失率、就业呈多元化趋势等挑战。美国从完善签证政策、加大财政支持、提高博士生可迁移能力三个方面进行应对。以其应对策略为经验引介，我国博士生培养应构建以高校为主体，政府、企业多方协同的培养机制；实现对博士生从标准化培养向个性化培养的转变；注重以博士生科研能力为主、可迁移能力为辅的复合型能力素质的培养。

关键词：STEM 博士生教育；挑战；应对；启示

STEM 教育发端于美国，是科学（Science）、技术（Technology）、工程（Engineering）与数学（Mathematics）学科的简称。出于响应国际竞争、社会发展对高科技人才的需求，美国联邦政府将 STEM 教育作为一项长期战略规划来推行，并且陆续颁布了多项法案以助推 STEM 教育战略的全面实施，在社会各界受到广泛关注。

从宏观层面来看，STEM 教育体现的是一种自上而下的战略规划，而非自下而上的教育探索，体现的是社会各界的统一协作，而非学校内部的简单事务。从微观层面来看，它强调将四个学科内容进行有机整合，强调培养学生的创新精神和实践能力，增强其科学素养、技术素养、工程素养和数学素养。STEM 教育涵盖 K-12（中小学）阶段、本科阶段到研究生阶段。2010 年，美国研究生院理事会（CGS）和教育考试服务中心

---

* 作者简介：徐贞（1987—　），女，华东师范大学高等教育研究所博士研究生。

（ETS）联合推出报告《前进的道路：研究生教育的未来》，明确指出："美国在全球经济中的竞争力主要取决于其创新能力，研究生教育是培养创新者的主要来源，尤其是 STEM 领域的研究生教育。"

2017 年，为主动应对新的科技革命与产业变革，助力创新驱动发展、"中国制造 2025"等一系列国家战略，我国积极推进新工科建设，探索领跑全球工程教育的中国模式。博士生教育作为教育体系的最高层次，其重要程度不言自明。然而，已有的研究关注 K-12（中小学）阶段较多，涉及研究生教育尤其是博士生教育的并不多见。故而，研究美国 STEM 博士生教育目前面临怎样的挑战？联邦政府、研究生院理事会、美国国家科学院等采取了哪些改革举措进行应对？对我国科学与工程领域博士生的培养具有重要的启示。

一 STEM 博士生教育面临的挑战

STEM 领域博士生教育是美国高等教育的重要组成部分，培养模式受到多国效仿，但也面临诸多的挑战，主要表现在以下几个方面：

（一）博士生的入学率及完成率对国际学生依赖程度较高，本土学生占比较低

美国本土学生进入 STEM 领域的意愿和热情并未随着科技的发展和进步而高涨，即使本科就读 STEM 专业，也有大部分人在研究生阶段转读其他专业，而即便是选择了 STEM 专业，也只有近 50%能顺利获得学位。与此同时，美国凭借其优质的研究生教育体系、成熟的培养模式及留美政策，吸引了全球大批留学生，研究生生源国别多元化成为其培养体系的一大特征。1954 年美国招收国际研究生仅 12118 人，1980 年美国招收的国际研究生为 94130 人，1994 年突破 20 万人，2014 年，美国招收的国际研究生已达 32 万余人①。而美国高校博士毕业生中本土公民 1976 年为

① 孙瑜、言佳羽：《美国国际研究生规模结构变化及其启示》，《学位与研究生教育》2017 年第 5 期。

27331 人，2006 年为 33942 人，30 年间增长相对缓慢①。

21 世纪以来，科学与工程专业的国际博士生入学率持续攀升。而美国本土学生增长缓慢，甚至略有所下降。2010 年，电气工程、计算机、工业工程、化学工程、材料工程和机械工程专业的博士生中，国际学生比例均已超过一半，电气工程高达 70%②。同时，美国研究生院理事会（the Council of Graduate School，CGS）以 10 年为一个单位，对 STEM 领域博士生学业完成率进行了调研，研究表明：数学/物理科学、生命科学、工程学等学位完成率方面，国际学生均高于美国本土的学生。

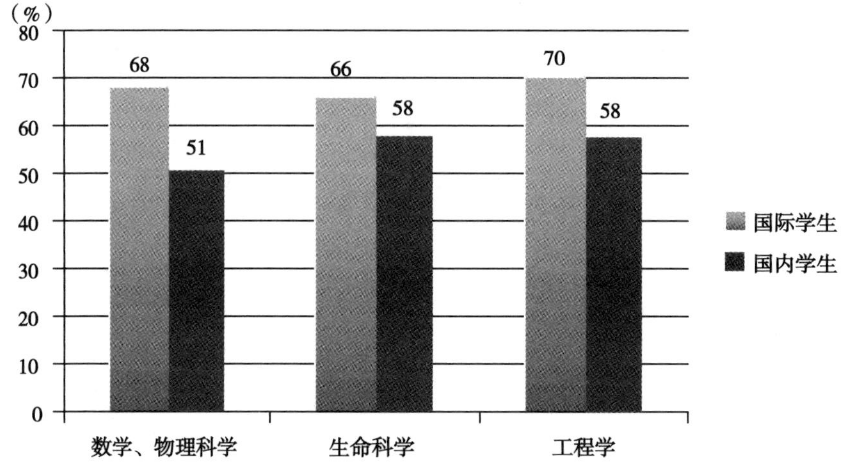

图 1　美国 STEM 领域博士生学业完成率国际学生/国内学生比较

资料来源：Nathan E. Bell，Ph. D. Completion Project：Findings from the Exit Surveys of Ph. D. Completers，Council of Graduate Schools Communicator，2009，42（4）。

从 STEM 领域的博士生入学率、完成率及后面在科技、创新领域的工作方面，皆对国际学生的依赖程度较高，这一日益突出的问题也引起美国的关注及反向的思考：博士毕业后曾一度较高的留美率也有可能随着国际学生本国经济条件、就业环境的改善而不再持续。并且，在一些涉及国家安全的技术创新领域，依靠留学生人才也存在一定的顾虑和担忧。而另一

① 沈文钦、王传毅、金帷：《博士生跨国学位流动的国际趋势与政策动向》，《高等教育研究》2016 年第 37 卷第 3 期。

② Anderson S.，"The Importance of International Students to America"，*National Foundation for American Brief*，2013：9.

方面，本国学生就读 STEM 领域的意愿并不高。

（二）博士生获得学位的平均年限较长，且过程中伴随着较高的流失率

博士生教育以在特定领域获得专门知识，通过系统、严格的学术训练及筛选，为独立开展研究而获取资格为目的。在美国，获取博士学位的时间并不固定，不同学科要求不同，但存在平均时长较长，同时伴随较高的流失率等问题，主要表现在以下三个方面：一是学生中途主动退学或转学；二是隐形辍学，即在博士阶段注册年限超过 10 年以上仍在读；三是学生因学业不佳被淘汰出局①。美国研究生院理事会对博士生完成项目进行了调研，研究表明，在 STEM 领域的数学/物理科学、生命科学等学科，5 年内获得学位的人不到 1/4，7 年的时间看起来更普遍，部分学科完成学位的时间超过 7 年。

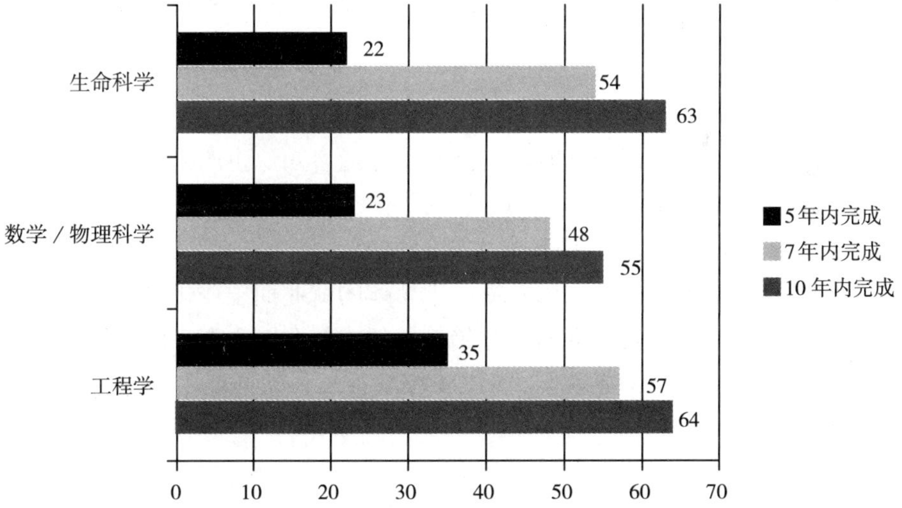

图 2　博士生毕业率——按学科和年限（%）

资料来源：Council of Graduate Schools and Educational Testing Service, *The Path Forward: The Future of Graduate Education in the United States*, Princeton, NJ: Educational Testing Service, 2010: 31。

尽管研究生招生采用了严格的选拔程序，以及追求研究生学历的高成

① 李海生：《美国博士生学业完成的困境及原因分析》，《全球教育展望》2014 年第 11 期。

绩水平，但研究显示，博士生教育的流失率仍在40%至50%之间[①]。对于博士生流失率的问题，学界见仁见智，有的学者认为这是教育过程中不可避免的问题，而另一些学者则从公共资源、学生本人时间、精力的浪费指出，这带来严重的损耗，是亟待重视及改善的问题。也有研究者对影响流失率的因素进行了整理，指出美国博士生流失率受学科、院系文化、经济资助方式、培养规模以及博士生个体特征等因素的影响[②]。此外，STEM各学科呈现出较大差异，工程学的流失率相对较低，数学、物理学科相对较高。2008年，美国CGS对分布在美国的30所高校的330个博士项目进行了调研，发现数学和物理学科10年的累计流失率达到37%，工程学接近26%[③]。对于博士生流失的原因，美国CGS进行了相关的调研与说明。财政支持是影响博士学位能否完成的重要因素，同时，也存在其他非智力因素的影响，比如对项目的不满，有更好的工作选择机会、个人原因等[④]。

（三）博士就业呈多元化趋势，超过一半的毕业生在非学术界就职

博士生教育旨在培养学术接班人，为学术职业生涯做准备这一传统形势正在悄然变化。知识经济时代的到来，伴随着知识生产模式的转型，发达国家开始强调高层次人才在国家发展中的战略作用，博士人才被视为国家科技创新与国际竞争力提升的关键。同时，学术劳动力市场的容量限度、工商业界对博士的需求以及博士生个体的就业期望变化等因素共同影响了博士生就业，使其呈现多元化趋势，越来越多博士在工商业界、政府和非营利部门等非学术界就职，STEM领域各学科的毕业生中这个趋势尤为明显。

---

① Nettles M. T.，Millett C. M.，*Three Magic Letters*：*Getting to Ph. D*，JHU Press，2006：47.

② 牛梦虎、郭瑞迎：《美国博士生流失的影响因素研究述评》，《学位与研究生教育》2015年第2期。

③ Sowell R.，*PhD Completion and Attrition*：*Analysis of Baseline Data*，Washington，DC：Council of Graduate Schools，2008：1-23.

④ Council of Graduate Schools and Educational Testing Service，*The Path Forward*：*The Future of Graduate Education in the United States*，Princeton，NJ：Educational Testing Service，2010：16.

1997—2007 年，全职新聘教师职位的比例下降了 9%①。2005—2009 年，美国毕业了 10 万名博士，而同期的教授职位仅增加了 1.6 万。过去 30 年，计算机领域的师资需求迅速上涨，但是除此之外，大部分领域的师资需求较为稳定②。生命科学在学术界就业比例下降最快，1973 年，55%的生命科学博士在毕业 6 年后获得终身教职；2006 年，这一比例下降到 15%。数学学科在学术界的就业比例从 1970—1974 年的 80.1%下降到 1995—1999 年的 47.4%③。根据研究者 2013 年的调研估计，在科学与工程领域，每年授予的博士数量是当年教师空缺岗位数量的 7 倍，出现了严重的供过于求的现象。

2013 年，美国国家科学基金会（National Science Foundation，NSF）对理工科博士就业领域进行了调研，数据显示：理科在教育研究机构工作的不足 50%、工科不足 30%，其在非学术界就业的比例均超过 50%。（见图 3、图 4）

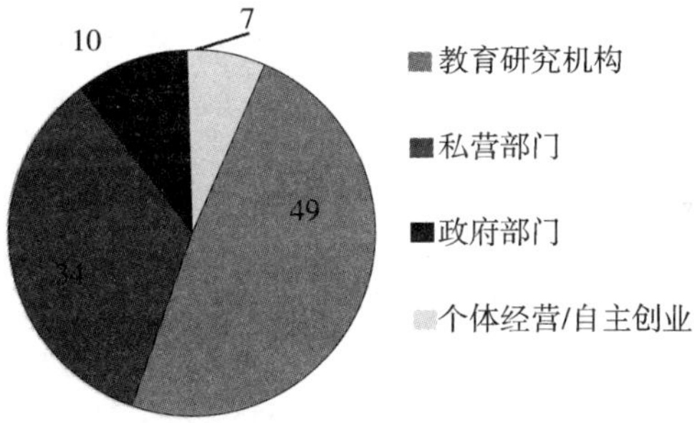

图 3 理科博士在各领域就业比例（%）

资料来源：National Science Foundation，2013。

除了理科和工科的差别之外，在 STEM 领域里的各个专业间也有明显的差别。工程学在非学术界就职的比例最高，计算机和物理科学在非学术

① "Council of Graduate Schools and Educational Testing Service", *The Path Forward: The Future of Graduate Education in the United States*, Princeton, NJ: Educational Testing Service, 2010: 34.

② Larson R. C., Ghaffarzadegan N., Xue Y., "Too Many PhD Graduates or Too Few Academic Job Openings: The Basic Reproductive Number R0 in Academia", *Systems Research and Behavioral Science*, 2014 (31): 745-750.

③ The PhD Factory, Nature, 2011, 472: 276-279, http://www.nature.com/news/2011/1104 2 0/full/472276a.html.

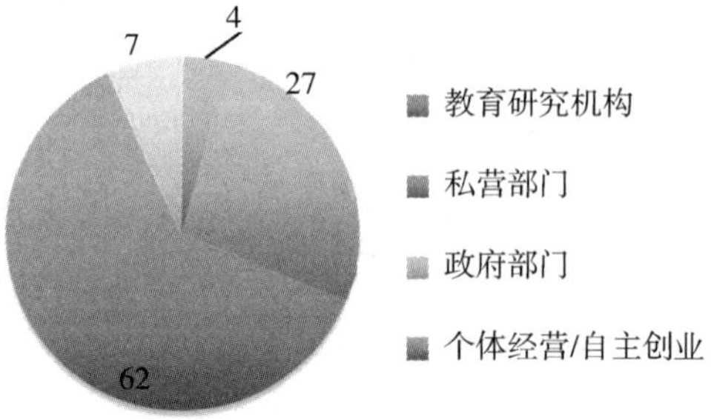

图 4 工科博士在各领域就业比例（%）

界就职的比例也超过 50%。(见表 1)

表 1 美国部分学科博士就业部门分布数据（2015） （单位:%）

	就业人数	高等教育机构		工商业机构		政府	
		人数	比例	人数	比例	人数	比例
生物/生命科学	195100	96700	49.56	79250	40.62	19100	9.70
计算机	24600	9250	37.60	14400	58.53	950	3.80
数学	35950	21850	60.78	12400	34.49	1700	7.80
物理	131550	52150	39.64	66400	50.48	13000	9.90
工程学	151900	41650	27.41	98750	65	11500	7.60

数据来源：National Center for Education Statistics（NCES），2015.

二 STEM 博士生培养的应对策略

美国的研究生教育虽一直为各国效仿，但从目前的发展现状及特征来看，其面临的内外挑战逐渐显现，致使相应的改革举措也应运而生。

（一）完善签证政策，为吸引优秀的国际科学技术人才提供保证

国际学生在美国博士生教育中扮演着重要角色，20 世纪 90 年代，中国、印度作为美国博士生生源的主要输入国，80%以上的学生毕业后留在美国。1995 年，27%的科技博士被授予临时签证；2007 年，临时签证在 S&E 领域的授予比例上升至 41%。2015 年，授予临时签证持有人的科技博士达到 14037 人，从 2005 年以来上升了 30%；但是自 2014 年以来只上

升了 2%[①]。随着各国就业环境的优化及人才引进政策的完善，越来越多的博士学成后选择回国就业，加之，其他国家也逐渐认识到博士对社会发展的重要性，正大力优化博士生教育体系，提升博士就业环境。而美国的 STEM 博士生教育对国际生源依赖程度较高，本国学生完成情况并不突出，在相关行业的就业意愿也不太强烈。

对此，美国当局对这一趋势表示担忧，如果不对相应的政策进行完善，美国科技界创新人才即面临流失问题。美国实行的是给受雇于美国公司的具有专业技术的外国人签发 H-1B 签证，这也在一定程度为美国众多科技公司提供了人才保障。但是，随着美国对外交政策、安全稳定等问题的考虑，对签证政策进行了多次调整。美国研究生院理事会（CGS）呼吁联邦政府完善签证政策，对 STEM 领域博士学位的国际学生实行新的签证类别，建立永久居住的途径。2006 年，美国国会参议院司法委员会通过一项移民法案，宣布增加 11.5 万个 H1-B 临时工作签证、29 万绿卡名额，并给在美国大学接受 STEM 领域研究生教育的外国学生免除临时工作签证与绿卡配额的限制[②]。目前，美国的国际学生毕业后有一年的实习期（Optional Practical Training，OPT），在此期间可在美国工作，而 OPT 期满后可以申请 OPT extensions，自 2016 年 11 月后，此项政策延长为 24 个月，仅针对 STEM 专业的学生。

（二）加大财政支持，为优化博士生生源结构及完成率提供保障

财政支持在博士生教育中具有重要的现实意义。纵使美国的研究生教育经费来源较为多元化：联邦政府、州政府、学生学费以及社会捐赠等，但在诸多调研中显示，财政支持仍然是决定博士生能否完成学业的重要因素之一。2009 年，美国研究生院理事会对各大学研究生院院长进行了调研，近一半的院长表示，财政问题仍然是他们面临的最紧迫的问题之一[③]。

---

① 2015 Doctorate Recipients from United States Universities, *Survey of Earned Doctorates*, 2017 (6).

② 琼·克朗霍尔兹：《美国商业界推动雇用高技能的外国人才》，《华尔街日报》2006 年 4 月 7 日。

③ Council of Graduate Schools and Educational Testing Service, "The Path Forward: The Future of Graduate Education in the United States", *Princeton*, NJ: Educational Testing Service, 2010: 14.

2010年，美国本土博士生23.7%需要自己支付学费，而国际博士生这一比例仅为4.2%，且92.3%的国际博士生获得高校和校外的资助①。为了增加国家科技创新领域的学生生源，优化学生结构，吸引更多美国公民选择STEM领域的专业就读，美国国家科学院建议每年向攻读博士学位的美国公民新提供5000份奖学金，由国家科学基金会管理。这些奖学金也将是因人而异的，学生可以选择在特定机构学习，而不受教师研究资助的影响②。

此外，美国国家科学基金会还针对STEM教育提出了一系列支持计划：人才扩展计划，以增加接受助学金的学生人数；高级技术教育计划研究生研究奖学金计划，为STEM领域的研究生学习提供三年支持；以及综合研究生教育和研究培训计划，支持超越传统学科界限的合作研究。值得一提的是，综合研究生教育和研究培训计划（Integrative Graduate Education and Research Traineeship，IGERT）项目联合多个机构部门，资助STEM博士生跨学科研究，主要资助受训者每年3万美元的奖学金。资助范围遍及美国41个州100余所高校，共资助6500名博士生，高达96%的受访者认为此项资助计划对完成博士学业具有积极的作用③。

同时，鼓励联邦资助机构与国外大学对研究生课程进行合作，以确保最优质的生源持续加入美国各高校研究生院。不难发现，除了联邦政府和州政府的支持以外，各个理事会、基金会等第三方机构对STEM博士生的支持力度也较大，以保证更多的优秀生源加入STEM博士生队伍，也为博士生提供更多的财政支持，促进其完成率。

（三）培养可迁移能力，为博士生就业多元化趋势提供准备

可迁移能力（transferable skills），又称为“可转化能力”“通用技能”，指适用于教育及职业的一种通用技能。各国学者对此概念进行了界定，但其共同的核心要素包括：沟通能力、团队合作能力、创业能力、解

① National Science Foundation，*Survey of Earned Doctorates*，Washington D. C.：NSF，2010，table35.

② Kuenzi J.，Science，Technology，Engineering，and Mathematics（STEM）Education：Background，Federal Policy，and Legislative Action，2008：27.

③ 焦磊、谢安邦、赵军：《美国大学STEM领域博士生跨学科“规训”研究——基于IGERT项目》，《清华大学教育研究》2017年第2期。

决复杂问题的能力、信息技术能力和职业规划能力等[①]。

随着 STEM 博士毕业生越来越多的流向非学术界，就职于工商业界及政府部门，传统的培养学术接班人的思路受到了一定的挑战。在对已毕业博士生的调查及对雇主的调查中，被调查者纷纷表示，其他与之相关的能力亟待提高。加之，企业雇主对博士的非学术能力提出了质疑，他们对能力指标重要性的认识与博士生本人存在较大的偏差，并进一步强调可迁移能力在实际工作中的重要性。在此背景下，美国部分高校优化了相应的培养模式及课程设计，以提高博士生的可迁移能力。

并且，实行以校内培养为中心，联结多方机构，建立博士生校企联合培养机制。同时，美国研究院理事会倡导各高校给予博士生一定的实习时间及经费支持。部分学校在课程设置方面也加入了职业发展模型的实施，让博士生在第一年就对职业目标进行规划，以学术训练为基础，兼顾市场需求，加强博士生可迁移能力的培养，为职业生涯发展奠定基础。

三 对我国博士生培养的启示

美国博士生教育总的发展方向上坚持以培养博士生科研能力为核心，适度结合国家发展需求、社会需求与学生个体的发展需求，不断调整其人才培养质量与社会各界需求的适切性。我国科学与工程领域博士生教育概况虽然与美国不尽相同，但在发展过程中出现的问题具有一定的相似性。美国 STEM 博士生教育的改革策略对我国科学与工程领域博士生培养有着重要的启示：

首先，以社会需求为参考，构建以高校为主体，政府、企业多方参与协同的培养机制。博士生人才培养供给侧和产业需求侧在结构、质量、水平上被指存在“两张皮”的问题。博士生教育应打破学校与外界的“壁垒”，了解行业发展需求、市场需求、区域需求等，确保以科研能力为核心，其他能力素质并行拓展，更大限度地促进博士生职业发展。此外，应构建以高校为主体，教育行政部门、行业部门和社会机构、企业多方协同的培养机制，注重博士生的质量及其与社会发展、行业需求的适切性。

① 邓光平：《澳大利亚博士生可转化技能培养模式与启示》，《中国高教研究》2017 年第 9 期。

其次，以质量提升为目的，丰富博士生的培养目标，实现从标准化培养向个性化培养的转变。我国博士生教育面临培养遵循“学术逻辑”还是“市场逻辑”的争论，也有研究指出高校培养的博士过专过窄、无法很好地为产业界服务，博士生质量存在一定的问题。而博士生教育作为国民教育的最高层次，在坚持培养学术接班人的同时，也应该适度丰富人才培养目标，结合社会发展、国家战略及产业发展的需求，实现从标准化培养向个性化培养的转变，从而实现博士生教育从规模增长到结构优化、质量提升的转变。

最后，以科研能力为核心，可迁移能力为扩充，注重博士生复合型能力素质的培养。无论将多少学科整合在一起，最根本的问题还是要实现人的发展，学科整合应该将人的发展置于核心，否则不过是另一种形式的学科中心论、教育的功利主义和工具主义倾向①。找出本国博士生培养的现实问题，学习国外的经验，创设适合本国的博士生教育体系，从科研能力培养向以科研能力为核心、可迁移能力为扩充的复合型能力素质的培养转变，注重个人发展和社会发展的融合性，锻造博士生以科研能力为核心的复合型能力素质培养。

Challenges, Response and Enlightenment of STEM Doctoral Education in U. S.

Xu Zhen

Abstract: Based on the challenges of doctoral education in the field of STEM in the United States, this study explores the coping strategies and presents the enlightenment for the training of doctoral students in China. American STEM doctoral education faces the challenges enrollment rate and completion rate are highly dependent on international students, long time to obtain a degree and low retention rate, and diverse career orientations. Three strategies have been used to overcome these challenges in America, which are improving visa policy, increasing financial support,

① 李雁冰：《“科学、技术、工程与数学”教育运动的本质反思与实践问题——对话加拿大英属哥伦比亚教授 Nashon 教授》，《全球教育展望》2014 年第 11 期。

and improving the transferability of doctoral students. In thc light of American experience in cultivating reforms, the training of doctoral students in China should build a multi-synergetic training mechanism with universities as the main body and transition from standardized training to individualized training. Higher education institutions in China should pay attention to the cultivation of comprehensive capacities of doctoral students who are mainly engaged in scientific research and supplemented by transferability abilities.

Key words: STEM Doctoral Education; Challenge; Response; Enlightenment

文献计量

《经济研究》期刊2008—2018年十年间发文的文献计量研究

冯经纶*

摘　要：《经济研究》期刊代表了我国经济学研究的前沿和最高水平。本文对《经济研究》期刊2008年9月至2018年8月十年间发文样本进行文献计量研究，并采用CiteSpace软件进行合作网络、主题共现、模型使用分析，以发掘经济学研究的研究前沿、研究勾连、研究谱系。研究发现，《经济研究》发文作者和发文机构呈现出明显聚类，发文数量与质量正相关于研究机构在国内经济学界的地位排行；发文研究主题关联于中国现实国情下具体经济问题，国民经济结构和国民经济长远发展两类主题成为当前"调结构、稳增长"宏观经济大背景下的研究热点；模型应用中动态随机一般均衡模型（DSGE）出现频次最高，而新经济地理学模型与空间计量进展最快。本文通过揭示展现当代经济学研究中的一般规律，为经济学研究者提供发现指引和重要参考。

关键词：《经济研究》；合作网络；研究主题共现；科学知识图谱；模型使用

一　经济学文献计量分析的背景

经济学文献计量分析对现代经济情报获取具有重要意义，而科学知识图谱则从工具上助力文献计量的应用深度与广度。科学知识图谱简称为知识图谱（Knowledge Graph），作为知识域映射地图，通过图形学、应用数学、信息科学与计量学引文分析、共现分析相结合，运用可视化技术描述知识资源及其载体，挖掘、分析、构建、绘制和显示知识之间相互联系，

* 作者简介：冯经纶（1986—　），男，上海财经大学图书馆，博士。

揭示知识领域的动态发展规律，为学科研究提供切实的有价值的参考。这种基于图的数据结构，由“节点（Point）—实体”和“边（Edge）—关联”组成，形成刻画知识库（实体—属性—属性值）的集合。

用 CiteSpace 软件进行知识图谱可视化分析的相关研究方兴未艾，其他开源分析工具还包括 NWB、Sci2、SciMat、VOSViewer、GUESS 等，部分学者亦用整合了 ESI 和 JCR 的 InCites 平台进行文献计量分析（钟玲，2017）①，但 InCites 平台学科分类口径较粗且处理中文文献较为困难。这些开源分析工具的面向对象基本以外文文献为主，而 CiteSpace 在处理大批量中文文献上的独特优势使之在经济学文献情报分析上脱颖而出。

本文根据经济学文献情报研究的数据库来源划分为 WOS 数据库、CSSCI 数据库、CNKI 数据库分别进行综述，以观察经济学文献情报研究在相关领域的重要进展。

（一）对 WOS 数据库外文文献的经济学文献情报研究

饶荣豪、段承瑶利用 CiteSpace 对 Web of Science 数据库中 1992—2015 年间关于人力资源业务伙伴模式（HRBP Model）的 115 篇外文论文进行文献计量研究，重点进行文献共被引、关键词共现、核心议题及热点等维度分析，指出当今研究重点在于 HRBP 模式的效果、人力资源管理职能/人员自身的转变以及 HRBP 模式的落实举措②。戴克清等利用 CiteSpace 对 Web of Science2015 年至 2017 年 6 月这一时间段有关 Sharing Economy 关键词的 253 篇英文文献进行知识图谱分析，研究对象包括研究区域、学科分布、文献共被引及耦合等特征，发现中国学者仍游离在主流研究之外③。欧丽慧等借助 CiteSpace 对 Web of Science 1988—2017 年间 MPA 国际文献进行计量分析，发现无论发文作者、机构，还是研究前沿

① 钟铃：《基于新一代 InCites 平台的科研绩效评价实践研究》，《图书馆杂志》2017 年第 12 期。

② 饶荣豪、段承瑶：《人力资源业务伙伴模式研究的知识结构与发展趋势——基于知识图谱的分析》，《外国经济与管理》2017 年第 39 卷第 4 期。

③ 戴克清、陈万明、李小涛：《共享经济研究脉络及其发展趋势》，《经济学动态》2017 年第 11 期。

基本都集中在美英两个国家，中国 MPA 起步较晚，在学术上仍处于追赶阶段①。刘鸿宇，王伟选取 Web of Science 数据库 2001—2016 年关于企业伦理实证研究的 341 篇文献进行知识图谱分析，CiteSpace 的聚类视图将文献划分为 4 个模块：企业伦理决策研究、企业社会绩效—利益相关者研究、企业道德行为研究、组织伦理研究，通过热点视图显示出企业伦理实证研究的核心领域，分别为微观层面上的个体道德行为影响因素研究、中观层面上的组织伦理影响因素研究和宏观层面上的企业社会责任研究②。

（二）对 CSSCI 数据库文献的经济学文献情报研究

丛树海、宋达飞对 14 家单位的 19 种学术期刊 2011—2015 年的 3175 篇财税发文按 8 大类研究主题进行了统计分析，即财政学理论、税收学、财政支出、财政分权及均等化、政府债务及融资、财政管理及预算体制、宏观财政政策以及其他③。预先设定研究主题分类然后统计每种分类下的发文数量主要是依赖人工判断，而基于知识图谱软件对研究主题的提取一则精确，二则效率。王澍、樊丽明采用文献计量和知识图谱对 2006—2015 年间 CSSCI 经管类期刊 5829 篇税收发文进行分析，发现研究论文集中于税制改革、税收政策、税收征管三个方面，聚焦于中国税收组织收入和调节经济两大功能及其协调、中国现行税制的改革优化、中国税收调节的重点领域和中国税收征管的关键环节四个主题④。杨沁杰、庄汝龙基于 CiteSpace 对 CSSCI 期刊 1998－2016 年间有关“行政区划”关键词的 327 篇文献进行可视化分析，提炼有关研究团队地域、文献共被引、研究热点等方面的信息⑤。罗润东、李超借助 CiteSpace 软件，运用共词分析和聚类

① 欧丽慧、颜炳瑾、许鑫：《MBA 领域的研究进展、热点及其前沿（1988—2017 年）——基于知识图谱的分析》，《华东师范大学学报》（哲学社会科学版）2018 年第 50 卷第 3 期。

② 刘鸿宇、王伟：《西方企业伦理实证研究的知识图谱分析》，《中央财经大学学报》2018 年第 5 期。

③ 丛树海、宋达飞：《2011—2015 年财政学研究代表性期刊发文状况分析》，《中央财经大学学报》2017 年第 6 期。

④ 王澍、樊丽明：《中国税收研究主题的文献计量与知识图谱分析：基于 2006—2015 年 CNKI 数据库的 C 刊发文数据》，《财政研究》2017 年第 9 期。

⑤ 杨沁杰、庄汝龙：《近二十年行政区划研究知识图谱——基于 CSSCI 数据库的 CiteSpace Ⅲ分析》，《世界地理研究》2018 年第 27 卷第 1 期。

分析，对 2017 年 CSSCI 来源经济学期刊的发文进行分析，重点讨论了关注度较高的前 10 聚类，分别为：一带一路、新常态、供给侧、精准扶贫、城镇化、创新经济、产业转型升级、国际贸易、中国特色社会主义、区域经济，这些研究热点的罗列充分说明我国经济学研究紧密围绕着经济运行的新特征和国家经济发展战略进行展开①。周成、阮氏如月利用 CiteSpace 对 CSSCI 数据库中 1998—2016 年关于企业社会网络论文进行文献分析，研究表明网络能力、产业集群、社会资本、创新绩效等共同构成了企业社会网络的热点主题，而这些领域的学者大多处于独立研究的状态，合作性偏弱②。

（三）对 CNKI 数据库文献的经济学文献情报研究

郑烨、陈子韬利用 CiteSpace 对 CNKI2000-2015 年间关于政府信息公开的 1099 篇论文展开分析，以期获得有关国内政府信息公开研究的现状、热点及演进，发现研究热点主要涵盖在法制建设、信息传播与信息资源管理、机构与载体及公共治理视域等四方面③。顾海兵、王甲依托文献计量对 CNKI 数据库和国家图书馆中文检索系统关于中国经济安全的文献进行分析④，因其文献范围涉及期刊、报纸、硕博、会议、图书、新闻等，格式上杂糅，故只进行了一般的统计分析，而无法采用开源软件进行可视化分析。

二　样本采集与文献统计概貌

在国内，《经济研究》期刊文章代表了经济学研究的前沿和最高水平。研究《经济研究》期刊上的发文情况并展开相应的文献计量研究，对现代经济学的研究具有重要的指导意义。本研究采用 CiteSpace 5. 3. R3

---

① 罗润东、李超：《2017 年中国经济学研究热点分析》，《经济学动态》2018 年第 4 期。

② 周成、阮氏如月：《企业社会网络的知识图谱可视化研究——基于 CSSCI 期刊文献》，《软科学》2018 年第 32 卷第 4 期。

③ 郑烨、陈子韬：《国内政府信息公开研究现状、进程与热点——基于 CNKI 期刊文献（2000—2015）的计量分析》，《情报科学》2017 年第 35 卷第 11 期。

④ 顾海兵、王甲：《中国经济安全研究的文献计量分析——基于中文文献的分析》，《南京社会科学》2018 年第 3 期。

进行科学知识图谱分析，研究样本采集自《经济研究》2008 年第 9 期至 2018 年第 8 期 10 年间 CNKI 上所有文献，为控制研究的精确性，对文献进行了必要的数据清洗，剔除掉招聘启事、评选公告、会议通知、纪念活动、学院研究中心及学者学科专业宣传、笔记选编、征文启事、写作要求、经济形势预测、发展报告等非学术性文献，仅剩下专业性的研究论文 1822 篇。首先进行一些基础的文献计量分析。

表 1　《经济研究》2009. 1—2018. 8 按学科领域和基金科研项目分布的论文数量统计

学科领域分布	论文数量（>50 进入统计范围）	基金、科研项目	论文数量（>7 进入统计范围）
经济体制改革	768	国家自然科学基金	694
宏观经济管理与可持续发展	625	国家社会科学基金	515
金融	471	跨世纪优秀人才培养计划	124
企业经济	264	中国博士后科学基金	52
投资	242	上海市重点学科建设基金	44
经济理论及经济思想史	159	霍英东教育基金	21
证券	156	广东省自然科学基金	20
贸易经济	143	长江学者奖励计划	19
财政与税收	132	上海市教委曙光计划	15
市场研究与信息	112	浙江省自然科学基金	13
工业经济	108	教育部留学回国人员科研启动基金	11
人才学与劳动科学	92	高等学校博士学科点专项科研基金	8
农业经济	73	国家留学基金	8
行政学及国家行政管理	52	山东省自然科学基金	8

注：学科领域划分由 CNKI 数据库生成，根据《中华人民共和国学科分类与代码简表》并兼顾用户文献使用习惯，CNKI 数据库将文献归类为十大专辑 168 个专题。一篇论文可能涵盖多个学科，或受多项基金科研项目支持，分别进行统计。一项基金支持了多篇论文，则多重统计。因 2008 年 9—12 月只有 4 个月，为年度统计上的便利，从 2009 年 1 月开始进行年度列表。

经济学属于一级学科，在其大方向下，按照专题划分，《经济研究》上论文数量最多的两类是“经济体制改革”和“宏观经济管理与可持续发展”，显示了国民经济结构和国民经济长远发展两类主题成为当前“调结构、稳增长”宏观经济大背景下的关注热点，《经济研究》发文与中国实际问题严密贴合。

另外可以发现，尽管在研究层次上，《经济研究》绝大多数论文属于社科类基础研究，而非自科类基础与应用基础研究，但是在依托的基金项目上，国家自然科学基金（694篇）反而多于国家社会科学基金（515篇）。自科基金与社科基金成为《经济研究》上发文的最主要的支撑，换句话来讲，就是基于好的基金项目产生了优秀的经济学期刊发文。

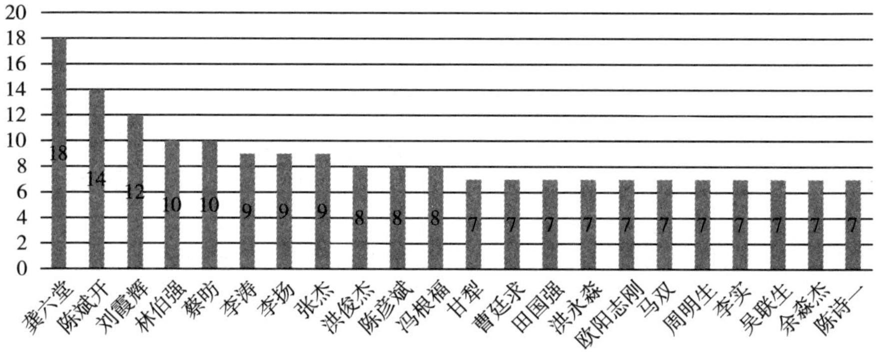

图1 《经济研究》2009.1—2018.8作者发文数量统计

注：第一作者和非第一作者的发文进行统计上的合并处理。

作者发文数量（≥7进入统计范围），单位：篇。

从发文作者来看，研究者呈现出优势集中的态势，少数几位最重要的研究者发文最多，这些高发文作者年龄结构上普遍偏大，已经在经济学领域成就了一定的学术地位。但因为匿名审稿和同行评议中学术声誉和地位并不显示，见刊仅以论文研究的质量评定，重要研究者的理念、方法、观点确实是值得后继研究者认真学习和借鉴。

从发文机构来看，作者机构的发文数量严格趋同于研究机构在国内经济学界的地位排行，因为前者是后者评定参考的重要因素之一。机构中经济学团队的研究实力越雄厚，发文质量越高、数量越多，不仅体现在《经济研究》发文，还体现在经济学国际A区发文、自然科学基金和社会科学基金等。

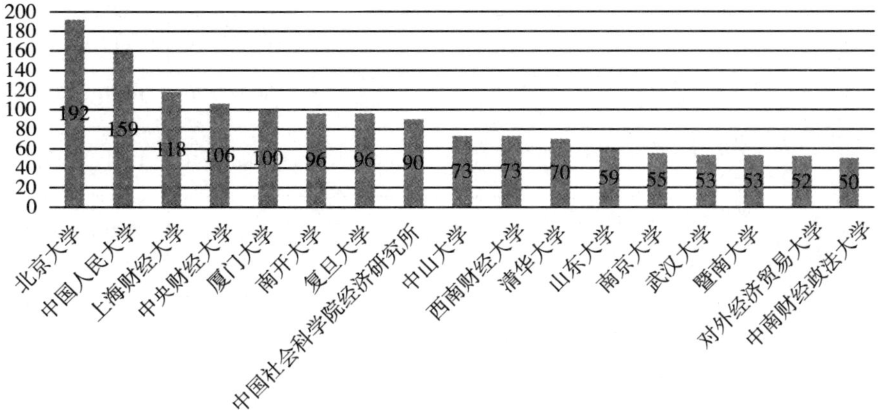

图 2 《经济研究》2009. 1—2018. 8 作者机构的发文数量统计

注：单个作者可能挂多个研究单位或学术机构，以其第一研究单位为衡量标准，而这亦符合研究单位对科研成果的认定标准。

作者机构的发文数量（≥50 进入统计范围），单位：篇。

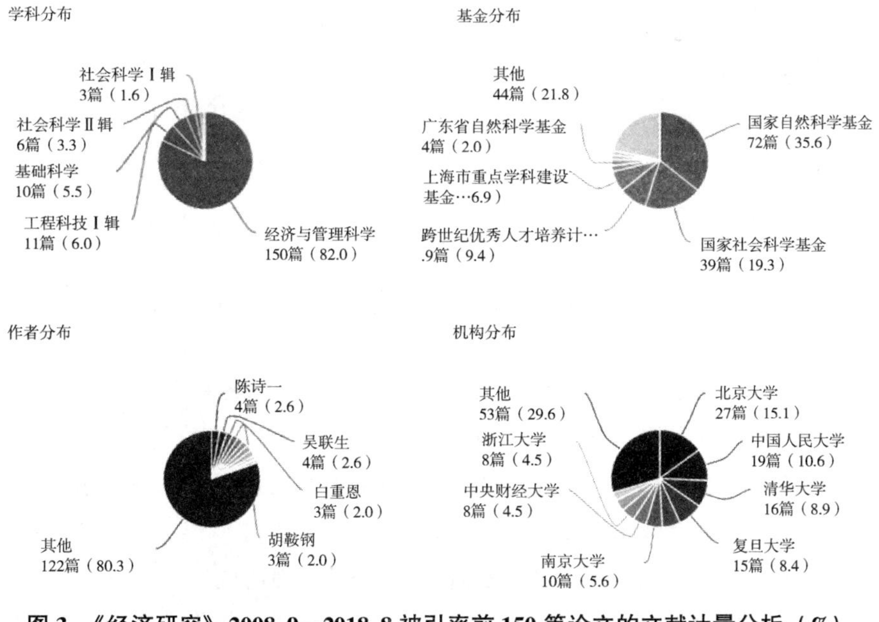

图 3 《经济研究》2008. 9—2018. 8 被引率前 150 篇论文的文献计量分析（%）

表 2　　《经济研究》2008. 9—2018. 8 被引≥1000 的八篇论文

序号	题名	作者	发表时间	被引	下载
1	中国产业结构变迁对经济增长和波动的影响	干春晖、郑若谷、余典范	2011/5/20	1609	51570
2	管理层权力、私有收益与薪酬操纵	权小锋、吴世农、文芳	2010/11/20	1293	17125
3	人口转变、人口红利与刘易斯转折点	蔡昉	2010/4/20	1220	26537
4	中国经济增长方式转换和增长可持续性	王小鲁、樊纲、刘鹏	2009/1/20	1165	18514
5	能源消耗、二氧化碳排放与中国工业的可持续发展	陈诗一	2009/4/20	1142	16593
6	我国上市公司高管的薪酬存在粘性吗?	方军雄	2009/3/20	1103	12409
7	管理者过度自信、企业扩张与财务困境	姜付秀、张敏、陆正飞、陈才东	2009/1/20	1079	16955
8	政治联系、寻租与地方政府财政补贴有效性	余明桂、回雅甫、潘红波	2010/3/20	1036	13131

注：被引及下载数据的更新日期截至 2018 年 9 月 24 日。

论文的被引率越高，意味着其重要程度和影响力越高，尽管被引率是一个随着时间而动态变化的概念，但并不影响十年周期内衡量中的相对重要程度。2008 年 9 月至 2018 年 8 月期间被引≥1000 的 8 篇论文虽然分布在经济与管理科学的各个专业领域，但都成为各自专业领域研究的翘楚。

三　基于 CiteSpace 的合作网络分析

运用 CiteSpace 5. 3. R3 分别对样本期刊的发文作者和发文机构进行合作网络研究。在节点设置的阈值上，选择被引频次最高的前 50 篇且被引频次在前 10%以内的论文进行分析，程序结果的知识图谱如下所示：

在发文作者合作关联的知识图谱中，最大的合作网络来自于刘霞辉、李成、张晓晶、李扬、袁富华、张平、汤铎铎、刘树成、常欣等作者构成的巨大合作网络，占据《经济研究》高被引论文合作发文的半壁江山，物以类聚、人以群分，彰显了青年学者在经济学前沿研究领域的分享、合作、共赢。另外值得关注的是，龚六堂（18 篇）与周炎（6 篇）、陈昆亭

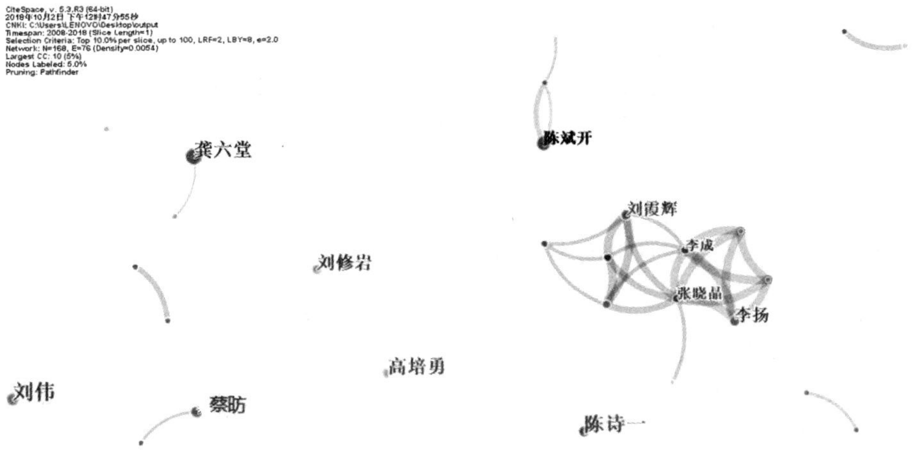

图 4 《经济研究》2008. 9—2018. 8 发文作者合作关联的知识图谱

（6 篇）的合作亦称典范，龚六堂近几年平均每年在《经济研究》上发文 2—3 篇，最高的 2011 年龚六堂在《经济研究》上发文 5 篇，龚六堂每次的合作者均有不同，带出了一大批青年新秀。陈斌开 10 年间在《经济研究》上发文 14 篇位居第二，除此之外，蔡昉、刘伟、刘修岩、高培勇、陈诗一等都各自形成了作者发文上的核心节点，与围绕他们合作发文的学者构成了《经济研究》10 年间余下高被引论文发文的主体。

《经济研究》发文机构间存在极强的合作关联，一张大的合作关联网已经覆盖所有研究论文，说明任何一项有影响的经济类研究成果必是在跨机构合作中完成，信息时代的交流互通已经变得越来越重要。节点的大小代表发文机构的影响力，节点之间的连接则表示发文机构之间的勾连，从知识图谱中可以看出，中国科学院经济研究所（78 篇）和北京大学光华管理学院（69 篇）处于最重要的地位，与中国科学院经济研究所研究联系密切的机构有北京大学经济学院（41 篇）、武汉大学经济与管理学院（34 篇）、清华大学经济管理学院（26 篇）等，与北京大学光华管理学院研究联系密切的机构有中央财经大学经济学院（45 篇）、北京大学经济学院（41 篇）、华中科技大学经济学院（25 篇）、暨南大学经济学院（15 篇）、中国人民大学商学院（15 篇）、中国社会科学院数量经济与技术经济研究所（13 篇）等。其他几个重要的发文机构包括中国人民大学经济学院（50 篇）、复旦大学经济学院（48 篇）和中山大学岭南学院（45 篇），以这几个机构为核心又辐射出几个相关的经济学研究的地域团队。

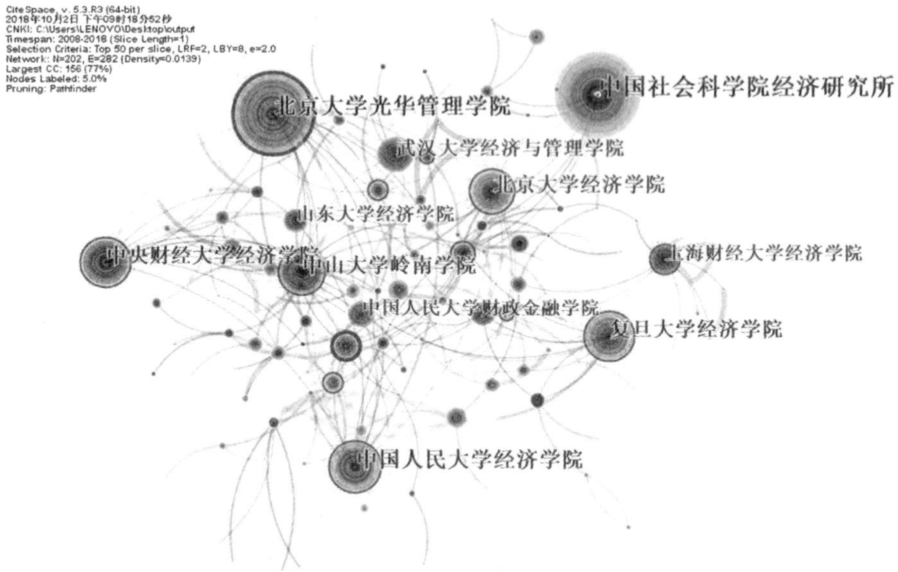

图5 《经济研究》2008. 9—2018. 8发文机构合作关联的知识图谱

这些机构之外其他机构在《经济研究》上的发文就趋于零星，显示出经济学研究在核心院校优势较为集中，出现寡头局面，经济学人才资源的地理分布并不均衡，非核心研究机构的研究者要想在《经济研究》上发文，其困难程度相当大，除非向优秀同仁学习及合作。

四　研究主题共现网络

共现网络运用论文题目、摘要、关键词三种词源进行研究主题呈现。这里必须明确主题词与关键词的区别与联系，关键词归属论文作者的自然语言，而主题词作为严格规范化语言，涵盖同义词、近义词以及同一概念的不同书写形式。因此知识图谱研究主题聚类同时采用三种词源，而不仅仅是关键词一种词源。

研究主题知识图谱的共线网络显示，经济与管理科学领域国内问题的研究占突出地位，涉及“中华人民共和国”问题的研究包括资源配置、结构性改革、农村问题、青年群体、系统性风险、全球化、经济体制、财政分权、财政管理、宏观审慎政策、企业生产率、社会公平、后危机时机、“一带一路”等，彰显了中国经济学者对中国现实国情下经济问题的实践结合和深刻洞悉，经济学研究有事实的针对性和时代的引领性。这也契合了习近平总书记 2018 年 9 月 10 日在全国教育大会上的要求，“既要立足中国国情，扎根中国大地，解决中国问题，也要讲好中国故事，发出中国声音，提供中国方案，贡献中国智慧。”

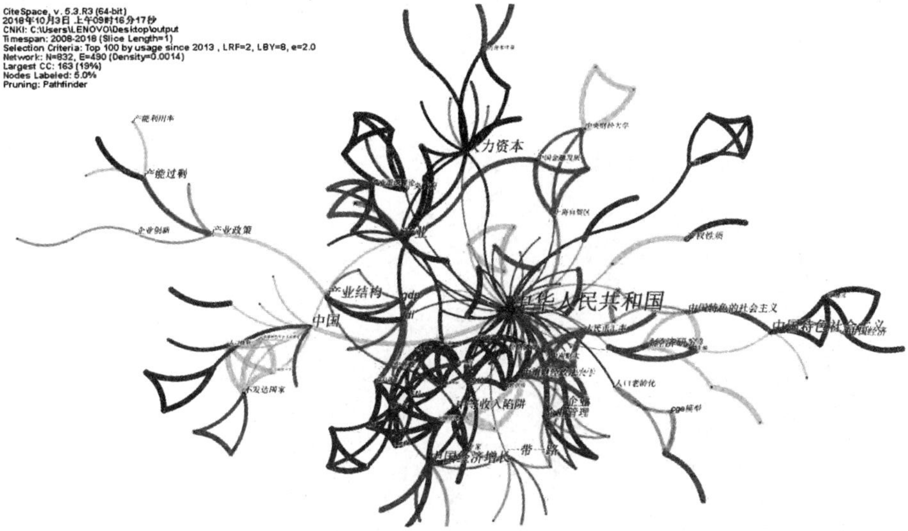

图 6 《经济研究》2008. 9—2018. 8 研究论文的主题词共现网络

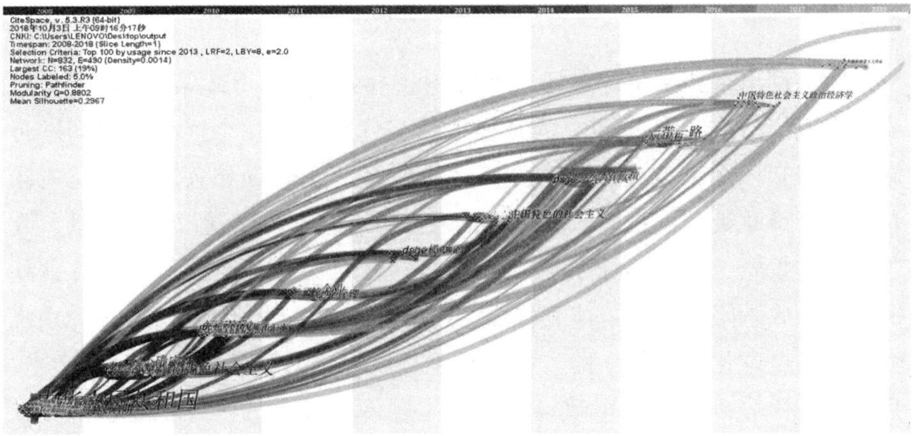

图 7　时间切片下的主题分化

通过对主题进行时间切片，可以很好地研究时间维度下的主题分化与演进。热门研究从 2008 年的信息不对称、中等收入陷阱→2009 年的不确定性、全球价值链→2010 年的人民币汇率→2011 年的企业管理→2012 年的 DSGE 模型→2013 年的中国特色社会主义→2014 年的自贸区→2015 年的一带一路、人口结构→2016 年的中国特色社会主义政治经济学，热门研究主题脉络的清晰呈现，显示出经济学研究与时代、政治、经济的现实高度相关，时代提出命题，经济学家解决问题，研究中时间切片下的主题分化本身就是现实经济状况的发展史。

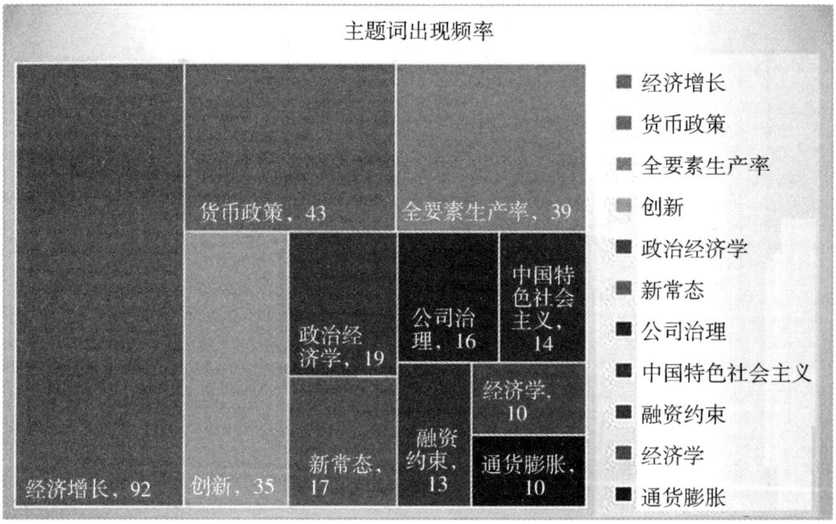

图 8　主题词出现频率统计

主题词出现频率统计显示：经济增长（92）、货币政策（43）、全要素生产率（39）等处于研究的重要地位。分别对这几个核心主题词进行辐射网络知识图谱创建，与“经济增长”核心主题词相关联的研究主题包括：货币政策、创新、通货膨胀、融资约束、资源配置、经济波动、收入分配、投资、财政政策、收入不平等、社会保障、地区差异、贫富差距、中等收入陷阱、经济体制改革、人力资本、金融、结构性改革、系统性风险、全球化、一带一路、财政管理、农村、财政分权、企业生产率、后危机时代等；与“货币政策”核心主题词相关联的研究主题包括：融资约束、利率市场化、通货膨胀、资产价格、汇率、财政政策、全球化、产出缺口、实体经济、房地产价格等；与“全要素生产率”核心主题词相关联的研究主题包括：劳动生产率、信息不对称、城市化、供给侧结构性改革、投资效率、农民工、经济体制改革、数据包络分析、经济转型、资源配置效率等。对这些关联网络的深入理解，有助于选择核心主题研究中的切入点。

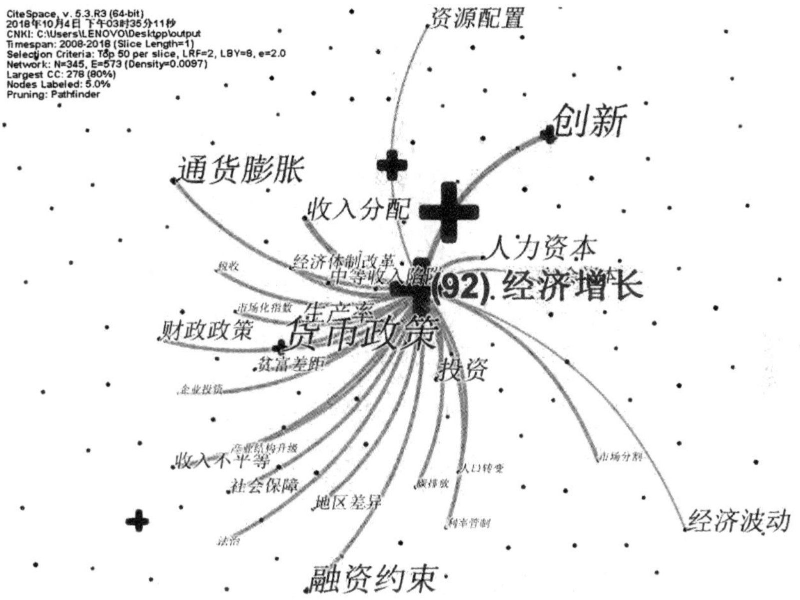

图 9　核心主题词的辐射网络（一）

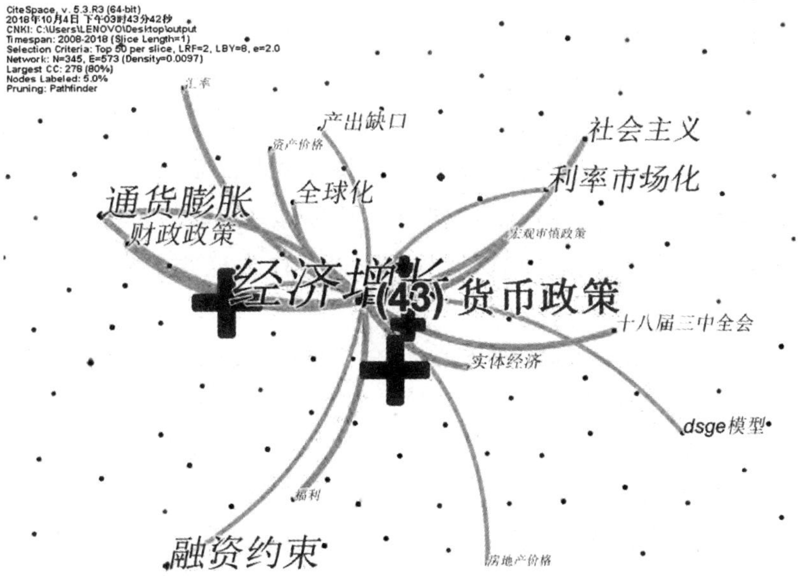

图 10　核心主题词的辐射网络（二）

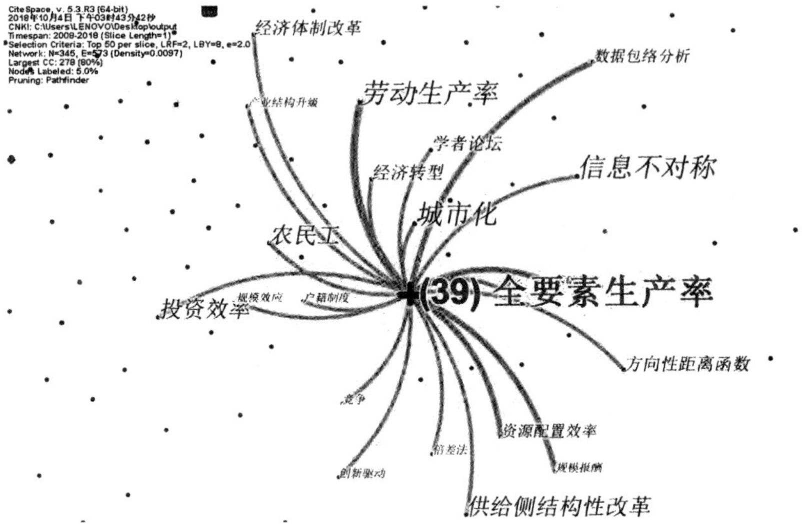

图 11　核心主题词的辐射网络（三）

五　经济学研究方法与模型的使用

对于具有工具理性的实证研究论文而言，基本上每篇文章都会涉及模型的运用与演绎，模型使得经济问题和经济规律得到深刻有效地揭示，究竟哪些模型或研究方法在《经济研究》中得以规模使用和重点使用，对实证研究者而言价值自然不可估量。当然，对模型依赖程度较高或是模型在论文中的分量较重的对象作为所有样本的一个子集，应当成为研究的关注重点，以文中出现相关模型涉及五次以上，或者论文题目、摘要、关键词中相关模型提及一次以上作为这些论文的入选标准，统计如图 12。

可以看出，模型依赖程度较高的论文的发文数量在《经济研究》年度总发文中占有相当的比例，但并没有呈现出大起大落之势，比例在 36%上下浮动，也就是说，《经济研究》上每三篇发文就有一篇侧重应用模型进行分析。

模型依赖程度较高的论文中，使用最频繁的模型当属动态随机一般均衡模型（DSGE），十年间有 56 篇论文，并且近年来应用更加频繁，用在了经济学研究中的几乎所有领域，彰显了经济学研究者在研究方法

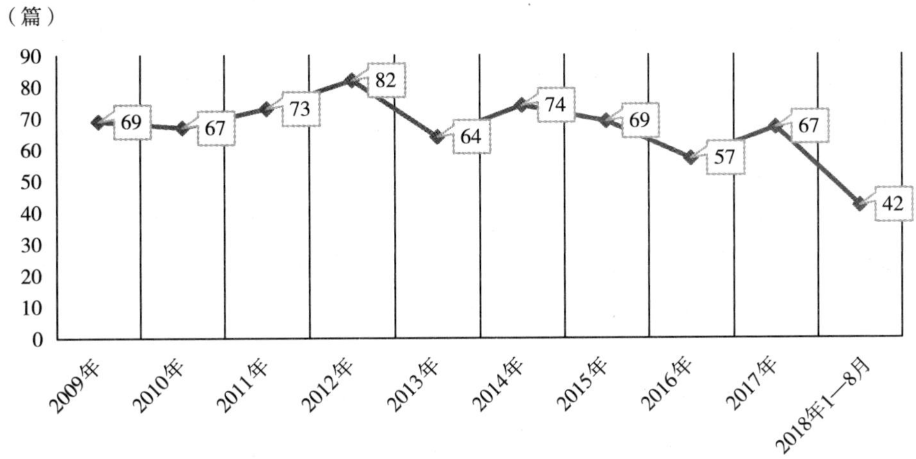

图 12 《经济研究》中模型依赖程度较高论文的历年统计

使用上的重要偏好。DSGE 的跨期最优选择、冲击效应与一般均衡的优势使其在宏观经济研究的重要性中脱颖而出，避免卢卡斯批判，使研究理论更逼近于现实经济世界，因此，DSGE 成为需要经济学研究者重点掌握的模型对象。与之对照的是，新古典经济增长模型与内生经济增长模型，在模型依赖程度较高的论文中，十年间只有 15 篇，并且趋减态势明显。

传统宏观经济研究方法的没落正应对了新兴研究方法的崛起，因为经济学研究与现实世界并行进步。随着空间经济和区位影响研究上的地位的确立，新经济地理学模型与空间计量开始强势突进，而这成为经济学研究者需要立即跟进的研究对象。

每一种模型都有其所适用的研究领域，为了研究需要而使用适当的模型有助于论证的严谨周密，而非为了模型而模型有意使研究复杂化。需要指出的是，经过检验的传统经济学模型及其扩展依然有效，对经济学问题而言，采取精巧有效的模型只要能很好地论证和提出解决方案就是最佳的，任何时候模型作为工具只是起到辅助功能。

六 结语

《经济研究》期刊发文代表了中国国内经济学研究的前沿，对其展开必要的文献计量研究对经济学研究具有重要价值。通过对《经济研究》期刊2008年9月至2018年8月十年间发文样本进行数据清洗和文献计量，并采用CiteSpace软件对样本进行合作网络、主题共现、模型使用等方面展现，多维度分析《经济研究》文献特征全局概貌，为经济学研究者从事相关领域研究提供必要的参考。

经济学研究是一个历久弥新的领地，新的研究视野、研究方法、样本数据、宏观政策、分析框架、理论体系乃至研究领域不断涌现，有发现问题的眼光和处理问题的能力的经济学研究者，终将有所斩获。

Bibliometric Research of Literature Published by Journal of Economic Research between 2008 and 2018

Feng Jinglun

Abstract: *The Journal of Economic Research* represents the forefront and the highest level of economic research in China. Through the bibliometric research of the published papers of the *Journal of Economic Research* from September 2008 to August 2018, and taking CiteSpace software for cooperation network, research theme co-occurrence and model using analysis, this paper explores the research frontiers, research interlinkages and pedigrees of economic research. The study shows that the authors and institutions of *Journal of Economic Research* Presents obvious clustering, and the quantity and quality of papers are positively related to the ranking of research institutions in domestic economic circles. Also, the research topics are related to specific economic problems in China's actual environment, and the two themes of national economic structure and long-term development of national economy have become the research hotspots under the macroeconomic background of structural adjustment and steady growth. In addition, the dynamic stochastic general equilibrium model (DSGE) is the most frequently used model, and the new economic geography model and spatial metrology are the fastest developed model. By revealing the general laws of contemporary economic research, This paper provides insightful guidance and important reference for economic researchers.

Key words: *Journal of Economic Research*; Cooperative Network; Research Theme Co-Occurrence; Scientific Knowledge Map; Model Use

国际教师教育政策研究的进展、热点与前沿

——基于 WoS 期刊文献的可视化分析

陈婷婷*

摘　要：本研究以可视化分析工具 CiteSpace 的来源期刊、作者、国家（地区）、机构、学科、参考文献等不同节点为主要参考变量，绘制教师教育政策研究领域国际期刊文献的相关知识图谱。通过分析结果可知：当前国际教师教育政策研究历史较短（初始于 2002 年），且仍未形成领域的核心刊物；少数研究成果局限于教育与教育研究学科范围内，缺乏跨学科的探索与尝试；核心研究成果以核心作者及其国家（地区）归属为表征基本分布于北美与欧洲地区（主要是美、英两国），初步形成了以牛津大学等若干大学为核心的研究中心；教师教育变革、教师专业发展与教师教育政策研究方法等是该领域国际研究关注的热点问题；未来，教师教育政策与变革的关系、教师教育政策的比较研究以及教师教育政策科学研究体系的构建等方面内容将会得到相关国际研究的持续关注。

关键词：教师教育政策；教师教育变革；教师专业发展；政策研究方法；可视化分析

相较于其他领域，教师教育因其在教育中的基础性作用常常成为政策规引的重要内容。然而，当前教师教育与基础教育脱节、教师教育核心课程欠缺以及教师培训专业标准滞后等问题仍十分突出。显然，无论是我国教师教育政策的颁布与实施，还是教师教育政策的相关研究，均未达到其预期的效用。本文利用可视化分析工具 CiteSpace 分析 Web of Science（简称“WoS”）数据库有关“国际教师教育政策研究”的期刊文献，试图

* 作者简介：陈婷婷（1991—　），女，浙江师范大学高等教育学博士研究生。

呈现当前国际教师教育政策研究的期刊分布、核心作者、主要来源机构、学科等基本信息，以及当前国际教师教育政策研究的热点问题、知识基础与理论前沿等方面内容，为未来我国教师教育政策的科学制定以及教师教育政策的研究方向提供参考。

一　研究方法与数据来源

以 WoS 核心合集①为检索源，采用高级检索方式，在自定义 TS =(policy NEAR/2 "teacher education")、限定语言（English)、限定文献类型（Article)，不限定年份的状况下进行检索，获得 2008 年至 2018 年共计 102 条文献记录（年度发文数量及其引文年度总被引频次如图 1 所示)。笔者将这 102 条文献记录以"全记录与引用的参考文献"为记录内容，以纯文本为文件格式进行下载并保存。将下载数据导入可视化分析软件 CiteSpaceIII，分别选择 CiteSpaceIII 中作者、机构与国家等不同节点类型绘制出有关于国际教师教育政策研究的基本特征（核心作者、重点研究机构以及研究者国家分布情况等)、研究热点与趋势以及知识基础的可视化网络共现图谱。

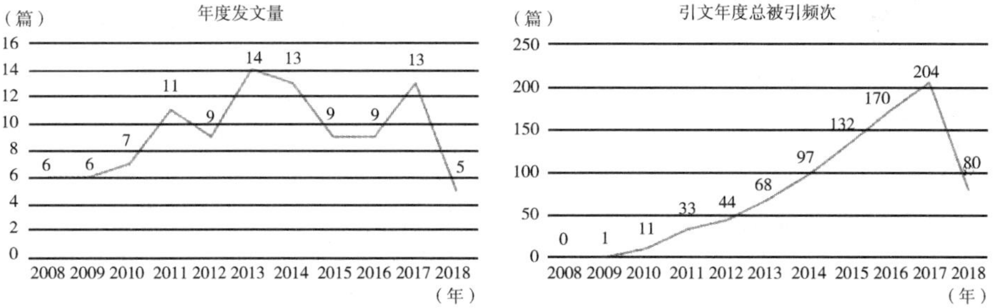

图 1　国际教师教育政策期刊文献及其引文计量分析

① Web of ScienceTM 核心合集包含 Science Citation Index Expanded ©，Social Sciences Citation Index ©，Arts&Humanities Citation Index ©三大引文索引，汇集了全球自然科学、社会科学、艺术与人文等领域最权威的学术期刊.

二 国际教师教育政策研究的基本特征

（一）主要来源期刊分布

将102篇文献按来源出版物进行分类，可发现共存在51个来源期刊，其中仅有9个刊物发文数量超过3篇（见表1）。由此可见，当前国际教师教育政策研究还未形成集中呈现成果的核心期刊，相关文献主要散见于教师教育、教育学类期刊之中。

表1 国际教师教育政策研究的主要来源期刊分布（发文量≥3篇）

期刊名称	影响因子[1]（5年）	发文量（篇）	百分比（%）	总被引频次
《欧洲教师教育杂志》(*European Journal of Teacher Education*)	1.145	10	9.80	67
《师资教育杂志》(*Journal of Education for Teaching*)	1.157	10	9.80	47
《教师教育学刊》(*Journal of Teacher Education*)	3.706	6	5.88	186
《教学与教师教育》(*Teaching and Teacher Education*)	2.995	6	5.88	86
《亚太教师教育杂志》(*Asia Pacific Journal of Teacher Education*)	—	5	4.90	32
《教育研究》(*Education Research*)	—	5	4.90	22
《牛津教育评论》(*Oxford Review of Education*)	1.388	3	2.94	28
《师范学院记录》(*Teachers College Record*)	1.510	3	2.94	1
《城市教育》(*Urban Education*)	1.727	3	2.94	8

注：期刊影响因子（3年）依据2016年的JCR报告，未注明刊物为未被SCI和SSCI收录的期刊。

（二）主要研究作者分布

将102篇文献按作者进行分类，可发现共存在100位作者参与写作（其中有10位作者为合作作者）。发文量超过2篇的作者共11位，分别来自10所大学，文章合计23篇。发文量最多的作者是来自哥德堡大学的丹尼斯·比奇，共发表了3篇文章；被引频次最高的作者共有两位，分别是来自哥德堡大学的丹尼斯·比奇与来自杜伦大学的卡尔·巴格利，最大引用频次为16次，是丹尼斯·比奇与卡尔·巴格利合作发表于《欧洲教师教育杂志》的文章《教师教育政策中专业话语的培训范式转变：一项比较研究》（见表2）。从国际教师教育政策研究领域作者的合作情况中可以发现，在教师教育政策研究领域作者分布较为零散，还未形成核心的作者群体。其中来自哥德堡大学的丹尼斯·比奇与来自杜伦大学的卡尔·巴格利以及来自布罗斯大学的卡塔丽娜·普拉耶-寇热形成了相对稳定的合作团队。

表2　　国际教师教育政策研究的主要作者（发文量≥2篇）

姓名	所在机构	篇数	比例（%）	H指数[1]	最大引用频次
丹尼斯·比奇（Dennis Beach）	哥德堡大学（瑞典）	3	2.94	8	16
卡尔·巴格利（Carl Bagley）	杜伦大学（英国）	2	1.96	6	16
安·蔡尔兹（Ann Childs）	牛津大学（英国）	2	1.96	3	6
希拉里·格尔巴赫·康克林（Hilary Gehlbach Conklin）	佐治亚大学（美国）	2	1.96	4	4
阿拉斯特·斯科特·道格拉斯（Alaster Scott Douglas）	罗汉普顿大学（英国）	2	1.96	4	3
艾丽莎·哈德利·邓恩（Alyssa Hadley Dunn）	佐治亚大学（美国）	2	1.96	2	5
伊恩·门特（Menter Ian）	牛津大学（英国）	2	1.96	4	4
米尔恩·H. 理查德（Milner H. Richard）	范德堡大学（美国）	2	1.96	10	60
约翰·奥尼尔（John O' Neill）	梅西大学（新西兰）	2	1.96	5	2
卡塔丽娜·普拉耶-寇热（Catarina Player-Koro）	布罗斯大学（瑞典）	2	1.96	2	8
肯尼思·M. 沙科纳（Kenneth M. Zeichner）	华盛顿大学（美国）	2	1.96	2	1

注：一个人在其所有发表的学术文章中有 *N* 篇论文分别被引用了至少 *N* 次，他的H指数就是 *N*。

（三）作者所属国家（地区）分布

本文所搜集的102篇文献分别来自32个国家/地区，前31%的国家发文数量占比高达85%。其中，美、英两国发文数量最多，分别占比29.43%和20.59%。中国发文数量占比5.88%，除了中国内地的湖南大学，其他发文机构主要来自中国香港地区的香港大学、香港浸会大学、香港教育大学和香港中文大学。从各个国家（地区）的发文数量与最大引用频次可以看出，不同国家（地区）不仅在发文数量，而且，在发文质量上均存在较大差异。引用频次即质量较高的文章主要来自于美国、瑞典、加拿大与英国，最大引用频次分别为70、30、26与21；而土耳其、南非与苏格兰不仅发文数量较少，且文章最大引用频次也处于一个较低的水平（见表3）。

表3　国际教师教育政策研究的主要国家分布（前10位）　（单位:%）

序号	国家/地区	篇数	占比	最大引用频次	序号	国家/地区	篇数	占比	最大引用频次
1	美国	30	29.41	70	6	中国	6	5.88	12
2	英国	21	20.59	21	7	瑞典	6	5.88	30
3	澳大利亚	8	7.84	16	8	南非	5	4.90	5
4	土耳其	7	6.86	5	9	苏格兰	4	3.92	8
5	爱尔兰	6	5.88	18	10	加拿大	3	2.94	26

国家/地区的合作网络图谱（见图2）显示，美国与英国是教师教育政策研究领域最主要的研究国家，并形成了由美国辐射加拿大、英国辐射苏格兰、爱尔兰以及澳大利亚的北美与欧洲的两大研究中心。而土耳其、南非与新西兰等国家则离现有的教师教育政策研究中心较远。

（四）主要来源机构分布

本文搜集到的102篇文献来自100所研究机构，其中有74所研究机构仅发表过一篇文献，8所研究机构发表3篇及以上文献。发文量最大的研究机构（发文4篇）有3所，分别为美国的加州大学系统、瑞典的哥德堡大学以及英国的牛津大学。由此可见，当前教师教育政策研究领域的研究机构主要分布于欧洲和北美地区。中国香港地区的香港教育大学

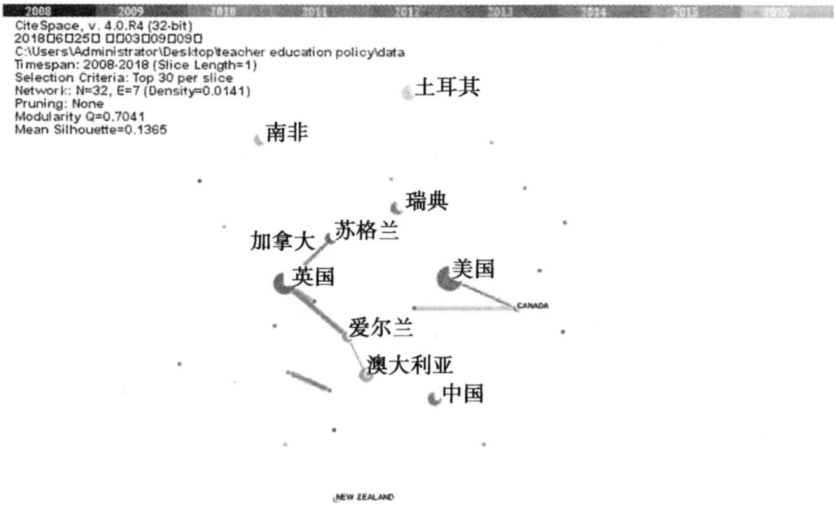

图 2 国际教师教育政策研究国家/地区的合作网络图谱

（发文 2 篇）与香港大学（发文 2 篇）在所有研究机构的前 61.76%（共 63 篇）中占比 6.35%，与瑞典并列第四，仅次于美国（共发文 29 篇，占比 46.03%）、英国（共发文 13 篇，占比 20.63%）、与爱尔兰（共发文 5 篇，占比 7.94%）三个国家的研究机构。此外，中国内地在国际期刊上发表的教师教育政策领域相关成果寥寥无几，仅有湖南大学 1 所研究机构合计发文 1 篇。

利用 CiteSpace 软件，设置阈值为 1，抽取每年发文量最大的前 10 所研究机构，绘制“教师教育政策”研究机构的合作网络图谱（见图 3）。分析结果可知，在教师教育政策研究领域，研究机构之间的合作十分零散，仅有部分研究机构形成较为松散的合作关系，如分别以牛津大学、密歇根州立大学、哥德堡大学、夸祖鲁—纳塔尔大学为核心的研究中心。其他如华盛顿大学、都柏林大学以及香港大学拥有单独的研究团队，在教师教育政策研究领域具有较大影响力。

（五）主要来源学科分布

分析教师教育政策研究的学科分布，有助于掌握教师教育研究在多学科谱系中所处的位置以及跨学科背景。根据 Web of Science 中的学科分类，教师教育政策相关研究共涉及 18 个学科（领域），教育与教育研究

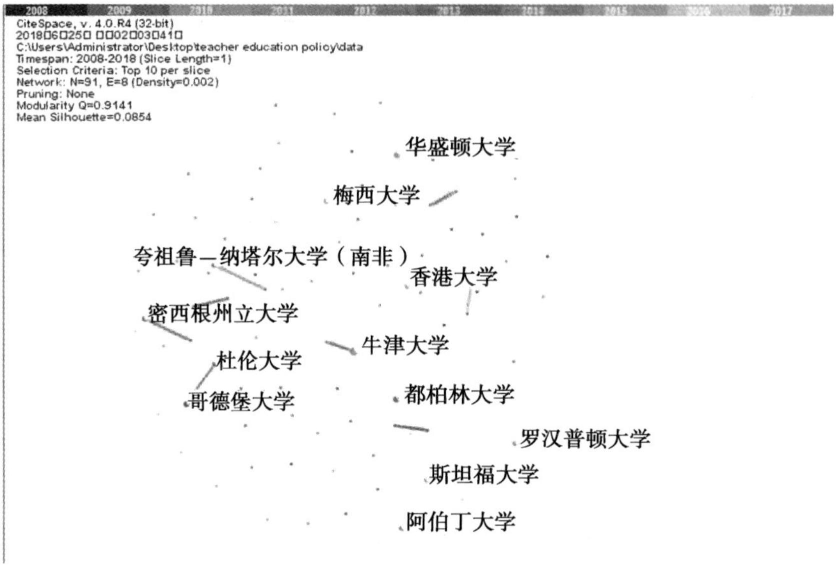

图 3　国际教师教育政策研究机构的合作网络图谱

是其主要学科阵营，共发文 97 篇，占比 95.10%，其他如语言学、城市研究、人类学等 9 个学科领域均发文 2 篇及以上（见表 4）。

表 4　国际教师教育政策研究的主要学科分布（发文量≥2 篇）

序号	篇数	中心性	学科
1	97	0.05	教育与教育研究（Education & Educational Research）
2	4	0.03	语言学（Linguistics）
3	4	0	城市研究（Urban Studies）
4	3	0	语言与语言学领域（Language & Linguistics）
5	2	0.03	人类学（Anthropology）
6	2	0.02	酒店管理（Hospitality）
7	2	0	多学科科学（Multidisciplinary Sciences）
8	2	0	音乐（Music）
9	2	0.02	社会科学—其他领域（Social Sciences-other Topics）
10	2	0	运动科学（Sport Sciences）

运用 CiteSpace 绘制学科共现知识图谱（见图 4），发现教师教育政策研究的学科交叉脉络较为清晰，主要形成了以教育与教育研究为核心、以社会科学—其他领域为核心、以人类学为核心的三大学科阵营。说明教师教育政策研究仍不稳定，主要以本学科知识为研究基础，缺乏跨学科的探索与尝试。

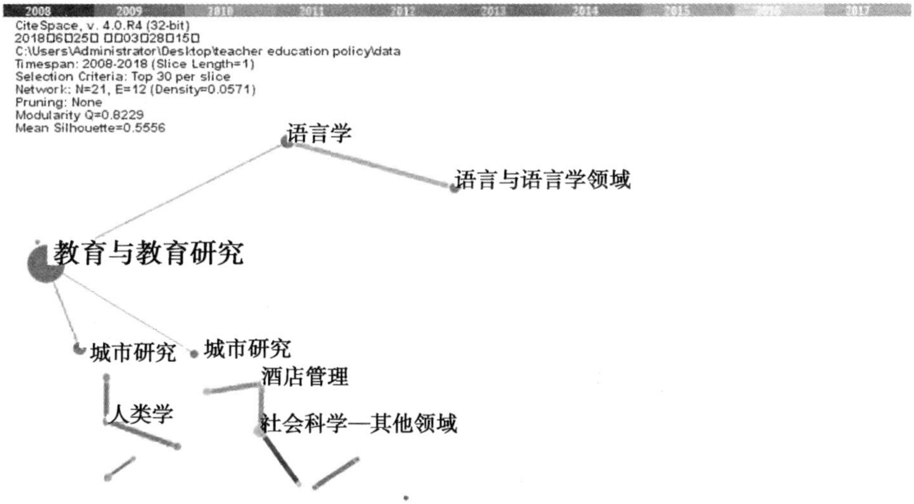

图 4　国际教师教育政策研究的学科共现知识图谱

三　国际教师教育政策研究的热点问题

通过对教师教育政策研究领域的研究热点进行定量考察和可视化分析，可准确把握国际范围内这一领域的主要研究内容以及研究现状。汇总“教师教育政策”研究关键词可知，国际教师教育政策研究领域的高频词除去有关研究主题的中心词“教师教育”（频次 29）、“教育”（频次 14）、“教育政策”（频次 14）、“政策”（频次 13）与“教师教育政策”（频次 11）以外，“学校”（school）（频次 12）、“改革”（频次 10）、“知识”（频次 8）、“专业发展”（频次 7）、“身份认同”（频次 6）等词在一定程度上反映了教师教育政策研究领域现状，说明当前教师教育政策的国际研究主要聚焦于教师教育改革、教师专业发展以及职前教师教育等问题（见表 5）。

表 5 国际教师教育政策研究的高频关键词（频次≥4 次）

编号	频次	关键词	编号	频次	关键词	编号	频次	关键词
1	29	教师教育	11	6	英国	21	4	教学实践
2	14	教育	12	6	教师	22	4	项目
3	14	教育政策	13	5	学生成就	23	4	自我效能感
4	13	政策	14	5	视角	24	4	职前教师教育
5	12	学校	15	5	问责制	25	4	经验
6	11	教师教育政策	16	5	动机	26	4	数学
7	10	改革	17	5	班级	27	4	挑战
8	8	知识	18	4	初任教师教育			
9	7	专业发展	19	4	影响			
10	6	身份认同	20	4	教师发展			

运用 CiteSpace 的聚类分析功能，按对数似然函数比例算法（log-likelihood ratio，LLR 算法），从关键词中抽取名词来表征聚类标签，得到教师教育政策研究的关键词共现知识图谱（见图 5）。由图谱可知，教师教育政策相关研究的 Q 值（modularity Q）① 为 0.9165，说明聚类耦合结构显著；然而，代表聚类同质性的平均轮廓值（mean silhouette）② 得分仅为 0.0511，说明虽然聚类具有显著的团体结构，然而其同质性较差。

根据 CiteSpace 自动生成的有关主要聚类的叙述报告（见表 6），对关键词共现知识图谱进行进一步的解读发现，教师教育政策研究中最大聚类是#0 聚类，由 14 条文献集聚而成，轮廓值为 0.714，LLR 算法抽取的标签词体现了当前国际教师教育政策研究主要围绕基础教育阶段教师教育（基础教师教育）展开，侧重于理科教师培育（生物学、化学演示新手、科学、化学教师）、关注教师专业发展（专业发展、教师学习、职业发展）过程中教学技术（教学方法课程、技术、写作教学）、自我效能感（自我效能感）提升等问题的解决。第二大聚类是#1 聚类，由 13 条文献集聚而成，轮廓值为 0.538，LLR 算法抽取的标签词与 MI 算法抽取的标签词完全一致，说明抽取标签词具有较高的聚类代表性。除去与第一大聚类意义相重的一些标签词，我们可以看出当前国际教师教育政策研究同样受到全球化与信息化的影响（网络民族志、全球化的地方主义与本土化

① Q 值在（0.10）区间之间，Q>0.3 说明聚类耦合结构显著。

② 平均轮廓值是各样本点轮廓值的平均数，当其≥0.7 时，说明聚类是高效且令人信服的；≥0.5 时，说明聚类是合理的。

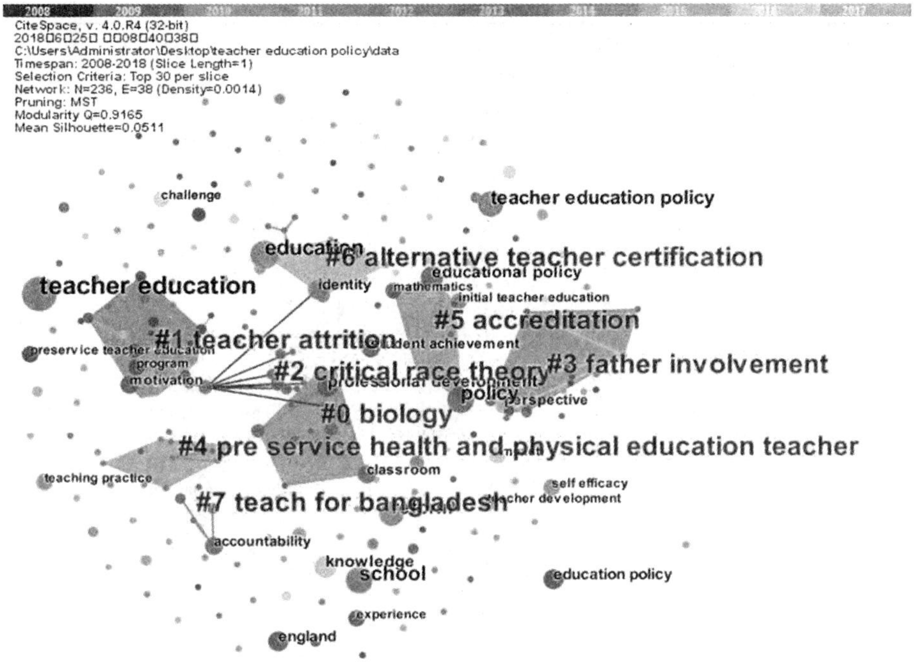

图 5　国际教师教育政策研究的关键词共现知识图谱

的全球主义、网络治理、跨边界者、国家、全球化、网络教师教育）；一部分研究涉及与教师教育主体即教师相关的具体问题，譬如教师损耗、教师投资、教师身份认同等；另一部分文献对教师教育政策研究的一些前沿方法（网络民族志、照片引谈法）进行了探讨。

表 6　　国际教师教育政策研究的前两大聚类概述

聚类编号#	大小	轮廓值	标签词（TF * IDF）	标签词（LLR）	标签词（MI）	平均（被引年份）
0	14	0.714	内容知识，教学内容知识，教师，知识，专业发展	生物学，中学，教学内容知识，替代性认证，化学演示新手，科学，教师，化学教师，主题，专业发展，概念，教育，课堂，信仰，教学方法课程，自我效能感，技术，框架，基础教师教育，阅读教师教育，教师学习，职业发展，职前教师教育，写作教学，领域	爱尔兰，教育政策，教师教育，职业发展，归纳	2010

续表

聚类编号#	大小	轮廓值	标签词（TF * IDF）	标签词（LLR）	标签词（MI）	平均（被引年份）
1	13	0.538	教师，教育，教师教育，政策，语言	教师损耗，城市学校，定性的，教师投资，教师身份认同，新教师，职前健康教育，教师，身体，照片引谈法，标准化，监督，生物学教育，体育教育，身体形象，进食障碍，建设，教育学，网络民族志，全球化的地方主义与本土化的全球主义，网络治理，跨边界者，慈善治理，教育政策，治理，知识，国家，全球化，网络教师教育，教师教育者，师资培训，专业发展，专业学习，爱尔兰，苏格兰，英格兰，视角，身份，大学，领域，教师教育……	教师损耗，城市学校，定性的，教师投资，教师身份认同，新教师，职前健康教育，教师，身体，照片引谈法，标准化，监督，生物学教育，体育教育，身体形象，进食障碍，建设，教育学，网络民族志，全球化的地方主义与本土化的全球主义，网络治理，跨边界者，慈善治理，教育政策，治理，知识，国家，全球化，网络教师教育，教师教育者，师资培训，专业发展，专业学习，爱尔兰，苏格兰，英格兰，视角，身份，大学，领域，教师教育……	2013

（一）教师教育变革

来自斯坦福大学教育学院（Stanford Graduate School of Education）的琳达·达林-哈蒙（Linda Darling-Hammond，2006）教授认为，“不像其他成熟的专业，教师教育存在于政治化高度规约的环境中，认证和许可证标准实际上由政治集团而不是由专业团体自身控制。这样的结果导致变革的关键手段更加复杂和难以操作。”①事实上，国际教师教育变革主要是通过政策改变教师教育制度来实现的。相当大一部分研究集中于对教师教育课程当中实践教学方法的强调，如来自爱尔兰科克大学（University College Cork）教育学院的菲奥娜·C. 钱伯斯（Fiona C. Chambers，2011年）博士与来自英国伯明翰大学（University of Birmingham）教育学院的

① Darling-Hammond, L., *Powerful Teacher Education: Lessons from Exemplary Programs*, San Francisco: Jossey-Bass, 2006: 232.

凯思琳·M. 阿莫尔（Kathleen M. Armour，2011 年）教授共同撰写的《像我们做的而不是像我们说的那样去做：教师教育者支持师范生通过教学实践学习》（Do as We Do and Not as We Say：Teacher Educators Supporting Student Teachers to Learn on Teaching Practice）、①来自于瑞典默奥大学应用教育科学系（Umea University，Department of Applied Educational Science）的 Nafsika Alexiadou（2016 年）教授发表于《欧洲教师教育杂志》的《包容性实践的教师教育——政策响应》（Teacher Education for Inclusive Practice-responding to Policy）②以及来自罗汉普顿大学（University of Roehampton）教育系的阿拉斯特·斯科特·道格拉斯（Alaster Scott Douglas，2017 年）发表于《教育专业发展》（*Professional Development in Education*）的《扩展教师教育者角色：开发与中小学导师合作的工具》（Extending the Teacher Educator Role：Developing Tools for Working with School Mentors）③等，这些均以“学校”“班级”“教学实践”“经验”等关键词予以表现。

（二）教师专业发展

高素质教师的培养一直以来都被视为是协调城乡均衡发展、实现教育公平的根本所在。民众获取平等的期望越来越高，贫困地区师资力量薄弱的问题便日益暴露，教师教育政策的规划与制定过程也越来越以教师质量的提升为核心，并贯穿于教师职前培养、入职教育以及在职培训的整个教师教育体系之中，集中体现为解决教师的专业发展问题。一些发展中国家，如南非为了适应日益增长的社会以及经济对优质教师的需求，出台了《国家教师教育与发展政策框架》（The National Policy Framework for Teacher Education and Development）与《南非教师教育与发展综合战略规划框架》（the Integrated Strategic Planning Framework for Teacher Education and Development）两项重要举措，旨在构建一个覆盖

① Chambers，F. C.，“Do as We Do and Not as We Say：Teacher Educators Supporting Student Teachers to Learn on Teaching Practice”，*Sport Education and Society*，2011（16）：527.

② Alexiadou，N.，“Teacher Education for Inclusive Practice - responding to Policy”，*European Journal of Teacher Education*，2016（39）：5.

③ Douglas，A. S.，“Extending the Teacher Educator Role：Developing Tools for Working with School Mentors”，*Professional Development in Education*，2017（43）：841.

教师职前专业教育与教师继续专业发展的综合性教师教育体系。[①]来自阿纳多鲁大学初等教育系（Anadolu University, Department of Primary Education）的埃尔索利·阿里（Ersoy Ali, 2011 年）认为，在当今全球社会中，学生的国际流动正使各国的教育联系与合作越来越频繁，职前教师教育应该更多地考虑到世界各地学生群体在文化、宗教和种族等方面的多样性，以更加开放、包容的态度作出课堂教学决策。职前教师的跨文化经历同时有助于提高教师的专业技能，促进教师个人与职业的发展。[②]初任教师教育的基本结构与内容同时也是教师专业发展部分研究涉及的重要内容之一。[③]“专业发展”“自我效能感”“教师学习”“职业发展”“职前教师教育”“教师身份认同”“新教师”“职前健康教育”“师资培训”“专业发展”及“专业学习”等标签词充分说明了教师专业发展是教师教育政策研究关注的重要内容。

（三）教师教育政策研究方法

现有的教师教育政策研究主要以扎根理论为理论依据，采用半结构访谈方法采集原始材料，并通过分析以验证教师教育政策制定的科学性。近年来，一些学者尝试通过政策科学学科的研究方法进行教师教育政策的研究，如来自得克萨斯大学泛美分校（The University of Texas - Pan American）的雅各布·W. 纳曼（Jacob W. Neumann, 2016 年）博士发表于《师范学院记录》（*Teachers College Record*）的《审查授权测试、教师环境以及教师知识与信念：更全面地了解网络对教师课堂实践的影响》（Examining Mandated Testing, Teachers' Milieu, and Teachers' Knowledge and Beliefs: Gaining a Fuller Understanding of the Web of Influence on Teachers' Classroom Practices）一文通过对政策文本进行编码等文本分析手段深度解

① Steyn, G. M., "Building Professional Learning Communities to Enhance Continuing Professional Development in South African Schools", *The Anthropologist*, 2013, 15 (3): 277-289.

② Ersoy, A., "Cross-Cultural Experiences through Erasmus: Pre-Service Teachers' Individual and Professional Development", *Egitim Arastirmalari-Eurasian Journal of Educational Research*, 2011 (11): 63.

③ Valeeva, R. A., "Initial Teacher Education in Russia: Connecting Theory, Practice and Research", *European Journal of Teacher Education*, 2017 (40): 342.

读教师教育政策文本的政治意图,[①]来自梅西大学（Massey University）的约翰·奥尼尔（John O' Neill，2012 年）发表于《教育研究》（*Educational Research*）的《新西兰教师教育政策话语的合理性与合理化》（Rationality and Rationalisation in Teacher Education Policy Discourse in New Zealand）一文利用话语分析方法探讨了“新西兰政府在遭遇两次不可预见的重大危机后，如何重塑初任、继续教师教育政策，构建话语合理性的?”这一问题。[②]其他如“技术”“照片引谈法”“网络民族志”“网络治理”“网络教师教育”及“语言”等标签词同时也体现了相关研究在研究方法方面的努力。

四 国际教师教育政策研究的知识基础与理论前沿

(一) 知识基础分析

教师教育政策研究的经典文献，即高被引文献，展示了该领域最突出的研究成果与最重要的研究基础。掌握领域经典文献有利于进一步研究的开展。从 CiteSpace 中的高被引文献表格中可以获得教师教育政策研究的初始文献，即 2002 年琳达·达林-哈蒙教授发表于《教育研究者》（*Educational Researcher*）的《界定“高素质的教师”：“以科学为基础的研究”实际告诉我们什么?》（Defining “Highly Qualified Teachers”: What does “Scientifically-based Research” Actually Tell us?）一文。按被引频次多少显现节点大小，我们可以发现国际教师教育政策研究领域的期刊文献共被引时区图（见图 6）中最大的节点有三个，分别是琳达·达林-哈蒙（2006 年）教授于旧金山巴斯出版社（Jossey-Bass）出版的《有力的教师教育：来自杰出项目的经验》（*Powerful Teacher Education*）一书、琳达·达林-哈蒙（2012 年）发表于《欧洲教师教育杂志》的《全球教师

① Neumann, J. W., “Examining Mandated Testing, Teachers' Milieu, and Teachers' Knowledge and Beliefs: Gaining a Fuller Understanding of the Web of Influence on Teachers' Classroom Practices”, *Teachers College Record*, 2016 (118): 1.

② Oneill, J., “Rationality and Rationalisation in Teacher Education Policy Discourse in New Zealand”, *Educational Research*, 2012 (54): 225.

教育：我们可以从国际实践中学到什么?》以及来自波士顿学院林奇教育学院（Lynch School of Education，Boston College）的玛丽莲·柯克兰-史密斯（Marilyn Cochran-Smith，2005 年）教授与担任美国教育研究学会副会长的肯尼思·M. 沙科纳（Kenneth M. Zeichner）教授一同编著由劳特里奇出版社（Routledge）出版的《教师教育研究：AERA 小组关于教师教育的报告》（见表 7）。

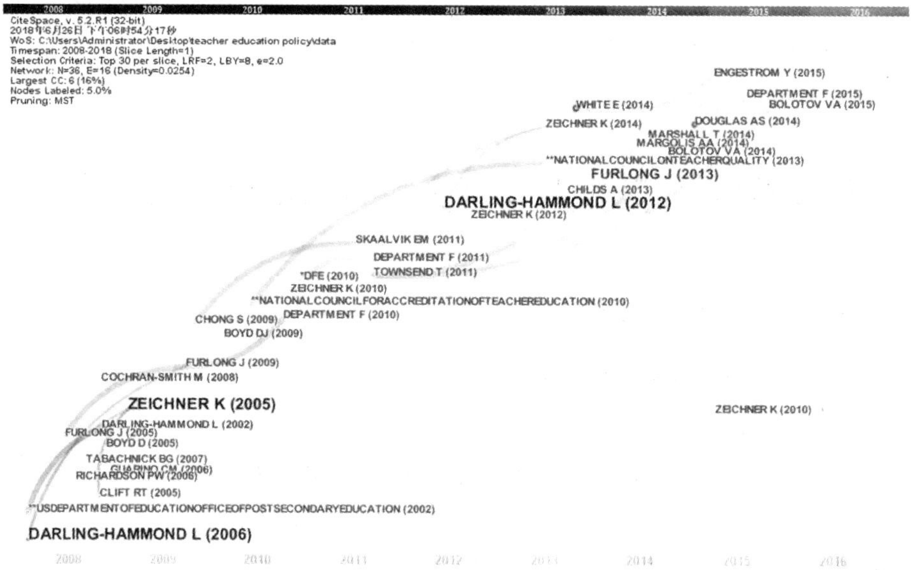

图 6 国际教师教育政策研究的期刊文献共被引时区图谱

琳达·达林-哈蒙的《有力的教师教育：来自杰出项目的经验》选取了美国阿维诺学院（Alverno College）、弗吉尼亚大学（University of Virginia）、班克街教育学院（Bank Street College of Education）、三一大学（Trinity University）、加利福尼亚大学伯克利分校（University of California，Berkeley）、南缅因大学（University of Southern Maine）以及惠洛克学院（Wheelock College）7 个高质量的教师教育项目作为案例，调查这些项目的策略、目标、内容与过程等信息与数据以及影响它们实施的政策、组织特征、资源与关系，最后总结出有效教师教育培养模式的共同特征与价值，即对“好的教学”达成的共识、有力的核心课程、大量的与课程学习相联系的临床经验、不断探究教师教育的方式、中小学—大学合作模式以及依据专业标准对教师进行评估。①

琳达·达林-哈蒙的《全球教师教育：我们可以从国际实践中学到什么?》一文对拥有完善教师发展体系的国家（主要关注对象为澳大利亚维多利亚州与新南威尔士州、加拿大艾伯塔省与安大略省、芬兰以及新加坡），有关招聘、准备、入职、继续专业发展以及实践改进等方面内容的教师教育政策与实践进行分析，并与美国教师教育政策与实践进行对比研究，指出了各国在进行教师发展体系改革时将面临的挑战。②

玛丽莲·柯克兰-史密斯在与肯尼思·M. 沙科纳共同编著的《教师教育研究：AERA 小组关于教师教育的报告》一书介绍了美国教育研究协会（American Educational Research Association，简称“AERA”）专家组所从事的教师教育研究方面的工作，指出教师质量与学生成就与教师教育项目内诸多始终如一的视野、大学与学院之间的紧密合作、特定的课程、学校/社区实践以及特定的教师教育策略等构成部分与特征密切相关。其中波士顿学院的玛丽莲·柯克兰-史密斯教授与来自新罕布什尔大学（University of New Hampshire）的吉米·弗莱斯（Kim Fries）共同撰写的《时代变迁中的教师教育研究：政治学与范式》（*Researching Teacher Education in Changing Times：Politics and Paradigms*）一文对自 20 世纪 50 年代教师教育成为单独的研究领域以来至 21 世纪初近 50 年的美国教师教育研究史进行梳理，发现在这段时间内，教师教育研究的概念化过程经历了教师教育作为培训问题的研究阶段（20 世纪 50 年代初至 80 年代初）、教师教育作为学习问题的研究阶段（20 世纪 80 年代初至 21 世纪初）以及教师教育作为政策问题的研究阶段（20 世纪 90 年代初至 21 世纪初）三次转变。每一阶段教师教育的研究方法受不同政治、专业、政策环境，特别是公众对学校的关注以及对教师教育改革的呼吁、教师教育在当时被相关研究人员和从业人员视为“问题”的主要方式以及用于研究教师教育的主要研究设计等影响。③

---

① Darling-Hammond，L.，*Powerful Teacher Education*：*Lessons from Exemplary Programs*，San Francisco：Jossey-Bass，2006：232.

② Darling-Hammond，L.，“Teacher Education around the World：What Can We Learn from International Practice”，*European Journal of Teacher Education*，2012.

③ Cochran-Smith，M.，& Kenneth，M. Z.，*Studying teacher education*：*The report of the AERA panel on research and teacher education*，Abingdon：Routledge，2005：69-110.

表 7 国际教师教育政策研究的经典文献基本信息（频次≥3 次）

聚类编号#	被引频次	中心度	年份	文献名称
4	4	0.06	2006	《有力的教师教育：来自杰出项目的经验》（*Powerful Teacher Education: Lessons from Exemplary Programs*）
0	4	0.08	2012	《全球教师教育：我们可以从国际实践中学到什么?》（Teacher Education around the World: What Can We Learn from International Practice）
5	4	0.06	2005	《教师教育研究：AERA 小组关于教师教育的报告》（*Studying Teacher Education: The Report of the AERA Panel on Research and Teacher Education*）
1	3	0	2013	《教育：学科剖析》（*Education - An Anatomy of the Discipline*）

除这三大节点以外，以牛津大学教育部约翰·福隆（John Furlong，2013 年）教授出版于劳特里奇出版社的《教育：学科剖析》为第二大节点，主要围绕大学性质的变化、教育作为一个领域的学术和学术研究、教师的专业教育和培训以及教育研究的性质和组织等四个话题对大学教育学科的历史与现状进行了梳理。此外，《新自由主义及其对教师教育的影响》一节对初任教师教育以及继续专业发展（Continuing professional development）等教师专业教育政策进行研究，提出在新自由主义影响下，应加快教学专业的现代化进程，并寻求教师教育的新专业化。①所有这些经典文献为教师教育研究相关概念的明晰、内容的明确以及科学研究方法的探讨奠定了前期的理论知识基础。

（二）理论前沿分析

CiteSpace 软件基于共被引文章和引用这些文章的术语的复合网络聚类，利用从题目、摘要中提取的专业术语和出现频率突然增加的专业术语进行分类，②并绘制共被引图谱，分析当前教师教育政策领域的研究前沿。从共被引图谱中可知，模块值 Modularity Q 为 0.8189>3，说明划分的模块结构较为显著，平均轮廓值 Mean Sihouette 为 0.4293<5，说明聚类内部同

① Furlong, J., *Education-An Anatomy of the Discipline*, Abingdon: Routledge, 2013.

② 刘则渊、陈悦、侯海燕：《科学知识图谱：方法与应用》，人民出版社 2008 年版，第 11—24 页。

质性较差。根据时间、聚类的大小及轮廓值，可以判断创业教育领域的主要研究前沿是标签词为英格兰（England）的聚类#4（见图7），包括英格兰、教师教育课程、教师教育、伯恩斯坦（Bernstein）、教师教育政策、教育政治、教师认证/执照、教师准备、教育政策、瑞典、政策制定、教师质量、元民族志、教师教育者、问责制、政策等标签词（见表8）。

图7 国际教师教育政策研究的期刊文献共被引聚类图谱

表8 国际教师教育政策研究高频突现主题词共现聚类概述

聚类编号#	大小	轮廓值	标签词（TF*IDF）	标签词（LLR）	标签词（MI）	平均（被引年份）
4	5	0.56	教师教育，教育，执照，教师准备，教师，政策制定，教师质量，问责制，政治，教师教育政策，伯恩斯坦，元民族志，政策，教师教育课程	英格兰，教师教育课程，教师教育，伯恩斯坦，教师教育政策，教育政治，教师认证/执照，教师准备，教育政策，瑞典，政策制定，教师质量，元民族志，教师教育者，问责制，政策	伯恩斯坦，教育政治，教师认证/执照，教师准备，政策制定，教师质量，元民族志，问责制，政策，教师教育政策，教师教育者，英格兰，教师教育课程，教育政策，瑞典，教师教育	2008

通过 CiteSpace 内的 "List Citing Papers to the Cluster" 功能同时找到聚类#4 这一领域的最前沿、最具代表性的文献。可以发现国际教师教育政策研究领域的前沿文献包括牛津大学的安·蔡尔兹教授于《师资教育杂志》发表的《教师教育者工作：英国政策视角》、哥德堡大学的丹尼斯·比奇教授于《教学与教师教育》发表的《瑞典教师教育转变：运用元民族志分析方法理解与描述政策制定与教育变革》、丹尼尔·S. 弗里德里希（Daniel S. Friedrich）发表于《比较教育研究》（*Comparative Education Review*）的《教育变革中的全球小额贷款：阿根廷教学与基层新自由主义》、同样由丹尼斯·比奇教授撰写的发表于《欧洲教师教育杂志》的《教师教育政策专业术语的培训范式转变：一项比较研究》以及肯塔基大学（University of Kentucky）的韦恩·D. 刘易斯（Wayne D. Lewis）与北卡罗来纳大学（North Carolina State University）的塔玛拉·V. 杨（Tamara V. Young）合作撰写并发表于《教育政策》（*Educational Policy*）的《问责政治：教师教育政策》（见表9）。

表 9　　国际教师教育政策研究的前沿文献（聚类#4）

序号	经典文献引用数	年份	前沿文献
1	3	2013	《教师教育者工作：英国政策视角》（The Work of Teacher Educators: an English Policy Perspective）
2	1	2014	《瑞典教师教育转变：运用元民族志分析方法理解与描述政策制定与教育变革》（Changing teacher education in Sweden: Using meta-ethnographic analysis to understand and describe policy making and educational changes）
3	1	2014	《教育变革中的全球小额贷款：阿根廷教学与基层新自由主义》（Global Microlending in Education Reform: Enseñá por Argentina and the Neoliberalization of the Grassroots）
4	4	2013	《教师教育政策专业术语的培训范式转变：一项比较研究》（Changing professional discourses in teacher education policy back towards a training paradigm: a comparative study）
5	1	2013	《问责政治：教师教育政策》（The Politics of Accountability: Teacher Education Policy）

由共被引聚类图谱与主要聚类对应的前沿文献可知：未来教师教育政策研究不仅仅关注中小学教师教育，同时将以"教师教育者"的身份将大学教师等纳入研究范畴，其中职前教师教育、初任教师教育是教师教育政策研究的关注重点；教师教育政策研究的方法将会有新突破，元民族志

等其他学科研究方法愈来愈多地被引入到教师教育政策的研究当中，并因学科内部环境，社会、政治背景的不同被赋予了新的内核与方式；未来，教师教育政策与教育变革的关系，教师教育政策的比较研究以及教师教育政策科学研究体系的构建将会得到持续关注。

Research on International Teacher Education Policy: Progress, Hotspots and Frontiers
——Visualized Analysis of Journal Articles from WoS

Chen Tingting

Abstract: This paper maps out the relevant knowledge of international journal literature in the field of teacher education policy research, using CiteSpace's source journals, authors, countries, institutions, disciplines, and cited reference as main variables. According to the analysis results, the current international teacher education policy has a short history (started in 2002), and has not yet formed a core journal of this field. Some research results are limited to the scope of education and educational research, spaced is lack of interdisciplinary exploration and experimentation. The core research results based on the attribution of core authors and their countries are coming from North America and Europe, mainly the United States and Britain, and initially formed a research center centered on several universities such as Oxford University. Teacher education reform, teacher professional development, and teacher education policy research methods are the hot topics of international research in this field. In the future, the relationship between teacher education policy and its transform, the comparative study of teacher education policy, and the construction of teacher education policy scientific research system will receive continuous attention.

Key words: Teacher Education Policy; Teacher Education Reform; Teacher Professional Development; Policy Research Method; Visualized Analysis

征稿启事

《财经高教研究》是由上海财经大学主办、中国社会科学出版社出版的以财经教育研究为主的学术刊物，每年出版2卷。本刊致力于教育学术前沿研究，在彰显经济、管理学科特色的同时，也关注和反映其他学科的研究进展，促进学科融合。

本刊主要栏目有：教育理论、教育经济、教改前沿、学科建设、教师发展、文化传承、比较教育、商学教育、高教管理等。

本刊坚持学术质量第一的原则，实行稿件匿名评审制度，优稿优酬。稿件字数以8000—15000字为宜。敬请作者来稿时提供：（1）题目（中英文）；（2）内容摘要（中文200字左右，英文100单词左右）；（3）关键词（3—5个，中英文）；（4）作者简介（含姓名、出生年份、性别、工作单位、职务职称、学历学位、研究方向、通信地址、邮政编码、联系电话、电子邮箱）；（5）正文；（6）注释及参考文献。参考文献用序号①、②、③等表示。所有参考文献的引用格式均以《信息与文献　参考文献著录规则（GB/T 7714—2015）》为准。

作者切忌一稿多投，如发现抄袭、冒名等违反著作权法相关规定的，文责由作者自负。

通信地址：上海市国定路777号上海财经大学高等教育研究所，200433

投稿邮箱：gjs@ sufe. edu. cn

联系电话：021-65903473

《财经高教研究》编辑部

2019年1月